Katharina Afflerbach

Manchmal sucht sich das Leben harte Wege

Katharina Afflerbach

Manchmal sucht sich das Leben harte Wege

WAHRE GESCHICHTEN, DIE BERÜHREN UND ZUVERSICHT GEBEN

GOLDEGG VERLAG

Umschlaggestaltung: Kathrin Steigerwald, Hamburg
Coverbilder: Foto Löwenzahn: Aleks/AdobeStock
Rechte Autorinnenfoto: The Creating Click
Lektorat: Marieke Kühne, textzucker e. U., Wien

Der Verlag und seine Autorin sind für Reaktionen, Hinweise oder Meinungen dankbar. Bitte wenden Sie sich diesbezüglich an verlag@goldegg-verlag.com.

Der Goldegg Verlag achtet bei seinen Büchern und Magazinen auf nachhaltiges Produzieren. Goldegg Bücher sind umweltfreundlich produziert und orientieren sich in Materialien, Herstellungsorten, Arbeitsbedingungen und Produktionsformen an den Bedürfnissen von Gesellschaft und Umwelt.

Einige der Personen im Text sind aus Gründen des Persönlichkeitsschutzes anonymisiert.

ISBN: 978-3-99060-239-3

Unter den Linden 21 • D-10117 Berlin
Telefon: +49 800 505 43 76-0

Goldegg Verlag GmbH, Österreich
Mommsengasse 4/2 • A-1040 Wien
Telefon: +43 1 505 43 76-0

E-Mail: office@goldegg-verlag.com
www.goldegg-verlag.com

Layout, Satz und Herstellung: Goldegg Verlag GmbH, Wien
Printed in the EU

Dieses Buch ist auch als E-Book erhältlich.

Für alle auf der Suche nach Mut und Mitgefühl

INHALT

MANCHMAL SUCHT SICH DAS LEBEN HARTE WEGE

Liebe Leserin, lieber Leser,

bevor mein über alles geliebter Bruder Flo mit fünfunddreißig Jahren bei einem Verkehrsunfall starb, wusste ich nicht, was es bedeutet, wenn du mit einer solchen Wucht aus deinem Leben geschleudert wirst, dass du glaubst, den Verstand zu verlieren. Wenn einfach nichts mehr ist, wie es einmal war.

Wenn Sie nachempfinden möchten, wie es sich anfühlt, einen Schicksalsschlag zu erleiden, und wenn Sie dem nachspüren möchten, wie es Menschen gelingt, wieder Halt zu finden und Mut zu schöpfen, dann sind Sie hier richtig.

Dies ist kein einfaches Buch. Dies ist ein Buch über das Weiterleben nach Schicksalsschlägen. Sie werden vom Tod lesen, von Schmerz und Trauer, von Verzweiflung, Angst und dem Gefühl unendlichen Alleinseins. Das ist schwer, manchmal vielleicht kaum auszuhalten. Doch es ist eine Möglichkeit, sich mit den Gefühlen der Betroffenen vertraut zu machen und zu erkennen, dass es Zuversicht und Zukunft gibt.

Zuerst nehme ich Sie mit in meine Vergangenheit, dann zu Begegnungen mit anderen. Sie können die Geschichten in der vorgesehenen oder einer anderen Reihenfolge lesen, es gibt nur wenige Bezüge zwischen ihnen. Entscheiden Sie sich für die Reihenfolge im Buch, wandeln Sie auf meinen Spuren von Gespräch zu Gespräch, und ich finde, dass sich die Chronologie auf fast magische Weise fügt.

Sie werden feststellen, dass ich mit allen Protagonistinnen und Protagonisten auf die eine oder andere Weise verbunden bin. Das hat seinen guten Grund. Man braucht nur einmal kurz nachzudenken und schon kommen einem mehrere traurige Geschichten in den Sinn, im Verwandten- oder Freundeskreis, von Arbeitskolleginnen, Nachbarinnen, Schul- oder Sportkameraden. Und trotzdem weiß man oft so wenig von den Betroffenen, nicht wahr?

Ich habe den größten Respekt vor Ines, Vera, Katja, Victoria, Sabine, Stephan, Andrea, Martin, Nicole, Lea, Julia, Alexandra und Frank. Sie haben die Schatztruhen ihrer Erinnerungen und Empfindungen und ihre Wege der Heilung für mich, für uns, geöffnet. Indem sie ihre Verletzungen und Erfahrungen offenbaren, können wir beginnen zu begreifen. Mitzufühlen. Und vielleicht eine Hand zu reichen.

Ihre Katharina Afflerbach

Die Geschichten von Ines, Stephan und Nicole behandeln das Thema Suizid. Ratsuchende und Menschen in Krisensituationen in Deutschland können sich rund um die Uhr an die Beraterinnen und Berater der Telefonseelsorge unter der Nummer 0800-1110111 wenden, die schon in vielen Fällen Auswege aus schwierigen Situationen aufzeigen konnten. Jeder Anruf ist anonym und kostenlos. Die Deutsche Gesellschaft für Suizidprävention informiert auf suizidprophylaxe.de über weitere Beratungsangebote. In Österreich ist die Telefonseelsorge unter der Nummer 142 rund um die Uhr erreichbar (telefonseelsorge.at), in der Schweiz »Die Dargebotene Hand« unter der Nummer 143 (143.ch).

ERSTER TEIL

ES IST ZEIT

Ich bin dreiundvierzig Jahre alt. Statistisch gesehen befinde ich mich in der zweiten Hälfte meines Lebens. Irgendetwas zwischen 73,4 und 76,3 Lebensjahren werde ich – theoretisch – zählen können. Es ist Zeit, über den Tod nachzudenken.

Ach ja? Nur weil meine zweite Halbzeit läuft?

Vielleicht ist es mit dem Tod wie mit anderen großen Lebensfragen, für die einfach nie der richtige Zeitpunkt ist. Fragst du als Kind nach dem Tod, wird dir was vom Himmel, von Engeln und von Leuten, die von oben auf dich aufpassen, erzählt. Fragst du als Erwachsener nach dem Tod, schauen dich alle mit großen Augen an oder betreten zur Seite. Tod ist Vakuum. Tod ist tatsächlich Vakuum, das weiß ich seit dem 5. Mai 2016. Aber das Thema Tod braucht kein Vakuum zu sein. Es ist doch die ganze Zeit über da, ob wir es *tot-schweigen* oder nicht.

Von Kindesbeinen an werden wir angefeuert zu leben und, wenn wir es gut treffen, das Beste aus unserem Leben zu machen. Alle sind da, um uns zu unterstützen, Personen wie Systeme. Alles ist auf die Zukunft, auf das Wachsen und Gedeihen, ausgerichtet. Doch wenn der Fall der Fälle eintritt, stehst du plötzlich allein da. Und falls es doch Hilfe gibt, findet dieser Teil des Lebens hinter verschlossenen Türen statt.

Vielleicht ist es mit dem Tod wie mit der Stille, die wir selten aushalten können. Aus Angst vor dem, was kommen könnte. Fragen, die wir nicht laut auszusprechen wagen. Gedanken, Gefühle, die wir fein säuberlich weggepackt haben. In den ersten Monaten nach dem 5. Mai 2016 war es mir nicht möglich, die Augen zu schließen und in mich hineinzuhorchen. Ich kam mir wie ein Fass vor, das bis zum Rand mit Schmerz/Angst/Einsamkeit/Verlorenheit gefüllt war und überzulaufen drohte, sobald ich nur den kleinen Finger hineintauchte. Schon mit dem Niederschlagen der Lider setzte ein Strudel ein, der mich hinabzog. An Meditation war gar nicht, an Yoga nur mit geöffneten Augen zu denken. Ich musste unbedingt Oberwasser behalten, irgendwie *über-leben.* Also bloß schnell die Augen wieder öffnen, nicht nachdenken, nicht fühlen, weitermachen.

Wir können an der Türklinke rütteln, so viel wir wollen, doch wir können nicht hinter die Tür blicken. Uns wird etwas genommen, ein Mensch, eine Weltordnung, und solange wir leben, bleibt die Gleichung offen. *Ist der geliebte, tote Mensch jenseits der Tür gut aufgehoben? Werde ich gut aufgehoben sein, wenn ich einst tot bin?* In dem Moment, da sich die Tür schließt, bleiben wir unwissend zurück. An die Stelle von Fakten treten Gefühle und Spekulationen. Wie sieht es wohl im Mann der Verstorbenen, in ihrer Mutter, ihrem Bruder, ihrer Freundin aus? Vor dem Tod meines Bruders hatte ich, wie ich jetzt weiß, nicht ansatzweise eine Vorstellung von Trauer und Verlust. Heute traue ich mir durch meine eigenen Erfahrungen zu, Trauernden offener zu begegnen. Ich habe den Mut, dem Elefanten im Raum Raum zu geben. Ich habe die Kraft, Gefühle auszuhalten. Ich setze der Sprach- und Machtlosigkeit dieses Buch entgegen und versuche, Floskeln der Hilflosigkeit durch Nähe und Tiefe zu ersetzen.

Ist das etwas, das wir alle lernen können? Ich habe den Eindruck, dass wir die Auseinandersetzung mit dem Tod und den Hinterbliebenen am liebsten den Profis überlassen, Pastorinnen und Seelsorgern, Bestattern, Ärztinnen, Pflegern, Psychologen und Traumatherapeutinnen. Ringsum sind alle erleichtert, wenn der Trauernde sich *professionell helfen lässt.* Dabei könnten enge Freunde, aber auch Sie und ich vielleicht genauso unterstützen, beim Reden, Schweigen, *Aus-Halten.* Wenn es uns gelänge, dem Schmerz in die Augen zu blicken.

Mit jedem Tag Leben mache ich mehr Erfahrungen. Ich lerne die Babys meiner Freundinnen kennen und verabschiede mich von Menschen, die die Erde verlassen haben. Je älter ich werde, desto näher rückt der Moment, da meine Eltern, meine Geschwister und ich sterben werden. Kommen und Gehen, unaufhörlich. Mein Leben findet zwischen zwei Polen statt, pendelt zwischen Liebe und Angst. Alles, was ich liebe, werde ich eines Tages unweigerlich loslassen müssen. Auf manche Formen der irdischen Endlichkeit kann ich mich zumindest gedanklich vorbereiten, Angst machen sie mir trotzdem.

Und dann sind da die Schicksalsschläge, die aus einem Leben zwei machen, eins *davor* und eins *danach.* Ihre Tragik liegt im völlig unvorbereiteten Hereinbrechen, im Außerkraftsetzen der natürlichen Ordnung und in der schieren Unmöglichkeit zu begreifen, was gerade passiert. *Der Mensch denkt, Gott lenkt.* Plötzlich ist da nur noch Angst. Ob und wie es uns gelingt, zu so etwas wie Stabilität zurückzufinden, wird zur Aufgabe unseres Lebens.

Jede Angst beginnt im Kopf. Können wir sie dort auch beenden?

Meine Spurensuche beginnt. Ich reise in meine Vergangenheit, mein Leben *davor,* und rekonstruiere meine Begegnungen mit dem Tod. Dabei betrachte ich mich als durchschnittliches Kind des Jahrgangs 1977, behütet im ländlichen Siegerland aufgewachsen. Meine jetzt pensionierten Eltern – Vater Verwaltungsbeamter, Mutter Kindergärtnerin – hatten keine beruflichen Berührungspunkte mit Sterben und Tod. Ich möchte nachspüren, in welchen Formen mir Tod und Trauer begegneten und was das mit mir machte.

Meine Erinnerungen sind Pflastersteine auf meinem Weg in die Vergangenheit. Sie bringen mich dem näher, was ich einmal sah, dachte, fühlte. Wer weiß, vielleicht sind sie Geschichten, die ich mir selbst immer wieder erzählte, und mit jedem Erzählen kleideten sich Nuancen in anderen Farben. Vielleicht sind manche Erinnerungen mit anderen verschmolzen, vielleicht haben sich im Laufe der Zeit Lücken geschlossen oder aufgetan. Wenn aber mein Herz im Spiel war, wenn ich besonders intensiv fühlte, haben sich die Momente felsenfest in mir verankert. Auch die, die ich gern vergessen hätte. Als meine Mutter ins Krankenhaus gebracht wurde, um Flo auf die Welt zu bringen *(Angst!)*. Als Muttis Freundin mir grüne Haarspangen in den Kindergarten brachte, zum Trost, weil Mutti mit dem frisch entbundenen Flo noch ein paar Tage lang im Krankenhaus blieb *(Freude!)*. Als meine Schwester im Morgengrauen mit ihrer Tanzgruppe zum Deutschen Turnfest nach Berlin aufbrach *(Angst!)*. Als ich im Weihnachtsstück den Engel spielen durfte *(Stolz!)*. Als ich verbotenerweise mit Muttis goldener Uhr spielte und sie im Gebüsch verlor *(Angst!)*. Als wir einen Ausflug an den Rhein machten und ich meinen neuen rot-weiß gestreiften Rock tragen durfte *(Glück!)*.

Das Meer der Erinnerungen, es ist wohl so trügerisch und tückisch wie jedes Wasser. Manche Wellen sehe ich von Weitem kommen. Langsam pirschen sie sich an mich heran. Das gibt mir Zeit, mich vorzubereiten. Ich gehe ein paar Meter den Strand hoch und warte ab. Die Gedanken ziehen sich zurück, machen Platz. Dann bricht die Welle und läuft am Strand aus. Andere Erinnerungen schießen Geysiren gleich vor mir hoch. Ich kann mich nicht mehr in Sicherheit bringen und werde nass.

Ich höre mich unter Menschen aus meinem Umfeld um, die ihre eigenen Erfahrungen mit einem Schicksalsschlag gemacht haben. Was wird mir Katja erzählen, die innerhalb kurzer Zeit nicht nur ihre Mutter, sondern auch ihren Vater und ihren Bruder verlor? Was möchte Victoria mit mir teilen, deren bester Freund gewaltsam aus dem Leben gerissen wurde? Was weiß Ines, deren Bruder sich das Leben nahm, davon, wie man den Tod überlebt? Finden sie ein Licht? Gibt es Heilung? Und ich werfe einen Blick auf mein *danach* und versuche Worte dafür zu finden, was der plötzliche Tod meines Bruders mit mir gemacht hat, und welche Bewältigungsstrategien ich fand.

Unser Leben ist dafür da, gelebt zu werden, so wie ein Kilo Pfirsiche dafür da ist, gegessen zu werden. Nach dem letzten Bissen ist nichts mehr da. Alles weg. Alles gegessen. Alles gelebt. Sorgen wir dafür, dass wir es gut leben können – auch und gerade im Angesicht seiner Endlichkeit.

Kleines Kind, kleine Sorgen

Oma Mathilde, die Mutter meines Vaters, wohnte bei uns oben im Haus, das heißt, eigentlich wohnten wir bei ihr unten im Haus, denn sie hatte es zusammen mit ihrem bereits verstorbenen Mann gebaut. Auch mein Opa Albert hatte seine Frau früh verloren und wohnte mit meinem Onkel und dessen Familie nur wenige Fahrradminuten von uns entfernt im nächsten Dorfteil.

Für mich war es einfach so, dass es einen Opa und eine Oma nur in Erzählungen gab. Darüber traurig, dass sie nicht Teil meines Lebens waren, war ich als Kind nicht. Die Oma im Haus und der Opa im Dorf waren Schatz genug. Ich vermisste niemanden. Meine Welt war in Ordnung und der Tod so abstrakt, wie er nur sein kann. Als meine Oma alterte und gebrechlicher wurde, sagte sie häufig: »Ach, wäre ich doch nur längst auf dem Friedhof bei meinem Mann!« Ich schlug ihr vor, sie könne doch den anderen Opa heiraten, dann seien sie beide nicht mehr allein. Doch Oma hatte ihre eigene Vorstellung von ihrem Lebensabend, und der zog sich erfreulicherweise noch schön lange hin.

So musste ich mich als Erstes von Opa Albert verabschieden. Der Anruf meiner Tante kam in der Mittagspause zwischen Mittagessen und Hausaufgaben. Meine Mutter und wir Kinder waren im Wohnzimmer, als das Telefon auf der Diele klingelte. Mutti schien eine Ahnung zu haben, denn sie eilte so schnell zum Apparat, dass sie die Tür aufließ. Ich kniete auf dem Teppich zwischen Tür und Regal, hörte und verstand ihre Worte. Ich weiß noch, dass ich mich fragte: »Und jetzt?« Weinen musste ich nicht. Mutti kam nach dem Telefonat kurz ins Wohnzimmer, erteilte meiner Schwester Sabine, der Ältesten von uns fünf Geschwistern, ein paar Anweisungen und fuhr dann mit dem Rad zu ihrem verstorbenen Vater.

Ich habe Opa nie wiedergesehen. Mit sieben Jahren war ich für das Abschiednehmen bei der Aufbahrung zu jung. Dafür habe ich die Beerdigung in Erinnerung. Wir Kinder saßen, warum auch immer, während der Trauerfeier in der Friedhofskapelle nicht bei unseren Eltern. So kam es, dass sich, als die Trauergemeinde nach dem Gottesdienst zum Trauerzug in Richtung Grab aufbrach, viele schwarze Körper zwischen meine Eltern und mich schoben. Immer weiter wurde ich nach hinten gedrängt. Als ich einen Versuch unternahm, an den Leuten vorbei nach vorne zu meinen Eltern zu gelangen, zog mich jemand zurück und schimpfte, ich solle an meinem Platz bleiben. Mir war furchtbar elend zumute. Ein Kloß schnürte meinen Hals zu. Nachdem sich die Menschentraube endlich aus der Kapelle herausbewegt hatte, rannte ich an dem Trauerzug vorbei zu meiner Mutter. Nichts und niemand hätte mich in diesem Moment aufhalten können. Die Energie, die sich in meinem Bauch zusammengeballt hatte, spüre ich manchmal noch immer.

Später beim Beerdigungskaffee im Gemeindehaus hatte ich Durst. Alles, was es gab, war Kaffee. So wurde mir ein Milchkaffee gereicht, was damals, im Jahr 1985, nicht ungewöhnlich war. Besuchte ich mit Oma Mathilde ihre Geschwister Berta und Karl zwei Dörfer weiter, gab es in der guten Stube auch immer Milchkaffee für mich. Oft fand ich dann auf dem Boden der Tasse sogar eine kleine Münze, die Karl dort für mich versteckt hatte. An diesem Tag jedoch hob ich den Becher Milchkaffee nur widerwillig an den Mund. Ich konnte nur nippen, bekam keinen Schluck hinunter. Bis heute. Bis heute habe ich keinen einzigen Schluck Kaffee mehr getrunken.

Ich wusste als Kind nichts davon, wie es für meine Mutter gewesen war, mit dreißig Jahren und schwanger mit mir, ihre Mama und mit achtunddreißig ihren Papa zu verlieren. Ich wusste nichts davon, wie es für meinen Vater mit neunundzwanzig Jahren gewesen war, seinen Vater zu verlieren, einen Tag nach dessen Geburtstag, vier Tage nach seinem eigenen. Ich wusste nicht, welchen Schmerz die Familie meines Onkels väterlicherseits, die gegenüber von uns wohnte, mit sich herumtrug, weil sie ein paar Jahre vor meiner Geburt in einen fürchterlichen Unfall verwickelt gewesen war. Auf der Autobahn war ein Wagen von der Gegenspur über die Leitplanke auf das Auto meines Onkels geflogen, hatte die Großmutter getötet und meinen Onkel und meinen Cousin schwer verletzt. In meiner Kindheit habe ich eine Zeitspanne geschenkt bekommen, in der der Tod für mich ein Ereignis, aber keine Lebensveränderung war.

Für meine Oma Mathilde gehörte der Tod schon früh zum Leben. Ich höre sie noch heute von ihrer Drillingsschwester Lina erzählen. Eines Tages kam der Vater in die Stube, das achtjährige Mädchen leblos in seinen Armen, die langen Locken ins Leere hinabfallend. Die Geschichte ist kurz. »Die schönen Locken, die schönen Haare«, mehr Worte hatte meine Großmutter für das Trauma, das ihr widerfahren war, nicht. Die Tage, an denen sie von Lina erzählte, waren die, die der Sprachlosigkeit gehörten.

Wie gern würde ich mich heute mit Mathilde von Frau zu Frau unterhalten! Doch als Kind konnte ich ihr nicht näherkommen. Ich wusste gerade eben, dass sie zwischen ihren beiden Söhnen Martin und Heinrich einen toten Jungen zur Welt gebracht hatte, und immer mal wieder ließ sie fallen, dass amerikanische Soldaten kurz vor dem Ende des Zweiten Weltkriegs mit ihren schwarzen Lederstiefeln in ihrem Ehebett geschlafen hatten. Als ich sie im Jahr 1987 im Alter von neun Jahren bat, mir für einen Schulaufsatz mehr über ihre Erlebnisse aus der Kriegszeit zu berichten, war außer der Stiefelepisode nichts aus ihr herauszubekommen.

Meine Mutter hatte mir schon häufig erklärt, dass die Bettler ohne Beine, die wir donnerstags auf dem Wochenmarkt in unserem Städtchen antrafen, Kriegsversehrte waren. Ich vermute, dass ich zumindest eine vage Vorstellung davon hatte, was Krieg und Sterben bedeutete. Doch mein Herz wusste nur, wie weh es tat, wenn mal wieder eines unserer Katzenjungen unter die Räder gekommen war.

Wenn mein Vater abends von der Arbeit heimkam, las er die örtliche Tageszeitung, die damals noch nachmittags ausgeliefert wurde, und begann stets mit der letzten Seite, der Seite mit den Todesanzeigen. Fast täglich kannten meine Eltern Verstorbene und diskutierten beim Abendessen die Verwandtschaftsverhältnisse und gemeinsame Erinnerungen. Starb jemand mit sechsundvierzig, war das »viel zu früh«. Wurde jemand mit über achtzig betrauert, würdigten sie das, was sie über die Person wussten. Ja, ich hörte vom Tod. Doch zwischen mir und dem Leid lag meine Kinderseele.

Einmal, ich durfte ausnahmsweise bei meinen Eltern schlafen, klingelte es mitten in der Nacht an unserer Haustür. Ein Mann war auf dem Bürgersteig vor unserem Haus zusammengebrochen und mit dem Kopf auf der Bordsteinkante aufgeschlagen. Meine Eltern leisteten erste Hilfe und riefen den Notarzt, nicht ohne mich ernst zu ermahnen, das Schlafzimmer unter keinen Umständen zu verlassen. Auf meine Frage Tage später, was aus dem Mann geworden sei, bekam ich keine Antwort.

An einem anderen Tag, wir saßen beim Abendessen in der Küche, kam mein Vater von der Arbeit nach Hause, öffnete die Küchentür, sagte mit brechender Stimme: »Hans-Joachim ist tot«, und rettete sich nach nebenan ins Wohnzimmer. Mutti stürzte hinterher. Wir Kinder blieben stumm zurück. Hans-Joachim war ein Freund meiner Eltern. Wir kannten ihn als energiegeladenen Mann, der uns Schokolade zusteckte, Mutti Blumen mitbrachte und dem das Leben jede Menge Spaß bereitete. Sein plötzlicher Tod ging mir damals nicht nah. Was mir zu schaffen machte, war, meinen starken Papa verwundet zu sehen. Das erschreckte mich regelrecht. Da dämmerte mir kurz, was es heißt, wenn jemand stirbt. Dass deine Welt ins Wanken gerät.

Dienstags und freitags ging ich zum Geräteturnen in die Turnhalle in unserer Straße. Wir waren, je nach Jahrgang, in verschiedene Riegen eingeteilt. Die älteren Mädchen durften zusätzlich noch mittwochs trainieren, zusammen mit den Jungen und deren Trainer. Wie ich sie vergöttert habe! Was sie alles konnten, und wie geschmeidig sie waren! Dieser Ausdruck, diese Grazie! Bei mir war es nicht mein Talent gewesen, das mir die Tür in die Turngruppe geöffnet hatte, sondern meine Dreistigkeit. Als die Trainerin meine Schulfreundin in der allgemeinen Turnstunde für das Geräteturnen akquiriert hatte, hatte ich mich wie zufällig in ihr Gespräch gemogelt. Der Trainerin war wohl nichts anderes übrig geblieben, als zu sagen: »Katharina, du kannst ja auch mal vorbeikommen«, nicht ahnend, dass ich viele Jahre lang hartnäckig, aber unerfolgreich dabeibleiben würde. Wenigstens wurde ich später selbst Gruppenleiterin und konnte dem Verein so etwas zurückgeben. Irgendwann legte sich ein Schatten über die Turnstunde. Der Bruder einer Turnerin aus der ältesten Riege war beim Motorradfahren tödlich verunglückt. Auf einer Autofahrt zeigten unsere Eltern uns die Stelle, die Kurve, die Leitplanke. Sie lag nicht weit vom Dorf entfernt. Das Mädchen kam weiter zur Turnstunde. Ich sprach kein Wort mit ihm, weder vorher noch nachher. Mehr weiß ich nicht.

Den kindlichen Blick auf den Tod verlor ich mit vierzehn Jahren im Herbst 1991. Unsere Katze Minki, die seit meiner Geburt immer da gewesen war, lag altersmüde im Sterben. Meine Mutter bereitete ihr in einem Weidenkorb in der Waschküche ein Lager. Minki verstand, dass diese Ruhestätte ihre sein sollte, und erkor sie tatsächlich, ihren Katzenstolz ablegend, zu ihrer letzten. Mutti platzierte den Korb so, dass Minki weiterhin am Familiengeschehen teilhaben konnte. Bis auf ihre wenigen Streunabenteuer war sie immer an unserer Seite gewesen, setzte sich, wenn wir aßen, auf die Fensterbank neben dem Küchentisch und schaute samstagabends mit uns *Wetten, dass..?*. Wie liebevoll meine Mutter sich um die sterbende Katze kümmerte! Heute sehe ich, dass sie es nicht nur für Minki tat, sondern auch für sich und uns Kinder. Hautnah erlebten wir mit, wie sie unsere Freundin auf ihrem letzten Weg begleitete, wie sie ihr zeigte, dass sie nicht allein und dass sie geliebt war. Wenn man den Tod als Kind üben kann, dann vielleicht auf diese Weise, auch wenn es mir schwerfällt, zwischen Mensch und Tier zu unterscheiden. Minki war ein Familienmitglied, meine vierbeinige Schwester, meine Tiermama, meine Spielgefährtin, mein Zuhause.

Wir setzten Minki im Garten bei. Papa hob das Grab aus, Mutti bereitete einen Schuhkarton vor und wickelte den schmalen, leichten Leichnam in Stoffreste. Die Beerdigung war furchtbar. Ich begriff, dass meine Freundin unwiederbringlich gegangen war und unsere gemeinsame Geschichte hier endete. Mein drei Jahre jüngerer Bruder Flo und ich heulten Rotz und Wasser. Minki hatte alles gegeben und uns so lange begleitet, wie sie konnte. Mit siebzehneinhalb Jahren war ihr Katzenleben außergewöhnlich lang gewesen, das wussten wir. Doch was interessiert das Herz, was der Verstand lehrmeistert? Mutti wiederholte tröstend, dass Minki dank uns Kindern so alt geworden sei. Wir hätten sie jung gehalten und ihr ein schönes Leben bereitet. Erneutes Aufheulen. Schluchzendes Wehklagen. Wie weh es tut, das Loslassen. So weh, dass man sich nicht vorstellen kann, dass es jemals wieder abebbt.

Flo und ich fühlten uns fortan für die Grabpflege verantwortlich. Minkis Grab bekam ein Kreuz, ein Windrad und Blumen. Wenn wir im Garten spielten, besuchten wir sie regelmäßig. Minki war weg, und doch war sie da. Wir lernten, mit der Lücke zu leben.

Kaum erinnert man den Tod, schiebt sich das Leben dazwischen. Ich kann nicht an Minkis Tod denken, ohne an die Erlebnisse mit ihr, nicht an Opas Beerdigung, ohne mich in seiner Küche sitzen und mit seinen vom Pfeifeanzünden abgebrannten Streichhölzern spielen zu sehen. Einst hatte Minki wieder einmal einen Haufen Junge geworfen, kleine orange-weiße Tigerchen, die mich zur brennend verliebten Kätzchenmama machten. Das Familienglück wohnte in eben jenem Weidenkorb in der Waschküche, gleich vor meiner Zimmertür. Da ich gelernt hatte, dass Katzenbabys noch nicht so gut sehen, wollte ich es ihnen so leicht wie möglich machen, mich wiederzuerkennen. Wie gut, dass meine Mutter mir mal einen Overall-Schlafanzug im Tigerlook genäht hatte! Den zog ich an, wenn ich an dem Katzenkorb vorbeiging, und auf der anderen Seite wieder aus. Liebe macht einfach alles möglich!

Im Lateinunterricht hatten wir einen Vertretungslehrer bekommen, denn Lehrer K. war krankheitsbedingt ausgefallen. Ausgerechnet Herr K.! Von recht zierlicher Statur war sein imposanter weißer Bart um so mehr sein Markenzeichen. Er unterrichtete streng, aber immer mit einem Augenzwinkern. Mit federnden Schritten huschte er zwischen den Tischen und Stühlen hindurch, um plötzlich vor einem Schüler stehenzubleiben und ihn abzufragen. Alle konnten seinen Merkspruch zum Ablativ auswendig: »A, ab, de, ex und e, cum und sine, pro und prae, bei sub und in hängt's ab vom Sinn!« Herr K. hatte es tatsächlich geschafft, dass Latein bei einigen zum Lieblingsfach avanciert war, ja, manche dachten sogar darüber nach, in der Oberstufe für einen Latein-Leistungskurs zu plädieren.

Er kam nicht mehr an die Schule zurück. Stattdessen gab es eines Tages einen Gedenkgottesdienst. Herr K. war gestorben. Seine Söhne, einer eine Stufe über, einer eine Stufe unter mir, waren plötzlich die Kinder ohne Vater. In den Pausen stand meine Clique wie eh und je mit dem älteren Sohn auf dem Schulhof beisammen, doch komischerweise änderte sich nichts. Wie weh es mir getan hatte, Minki zu verlieren, brachte ich nicht mit diesem Todesfall zusammen. Wir quatschten über belangloses Zeug, über Schule, Ausgehen, Wer-mit-wem. Den Tod besprachen wir nicht, auch nicht im Unterricht. Wäre nicht Religion – Philosophie gab es nicht – das prädestinierte Fach dafür gewesen? Oder eine Stunde mit dem Klassenlehrer? Warum hatten wir unzählige Male die Schlachten des Zweiten Weltkriegs durchgenommen, doch so gut wie nie aktuelle Geschehnisse? Warum wurde der Tod unseres Lehrers allein in einen Gedenkgottesdienst gepackt, Thema abgehakt? Oder spielt mir die Erinnerung einen Streich? Ich hoffe es, und auch, dass im heutigen Schulunterricht emotionale Bildung einen Platz hat.

Hat die Natur es absichtlich so eingerichtet, dass wir Schlimmes schnell ausblenden, damit wir mit dem Leben weitermachen können? Ist das ein Schutzmechanismus? Und ist dieser Schutzmechanismus bei Kindern und Jugendlichen stärker ausgeprägt als bei Erwachsenen? Je mehr ich darüber nachdenke, desto länger wird die Fragenkette. Wie kann es sein, dass ich bei Minkis Tod das Gefühl hatte, vor Kummer umzukommen, jedoch nichts spürte, als mein Lehrer starb? Ist Empathie eine Fähigkeit, die sich erst mit dem Alter entwickelt? Und ist das gut oder schlecht? Ist es gut, weil die Ich-Bezogenheit dem Kind in der Zwischenzeit das Überleben sichert? Ist es gut, wenn Kindern die Tragweite erst später klar wird?

Während meiner Jugend musizierten meine Geschwister und ich im Posaunenchor der Kirchengemeinde. Unsere Einsätze waren entlang des Kirchenjahres durchgetaktet. Wir begleiteten den Gottesdienst an jedem dritten Sonntag und an Feiertagen. Darüber hinaus gab es besondere Anlässe, bei denen wir außerhalb der Kirche spielten: am Volkstrauertag beim Ehrenmal für die Kriegstoten beider Weltkriege und am Totensonntag in der Friedhofskapelle. Wenn ich mir heute vor Augen führe, wie ich mich damals während der Feierstunden verhalten habe, leise kichernd und mit den anderen Jungspielern scherzend, schäme ich mich. Wieder und wieder habe ich aus dem Mund des Pastors vernommen, worum es am Volkstrauertag und am Totensonntag geht. Wieder und wieder war es mir egal. Weil ich nicht fühlte, worum es ging. Weil ich nicht *mit-fühlte*.

In dem Sommer, in dem ich fünfzehn wurde, verbrachte ich die Hälfte der Sommerferien im Krankenhaus. Ich hatte eine Entzündung in der Hüfte und konnte vor Schmerzen nicht laufen. Zuerst wurde ich auf der Kinderstation einquartiert und war von Kindern umgeben, denen man die Mandeln entfernt hatte. Überall flogen *Micky-Maus-Hefte* und Malsachen herum und zwei von uns hatten einen Kassettenrekorder. Die Kleinen hörten *Fünf Freunde*. Mir brachten meine Brüder eine Kassette mit Musik von Billy Joel mit. Dann wurde ich in den Erwachsenentrakt verlegt und fand mich in einem Zwei-Bett-Zimmer wieder. Mein

Bett war an der Tür. Am Fenster stand ein wuchtiges Gitterbett. Zwischen den Stangen hindurch hörte ich es stöhnen und wimmern. Unruhig bewegte sich eine alte, weißhaarige Frau hin und her. Stundenlang quälte sie sich, ob bei Bewusstsein oder nicht, konnte ich nicht einschätzen. Es hörte nicht auf, und es roch sehr unangenehm. Für mich war die Situation kaum zu ertragen. Ich hatte mit meinen Schmerzen zu kämpfen und glaubte, hier ungewollt Zeugin eines ganz anderen Kampfes zu sein, möglicherweise eines Todeskampfes. Ich wusste es nicht, denn so etwas hatte ich noch nie erlebt. Ich wusste nur, dass ich hier nie und nimmer würde gesund werden können. Ich musste hier raus. Als meine Eltern zu Besuch kamen, bekniete ich sie, für mich ein anderes Zimmer zu finden, was ihnen auch gelang. Ich erinnere mich, dass es mir leidtat, der armen Frau keine Gesellschaft leisten zu können, doch ich konnte nicht anders. Ich hatte das Gefühl, das Zimmer mit dem Tod zu teilen. Ich brauchte dringend Abstand. Ich musste die Frau zurücklassen.

Als meine Oma älter wurde, lernte ich das Abschiednehmen in Raten kennen. Zuerst wurde sie vergesslich. Das war am Anfang nicht weiter schlimm und bisweilen sogar lustig. Flo und ich machten uns einen Spaß daraus, sie beim Knobeln und *Mensch ärgere dich nicht* hereinzulegen. Noch immer blitzte unsere Oma durch, wie wir sie liebten. Ärgerten wir sie zu doll, zog sie die Schublade des Küchentischs auf, holte den Kochlöffel hervor und drohte uns damit, bis sie selbst zu lachen anfing und ihre roten Bäckchen noch röter wurden. An ihren Ritualen hielt sie lange fest. Abends schnitt sie sich einen Apfel auf, um ihn beim Fernsehschauen Stückchen für Stückchen zu verzehren. Vor dem Zubettgehen stellte sie die Butter auf den Küchenschrank, damit sie am Morgen streichfähig war. Sie wusste auch noch, wie sie ihre Beine auf dem elektrischen Fernsehsessel hoch- und runterfahren konnte. Meine arme Oma litt seit über fünfzig Jahren, seit der Geburt ihres ersten Kindes, an einem schmerzhaften offenen Bein.

Oma hatte nicht nur eigene Rituale, wir hatten auch gemeinsame. Als sie noch jünger war, fuhren wir mit dem Bus ihre Geschwister besuchen, bis Papa uns abends nach der Arbeit dort abholte. Freitags ging ich mit ihr einkaufen, zuerst in der Metzgerei, dann im Lebensmittelladen. Am liebsten schauten wir zusammen *Die Schwarzwaldklinik*. Während sich Doktor Brinkmann und Schwester Christa verliebten, verkrachten und versöhnten, übte ich an der Wohnzimmertür Handstand und genoss Omas nicht durch vier Geschwister geteilte Aufmerksamkeit. Und noch etwas hatte sich eingespielt zwischen uns beiden: Wenn ich am Wochenende bei meinen Eltern mit dem Mittagessen fertig war, ging ich die Treppe hoch, um zu schauen, ob es bei Oma noch etwas Leckeres gab. Natürlich hatte ich meistens Glück und bekam einen Nachschlag.

Auch an einem Sonntag, an dem ich vierzehn Jahre alt gewesen sein muss, nahm ich nach dem Mittagessen die Treppe nach oben. Doch etwas war anders, ganz und gar anders. Oma saß an ihrem angestammten Platz. Wie häufig in letzter Zeit – das üppige Kochen war ihr nicht mehr möglich – hatte sie sich Nudeln zubereitet. Sie pickte mit den Fingern in den Teller, griff jedoch nur Luft und führte die leere Hand zum Mund. Trotzdem kaute und schluckte sie. Sofort eilte ich ihr zu Hilfe. Ich redete sanft auf sie ein und half ihr mit der Gabel. Sie ließ mich gewähren. Anschließend spülte ich das Kochgeschirr, Oma wollte abtrocknen. Als ich sie mit dem Handtuch Kreise in die Luft ziehen sah, bekam ich es mit der Angst zu tun. Von Panik erfasst stürzte ich nach unten und schrie: »Ihr müsst kommen, schnell, es ist etwas mit Oma!«

Der kleine Schlaganfall war die Ouvertüre zu Omas letztem Lebenskapitel. Ich bin dankbar dafür, dass wir sie zu Hause gepflegt haben. Alle packten mit an. Wir konnten Oma nicht mehr allein lassen. Ihren geliebten Herd mussten wir vom Strom nehmen, zu häufig hatte sie schon das Essen auf dem Feuer vergessen. Manchmal rief sie am helllichten Nachmittag im Nachthemd und mit bettfertig gelösten Haaren zu uns herunter, ob wir denn nicht auch bald ins Bett wollten. Nach und nach versank sie in einer anderen Welt. Stundenlang strickte sie, was Mutti ihr aufgefädelt hatte und später wieder auftrennte, damit das Spiel am nächsten Tag von vorn beginnen konnte. Mutti, meine Schwester, meine Tante und mich ließ sie an sich heran, auch wenn es für sie nicht einfach war, uns die körperliche Pflege übernehmen zu lassen. Für mich war es auch nicht einfach, in so kurzer Zeit von der behüteten zur behütenden Enkeltochter zu werden, doch ich war nun eine andere, eine junge Frau. Ich hatte es mir zur Aufgabe gemacht, zusammen mit meiner Familie meine Großmutter zu pflegen, und ich machte es gern. Ich tat es für sie.

Am Ende musste Oma ins Krankenhaus. Sie konnte kaum noch atmen. Das viele Wasser in ihrem Körper schnürte ihr die Luft ab. Als es so weit war und sie gehen konnte, war ich zerschmettert. Es spielte keine Rolle, dass sie achtundachtzig Jahre alt geworden war, ein stolzes, großes Alter. Es war mir egal, dass das Leben einfach einmal enden muss, zumal mit achtundachtzig. Es war mir sogar egal, dass sie nun vom Leiden erlöst war. Sie fehlte mir. Das war alles, was ich fühlte, dieses unermessliche Fehlen.

Ein paar Monate nach meiner Großmutter starb der Großvater meines damaligen Freundes. Mit ihm fühlen konnte ich kaum, meine eigene Wunde brach auf. Es war Sommer und Omas Geburtstag, genau zwischen dem meines ältesten Bruders und meinem. Ich musste unbedingt zu Omas Grab. Mein Freund, der schon den Führerschein hatte, fuhr mich. Alles drehte sich um mich. Ich schämte mich, doch ich konnte nicht anders. Ich wollte mit aller Macht dafür sorgen, dass Oma nicht vergessen wurde. Als ob das ginge, Mathilde vergessen.

Erwach(s)en

Ich machte mein Abitur, studierte, reiste. Ein paar Monate, nachdem ich in Köln meine erste Arbeitsstelle aufgenommen hatte, starb meine achtunddreißigjährige Vorgesetzte. Ihre langjährigen Kolleginnen waren sichtlich betroffen, und auch mir wackelte der Boden unter den Füßen. Wir sprachen über den Witwer, über die Segeltörns, die das Paar zusammen unternommen hatte, über die Krankheit, die unsere Chefin verändert und mit sich gerissen hatte. Man bat mich, die Traueranzeige zu formulieren. Hinter einem Schleier aus Tränen tastete ich mich an Worte heran, die wohl niemals richtig, doch hoffentlich nicht ganz falsch sein konnten. Würden sie die Verstorbene ehren, die Hinterbliebenen trösten? Bei der Beisetzung konnte ich der Mutter und der Großmutter der Verstorbenen nicht in die Augen blicken. Sie waren die ersten gebrochenen Frauen, die ich je gesehen hatte.

Sie waren in Trauer. Und ich? Ich war traurig. Dieser himmelweite Unterschied war für mich sichtbar geworden.

Ich wurde erwachsen. Dinge passierten, Menschen starben, Nachbarn meiner Eltern, ein Freund meiner Schwester. Bei einem Unfall der Flusskreuzfahrtreederei, für die ich arbeitete, kam ein Gast ums Leben und es gab mehrere Schwerverletzte. Mich erfasste eine seltsame Gemütslage, eine Mischung aus Bestürzung und Aufregung. Auf der einen Seite verging keine Minute, in der ich nicht an das Opfer und die Verletzten dachte. Auf der anderen Seite schrieb ich in meiner beruflichen Rolle Pressemitteilungen, Gästeinformationen und Briefe an die Familie des Verstorbenen. Und da war noch etwas: Ich fühlte mich mitverantwortlich, es war ja schließlich *meine* Firma, der das Unglück widerfahren war. Als ich vor einer *RTL*-Kamera stand, hoffte ich, auf dem schmalen Grat zwischen Mitgefühl und Professionalität ein fernsehtaugliches Statement hinzubekommen (und mein erstes Fernsehstatement überhaupt).

Ein paar Jahre später, ich arbeitete mittlerweile für die deutsche Niederlassung von *Costa Kreuzfahrten* in Hamburg, sank die *Costa Concordia.* Sehen Sie den Koloss von einem Schiff noch vor der Insel Giglio liegen? Ich auch. Zweiunddreißig Menschen verloren bei der Tragödie ihr Leben, später auch noch ein Taucher, und viele der restlichen 4.197 Menschen an Bord erlitten Verletzungen, Schocks und Traumata. Über Nacht kam mein Marketingjob zum Erliegen. Wir schalteten auf Krisenmanagement um. Statt Werbetexte zu verfassen, rief ich in den Tagen nach dem 13. Januar 2012 die Rückkehrer der Unglücksreise an, stellte sicher, dass sie gut zu Hause angekommen waren, bot psychologischen Beistand über *NOAH*, die Koordinierungsstelle *Nachsorge, Opfer- und Angehörigenhilfe* der Bundesregierung, an. Manche erzählten mir minutiös, was sie erlebt hatten. Wie sie wertvolle Zeit verloren hatten, weil zuerst nur von einem Stromausfall die Rede gewesen war. Wie sie Rettungswesten ergattert und ihre Angehörigen gesucht hatten. Wie alles ins Rutschen gekommen war, als das Schiff sich geneigt hatte, immer stärker, immer mehr, Gegenstände waren zerschellt, Gliedmaßen zerborsten. Wie sie über Tische und Bänke und die Außenwand des sinkenden Schiffs geklettert oder in Todesangst ins Meer gesprungen waren. Chaos, Panik, Verzweiflung, auf 14 Passagierdecks, nicht zählbaren Unterdecks, auf 290 Metern Länge und 35 Metern Breite, zwischen zehn, halb elf Uhr am Abend und den frühen Morgenstunden, inmitten von Dunkelheit, Wasser und Angst.

Wie ein Schwamm saugte ich alle Gefühle, die mir entgegenschlugen, auf, wie ein Baum blieb ich ruhig, wie eine Mutter blieb ich zugewandt, wie ein Verwalter tippte ich die Erzählungen in eine Datenbank. Stundenlang, tagelang, unerschütterlich, das war ich diesen Menschen, die um ihr Leben gekämpft hatten, schuldig. Ich wuchs über mich hinaus. Je aufgeregter sie waren, desto ruhiger wurde ich. Je größer ihre Not, desto mehr öffnete sich mein Herz. Ich erkannte mich kaum wieder. War das wirklich ich? Als man mich fragte, ob ich auch die Angehörigen der deutschen Opfer betreuen wolle, sagte ich zu. So kam ich mit Menschen in Berührung, deren Frau, Mann, Tochter, Sohn, Schwester oder Bruder in jener furchtbaren Nacht gestorben war. Und mit jenen, die noch immer nichts über den Verbleib der geliebten Person wussten. Zwei Jahre und zehn Monate würde es dauern, bis der letzte Leichnam geborgen wurde.

Telefonischer Kontakt war das eine, ein persönliches Gegenübertreten etwas ganz anderes. Als ich die mir anvertrauten Angehörigen zum ersten Mal am Flughafen in Rom abholte, sah ich ihre Verzweiflung schon von Weitem. Mühlsteine, die an Beinen hingen, abgewandte Blicke aus leergeweinten Augen. Alles spielte sich in schwarz-weiß ab, ohne Farben, ohne Licht und fast ohne Ton. Niemand wollte hier sein, in diesem entsetzlichen Alptraum. Alle wirkten in sich gekehrt, fast so, als wäre nur ihr Körper nach Italien gereist, ihr Innerstes aber nicht. Leise Stimmen, sachliche Fragen, Beschränkungen auf das Nötigste, hin und wieder auch Aufbäumen, Wut, die irgendwohin musste: »Sie sind an allem schuld!« Sobald wir im Hotel angekommen waren, zogen sich alle auf ihre Zimmer zurück. Zurück in so etwas wie Sicherheit.

Vorsichtig tastete ich mich an meine neue Rolle heran, horchte auf meine Intuition. Viel konnte ich nicht tun, um den Familien beizustehen. Da sein. Zuhören, falls sie reden wollten. Einen Psychologen vermitteln. Reporter fernhalten. Sitzreihen beim Gedenkgottesdienst anweisen. Blumen reichen, als wir mit einem Boot die *Concordia* umkreisten. Worte finden, als die Familien, die noch immer jemanden vermissten, auf die Rettungstaucher trafen. Die Überführung von Leichnamen organisieren. Ich war demütig, nahm mich zurück. Machte mich zum Pfeiler, zur mal sichtbaren, mal unsichtbaren Stütze. Besorgte Wasser und Kaffee, verteilte Kekse und Taschentücher, saß in der hintersten Reihe. Wie ein Schatten, immer da, immer nah, mit dem *Costa*-Anstecker am Revers und dem Herz in der Hand.

Sie waren getroffen. Ich war betroffen.

Sie waren gestürzt. Ich war bestürzt.

Diese Menschen litten. Seelischen Schmerz. Körperlichen Schmerz. Ich fühlte, hörte und sah ihn, aus nächster Nähe, im stillen Beisammensein auf der Fähre, im Gespräch unter vier Augen, um mehrere hundert Mal vervielfacht bei den Gedenkanlässen. Ich konnte ihm nichts entgegensetzen, konnte nichts tun, um irgendetwas besser zu machen. Das Einzige, was ich versuchen konnte, war, es nicht noch schlimmer zu machen.

Vier Jahre später stand ich auf der anderen Seite. Am Himmelfahrtstag 2016, einem Frühlingstag, wie er strahlender und schöner nicht sein kann, überfuhr ein einundachtzigjähriger Autofahrer meinen fünfunddreißigjährigen Bruder. Mein Leben stand plötzlich still, laut wie ein Donnerhall.

So fühlt es sich also an ______________________________

So fühlt es sich also an, wenn plötzlich nichts mehr ist, wie es war. Die Nachricht ist zu groß, als dass ich sie erfassen könnte. Zu groß. Zu groß. Wahr. Nein. Doch. Ich rufe Bine an, die weint und mich fragt, wo ich bin. Eigentlich in Stockholm, aber de facto in Köln. Ich rufe meinen Bruder Claudius an, der mich fragt, warum es diese Nachricht gibt. Weil sie wahr ist. Ich rufe meinen Freund Johann an und schreie, schreie wie noch nie in meinem Leben. Johann, Johann, Johann, Flo ist tot, ja, nein, Johann, Johann, Flo

Meine Hände packen einen Koffer, während meine Atmung einfach weitermacht. Schwarzer Anzug, schwarzes Kostüm, Kuscheltier, ich weiß nicht, wie lang ich fortbleiben werde.

»Ruf mich an, wenn du angekommen bist, versprich mir das.«

»Ja.«

»Bist du sicher, dass du fahren kannst?«

»Ja. Ich muss. Ich will.«

Jetzt sind meine Hände nicht mehr meine. Sie gehorchen mir nicht mehr. Krampfen sich um den Autoschlüssel, um das Lenkrad. Die Beine schwer wie Blei, das Reaktionsvermögen gleich null. Beim ersten Rastplatz halte ich an. Ich erreiche Kathrin nicht. Beim nächsten Rastplatz halte ich an. Ich erreiche Kathrin nicht. Beim nächsten Rastplatz spreche ich mit meinem Bruder Janni. Er war bis gerade eben im Krankenhaus. Mutti und Papa sind jetzt auf dem Weg nach Hause, er auch.

»Bis gleich. Fahr vorsichtig.«

Die Haustür vom Elternhaus bekomme ich nur mit Mühe auf. In den steifen Fingern ist keine Kraft. Erst will der Schlüssel nicht ins Schloss, dann wollen die Muskeln nicht helfen. Ich gehe ins Wohnzimmer. Leer. Wo sind alle? In der Küche. Mutti, Papa, Janni sitzen schweigend um den Tisch. Mutti steht auf und wir klammern uns aneinander.

Auf Sparflamme leben, jetzt weiß ich, wie das geht. Der Körper macht nur noch das, was er machen muss: einatmen, ausatmen, trinken, ausscheiden, wachen und mit ein bisschen Glück sogar schlafen. Nimm die schlimmste Grippe deines Lebens, addiere achtzig Lebensjahre, subtrahiere alle Lebensfreude und schlepp dich in eine Höhle. Und hier bleibst du. Niemand kann dir sagen, wo das Licht angeht. Oder wo der Ausgang ist. Und den willst du auch gar nicht sehen, selbst wenn du könntest. Du willst noch nicht mal wissen, wo er ist oder ob es überhaupt einen gibt. Jetzt nicht und noch lange nicht. Niemand kann dir sagen, wann dein Appetit oder dein Schlaf wiederkommen. Geschweige denn dein Lächeln. Und du weißt, dass es das jetzt erst einmal gewesen ist mit der Leichtigkeit des Lebens.

Es ist der 5. Mai 2016. Flo wurde nur 35 Jahre alt. Flo, der die Menschen mit seinem hellen Strahlen begeisterte und mit seinem Talent verzauberte. Flo, der noch so viel vorhatte und der der Welt so viel zu schenken hatte. Der Jüngste von uns musste gehen, mein kleiner Bruder. [...] Wie erzählt man eine Geschichte, für die man sich eigentlich ein anderes Ende ausgedacht hat? Wie findest du Frieden, wenn das Schicksal dich zum Kampf aufgefordert hat? Wie passt alles zusammen, muss alles zusammenpassen, denn das alles ist ja mein Leben?

Wir waren noch einmal bei Flo. Wir haben ihm mitgegeben, was wir als Menschen hier unten auf der Erde mitgeben können. In Musik und Briefe gepackte Liebe, ein Familienfoto. Schon ein paar Minuten später ist der Leichenwagen – wurde dafür noch kein schöneres Wort erfunden? – auf dem Weg in die Friedhofskapelle, vorbei an unserem Elternhaus. Papa und ich fahren hinterher und beobachten, wie der Gärtner das riesige Meer aus Farben und Düften arrangiert. Ich gehe noch einmal zu Flo. Lege meine Hand auf den Sarg, spreche mit ihm. Eben noch konnte ich ihn sehen und berühren, gleich werden seine besten Freunde ihm die letzte Ehre erweisen und ihn in das Grab, sein Grab, hinablassen. Das ist doch alles nicht zu glauben.

Aus: Katharina Afflerbach, Bergsommer – Wie mir das Leben auf der Alp Kraft und Klarheit schenkte. Hamburg: Eden Books 2019, S. 201–204.

Bald fünf Jahre sind seitdem vergangen. Fünf Jahre, in denen ich litt und lernte wie nie zuvor. Ich bin abgetaucht, wieder-aufgetaucht. Vor zweieinhalb Jahren starb mein Cousin, vor eineinhalb Jahren meine Freundin. Ich bin noch da, wenngleich ich eine andere geworden bin. Ich weiß jetzt, wie es sich anfühlt, geliebte Menschen gehen lassen zu müssen. Ich weiß jetzt um meine Verwundbarkeit, weiß, wie unvorstellbar tief der Schmerz dringt.

Ich fand kein Maß, ihn zu messen. Ich fand nichts, ihn zu vergleichen.

Ich habe Lähmung erlebt, die sich wie ein bleierner Mantel auf meine Schultern legte, mich auslaugte, aussaugte, die Farben auslöschte und das Licht. Die den Brustkorb eng schnürte, die Gabel sinken und das Essen kalt werden ließ. Ich hörte mich lautlos um Hilfe schreien, wartete auf Schlaf, auf Anrufe, Besuche, darauf, dass irgendetwas für mich geschehe. Ich wartete auf die Zeit, darauf, dass sie verstrich. Ich weinte, schluchzte, zitterte, starrte. Ging ins Bad, in die Küche, zum Briefkasten und ins Bett, an manchen Tagen noch nicht einmal das.

Ich hielt es aus, mal schlechter, mal besser. Es war so laut! Es tat so weh! Es gab kein Innen und kein Außen mehr. Mein Schmerz war so groß, größer als ein Land, größer als ein Meer, er war in vielen Momenten alles. Diese abstrakte Trauer, sie war verdammt noch mal konkret. Und so widersprüchlich. Nichts war mehr an seinem Platz. Nichts galt mehr. Worauf konnte ich mich noch verlassen? Am wenigsten auf mich selbst. Meine Gedanken rasten, mein Körper nicht.

Ich war keine Einheit mehr. Ich war in Trauer.

Ich lernte, dass ich jetzt die bin, deren Bruder gestorben ist. Dass dies nun mein langer, langer Weg ist. Dass es Kummer gibt, der nie mehr vergeht. Ich lernte aber auch, wie Millionen und Abermillionen vor mir, dass ich weiterleben, sogar gern und gut weiterleben kann. Vielleicht, weil ich mich immer wieder neu dafür entscheide. Vielleicht auch, weil ich mich dem Schmerz stelle. Manchmal möchte ich noch heute nichts anderes, als die Zeit vorspulen und Situationen oder sogar ganze Tage überspringen. Immer häufiger aber bin ich dazu bereit, das Tempo rauszunehmen und genauer hinzuschauen, so wie ich beim Wandern im Wald die Natur viel besser beobachten kann, wenn ich langsam gehe oder stehen bleibe. »Angst verhindert nicht den Tod«, sagte Buddha. »Sie verhindert das Leben.«

ZWEITER TEIL

REISEN ANS ENDE DER WELT (MIT RÜCKFAHRSCHEIN)

Ines · Das Nicht-Gedeihen der Männer

An einem Samstagnachmittag vor drei Jahren habe ich Ines kennengelernt. Ich war auf die *Verwaisten Geschwister Köln* aufmerksam geworden, eine Selbsthilfegruppe. Durch Zufall. »Zufälle gibt es nicht«, höre ich Ines schon kontern. »Uns fällt zu, was fällig ist.« So ist mir Ines zugefallen, zwei Wochen vor Flos erstem Todestag, als ich im Tunnel des sich schließenden Jahreskreises unterwegs war und auf die immer enger werdende Mündung zusteuerte.

Am Friesenplatz verließ ich die U3. Um wieder an die Erdoberfläche zu gelangen, nahm ich die Rolltreppen. Meine Knie hatten schon stabilere Tage gesehen. Ich drückte die Beine durch und hielt den Atem an. Dann endlich Himmel, Licht, frische Luft. Einatmen, einatmen! Ich schlenderte zum

Treffpunkt bei der Christuskirche, teilte mir die 450 Meter ein. Ich wollte nicht zu früh da sein und nicht als Erste, wollte nicht Smalltalk machen müssen mit Menschen, die wie ich ein verwaister Geschwisterteil waren. Die nur noch ein Überbleibsel von etwas waren, das es einmal gegeben hatte.

Auf den Stufen vor der Kirche hockten ein paar von ihnen. Zum Glück kam bald jemand mit einem Schlüssel und klaren Ansagen. Die Kirchenpforte öffnete sich, Stühle formierten sich zu einem Kreis, alle nahmen Platz, bereit für das große Hallo, als Ines, die Gruppenleiterin, hinzukam. Es konnte losgehen.

Ines war die Erste, die mir für dieses Buch ihre Geschichte erzählen wollte. »Natürlich mache ich mit!«, antwortete sie nur eine Stunde nach meiner Anfrage. Eine Frau, ein Wort und eine Festigkeit, die ich auch bei dem Gruppentreffen in der Kirche erlebt habe. Außer mir war damals eine weitere Teilnehmerin, eine Studentin, zum ersten Mal dabei. Sie berichtete fassungslos, ja, um etwas zum Festhalten ringend, dass ihr Bruder sich vor zehn Tagen vor einen Zug geworfen hatte. Vor zehn Tagen! Ich konnte kaum davon berichten, was vor fast einem Jahr geschehen war … In der Runde kam alles auf den Tisch. Wut. Tränen. Angst. Schweigen. Danken. Erinnern. Verdrängen. Festhalten. Vergeben. Egal, was kam, es hatte Platz. Es ging nicht ums große Einsortieren. Es ging schlichtweg ums Zulassen, Rauslassen. Und vielleicht auch ums Dalassen, dort in der Gruppe, im Gotteshaus.

Nun wieder Ines, die mir Zugefallene. Es ist Karnevalsdienstag, Veilchendienstag. In der Bahn auf dem Weg nach Weidenpesch sind die Jecken in der Überzahl. Heute wird bei den Veedelszöch noch einmal auf den Putz gehauen, bevor in der Nacht der Nubbel verbrannt und die fünfte Jahreszeit für beendet erklärt wird. Köln feiert, und Ines und ich wollen über den Tod sprechen. Warum nicht? Ich habe Brownies, Brot, Alpkäse und Cola im Rucksack. Vielleicht hilft Kauen beim Nachspüren. Vielleicht hilft Essen beim Verdauen.

Am Küchentisch breitet Ines ihre Geschichte vor mir aus. Nein, sie entfaltet sie. Stück für Stück. Nein. Jetzt sehe ich es. Sie zeichnet sie! Von Minute zu Minute kommen mehr Striche auf ihr Blatt, entstehen Formen, Gesichter, führt sie den Stift auch in die äußersten Winkel. Sie greift zum schwarzen Stift, zum ganz dicken, legt ihn beiseite und nimmt sich den gelben, den orangen, den blauen, den Regenbogenstift. Sie weiß, was sie tut. Sie ist die Regisseurin ihres Lebens. »Ich bin krankhaft positiv«, sagt Ines, und ich erfahre, warum.

Dany, Daniel, hieß Ines' kleiner Bruder, der sich mit siebenundzwanzig Jahren das Leben nahm. Im elterlichen Treppenhaus erhängt, ist mir aus dem Gruppentreffen vor drei Jahren in Erinnerung geblieben. Ich möchte vorsichtig aufschlagen, anknüpfen. Doch Ines geht voran, nimmt mir das Zögern. Sie ist es gewohnt, vor Menschen und über den Tod zu sprechen. Seit nunmehr dreizehn Jahren leitet sie die Selbsthilfegruppe, die sie ein paar Jahre nach Danys Tod zunächst als Teilnehmerin besuchte.

Ich folge Ines in Danys Pubertät in Sankt Augustin. Eine ganz schön herausfordernde Anspruchshaltung habe ihr Bruder entwickelt. Doch sie und ihre Mutter haben ihn gelassen: »Wir wollten nicht wie wild an ihm herumerziehen. Wir dachten, dass er sich in dem Frauenhaushalt vielleicht als Mann behaupten müsse.« Ich stehe auf dem Schlauch. Frauenhaushalt? »Ich muss wohl dazu sagen, dass unser Vater schon gestorben ist, als ich achtzehn und Dany elf war. Papa hatte einen Schlaganfall, und da er das Von-Willebrand-Syndrom hatte, seine Blutgerinnung also stark gestört war, konnte ihm nicht rechtzeitig geholfen werden. Wir haben noch zusammen gefrühstückt und Mittag gegessen. Dann ist es um fünfzehn Uhr sechs passiert und noch in der Nacht ist er gestorben.« Ines spricht weiter, ihr Blick ist klar, mir zugewandt: »Ich erinnere mich an das Entsetzen. Uns Kindern wurde gesagt, dass Papa einen Kreislaufkollaps gehabt habe. Ich durfte am Nachmittag zu ihm ins Krankenhaus. Ich hörte sein so typisches Schnarchen und rügte ihn in Gedanken. ›Papa, kannst du dich nicht wenigstens im Krankenhaus benehmen?‹« Wie schlimm es um ihren Vater stand, ahnte sie nicht. Als sie später mit ihrer Mutter wieder in die Klinik gerufen wurde, geschah, was man aus schlechten Filmen kennt. »Auf dem Flur kam uns eine Art Metzger entgegen. ›Sie wissen ja, was passiert ist‹, sagte dieser. ›Nein, wir wissen nichts.‹ ›Er ist tot‹, sagte der Mann. So haben wir zwischen Tür und Angel vom Tod meines Vaters erfahren.«

Vor meinem inneren Auge öffnet sich eine große, schwere Flügeltür. Der Raum dahinter ist dunkel. Ich kann nichts erkennen. Ich war darauf gefasst, mit Ines über den Suizid ihres Bruders zu sprechen. Nun erfahre ich, dass sie auch ihren Papa so früh und so plötzlich verlor. »Dann ist das Teil eins deiner Geschichte«, flüstere ich. »Nicht ganz«, antwortet Ines. »Teil eins ist, als Bernie ins Heim kam. Da war ich anderthalb.«

Bernie, Bernd, ist Ines' älterer Bruder. »Mein Halbbruder, aber halbe Brüder gibt es ja nicht«, sagt sie und lächelt. Halbbruder? Wieder so ein Wort, das mich aufhorchen lässt. »Bernie ist das Kind aus der ersten Ehe meiner Mutter. Meine Mama wurde mit vierundzwanzig das erste Mal Witwe.« Ich mache die große Tür noch einmal zu. Atme aus. Streiche meine Kleider glatt, horche ein paar Sekunden lang ins Nichts. Atme ein und drücke die Türklinke hinunter, hoffentlich ein klein wenig mehr bereit. Im Raum zeichnen sich jetzt Konturen ab. Ines' Mama heiratete, bekam den geistig behinderten Bernie. Trug ihren Mann zu Grabe. Heiratete wieder, bekam Ines, vertraute Bernie einem Heim an, bekam Dany. Trug ihren zweiten Mann zu Grabe. Und sechzehn Jahre später Dany.

Ines' Geschichte ist also auch die Geschichte ihrer Mutter. Natürlich ist sie das. Verliert eine Tochter ihren Vater, verliert eine Frau ihren Mann. Verliert eine Schwester ihren Bruder, verliert eine Mutter ihren Sohn. Doch ich erfahre, was das für Ines bedeutete. Wie es ihr nie so sehr um sich selbst ging. »Als mein Papa starb, musste ich meine Mutti stützen. Bernie war ja im Heim und Dany erst elf«, blickt Ines zurück. »Ich tat das nicht, um mich aufzuopfern. Sondern das war einfach so, das war mein ganz klarer Weg.« Vielleicht verstand Ines da schon, was es bedeutet, jemanden zu verlieren, denn seit sie eineinhalb Jahre alt war, hatte sie gelernt, damit zu leben, dass ihr Bruder Bernie nicht mehr bei der Familie wohnte. So sieht sie es heute auch: »Ich bin mir sicher, dass das mein erster großer Verlust war.«

Ich schneide uns das selbstgebackene Brot auf. Ines vermeidet den Kontakt mit Schneidewerkzeugen, nicht nur, weil sie sich kürzlich den rechten Ellenbogen gebrochen hat. Sie hat die Blutgerinnungsstörung von ihrem Vater geerbt. »Das wollen wir nicht, dass ich mich jetzt verletze!« Ines lacht auch diese Laune der Natur weg, und so schneide ich uns zum Brot ein paar Stücke Alpkäse ab. Auch das noch, denke ich. Noch nicht mal der Kelch mit dem Von-Willebrand-Syndrom ist an Ines vorbeigegangen. Sie winkt ab. In einem Seminar habe sie einmal für ihre Geschichte einen Filmtitel entwickeln sollen. In Anlehnung an *Das Schweigen der Lämmer* kam ihr *Das Nicht-Gedeihen der Männer* in den Sinn. »Es ist makaber, das zu sagen. In unserer Familie gedeihen die Männer nicht. Das hat meine Großmutter schon in den 1950er-Jahren festgestellt«, sagt Ines, während sie das Brot in den Toaster steckt. »Diese Totalausfälle von Brüdern! Der eine behindert und der andere nicht mehr da!« Sie dreht sich zu mir um: »Ein Cousin ist mit vierzehn Jahren im Rhein ertrunken, ein anderer mit zwölf im Kinderheim gestorben. Der erste Mann meiner Mama. Der Bruder meiner Omi. Papa. Dany. Und dann passierte ja auch noch das mit Hajö, da waren wir erst ein Jahr verheiratet.« Ines setzt sich. Ich schlucke. Hajö, Hansjörg? »Ja, Kathi, es geht jetzt weiter mit Dramatik. Halt dich gut fest.«

Ohne den Vater lebte die Familie weiter. Ines ging auf die Höhere Handelsschule, später aufs Wirtschaftsgymnasium, kümmerte sich zusammen mit ihrer Mutter um Bruder Bernie im Heim. Dany ging nicht mehr mit auf die Besuche. »Damals hatte ich dafür kein Verständnis. Als große Schwester erwartete ich von Dany, dass auch er sich für Bernie interessiert. Ich konnte ihn da nicht aus der Verantwortung lassen«, erinnert sich Ines. »Heute denke ich, dass es sein gutes Recht war.« Als sie auszog, um in Köln zu studieren, war Dany traurig. »Lass mich nicht mit Mama allein«, bettelte er, und noch immer schmerzen seine Worte sie etwas. Doch Ines erklärte ihm, dass es ganz normal sei, dass eine erwachsene Schwester ausziehe.

Ein paar Jahre später zog auch Dany aus, studierte Jura bis zum ersten Staatsexamen in Bonn. Danach hielt ihn nichts mehr in Kleinkleckersdorf, wie er Bonn nannte. Dany wollte in die große weite Welt, nach Berlin. Da sei dann klar geworden, dass er mit der Großstadt nicht zurechtkam. »Ich würde sagen, Dany ist in Berlin brutal abgekackt, aber das schreibt man ja nicht.« Ich notiere mir genau dieses Wort. Abgekackt. Klingt fast wie *abgehackt* oder *Wurzeln gekappt.* Dany fühlte sich einsam und antriebslos, entwickelte Verfolgungswahn, kiffte. »Später hat mir eine Ärztin erklärt, dass Menschen, die die Veranlagung zu einer Depression haben, diese durch Kiffen anlocken«, sagt Ines. Es ist, als würde man der Depression die Tür öffnen. Vielleicht litt Dany an einer reaktiven Depression, einer Anpassungsstörung. Vielleicht, weil er sich dafür entschieden hatte, die für ihn provinzielle Heimat zu verlassen und weltmännisch in Berlin zu leben. Vielleicht, weil er mit elf seinen Vater verloren hatte.

Danys Hilferuf aus Berlin erreichte die Familie am Morgen des 17. Juli 1996. Bis dahin wusste niemand von seinen Ängsten, seiner Veränderung. Sofort begann die Mutter, ihren Koffer zu packen. Doch da klingelte das Telefon erneut. Ines, auf Dienstreise in Freiburg im Breisgau, hatte soeben erfahren, dass ihr Mann Hajö einen Unfall gehabt hatte. Er lag mit schlimmsten Hirnverletzungen im Koma.

Die Welt hob sich im Zeitlupentempo aus den Angeln. Hob Menschen in die Luft, ließ sie wanken und schlingern, baumeln und rudern. Und dann krachte alles donnernd auf den Boden.

Mutter und Tochter schafften es zu funktionieren, wieder einmal. Die Mutter eilte zu Dany nach Berlin, Ines zu ihrem Mann nach Köln. Auf der Zugfahrt ließ ihr Bauchgefühl sie einen Mann in ihrem Abteil ansprechen: »Sind Sie zufällig Psychologe oder so etwas Ähnliches?« Der Mann bejahte, er war Neuropsychologe. Sie durfte ihm eine Frage stellen. »Mein Mann ist verunglückt. Nun weiß ich nicht, wie ich das meinem Schwiegervater beibringen soll.« Ich sehe Ines bildlich vor mir, wie sie da im Zugabteil saß, um ihren Mann zitternd, um ihre Zukunft bangend, die Mutter auf dem Weg nach Berlin zum erschreckend verwandelten Bruder. »Wenn Ihr Mann verunglückt ist, dann geht es doch jetzt erst einmal um Sie, nicht um Ihren Schwiegervater«, antwortete der Mann. Ich schaue Ines mit großen Augen an. »Ich bin echt nicht selbstlos, aber wenn etwas passiert ist, habe ich immer erst mal die anderen gesehen. Vielleicht habe ich das geerbt«, erklärt sich Ines, die Starke, und lächelt dabei.

In Berlin offenbarte sich Danys Zustand. Die Mutter schaffte es, für ihren Sohn kurzfristig einen Termin bei einem Psychologen zu ergattern. Wer schließlich hinging, war sie. Dany schaffte es nicht, sich aufzuraffen.

Ines Erinnerung entfaltet sich blitzweise. Sie springt zwischen Berlin und Köln hin und her, dort der Bruder, der den Halt verliert, hier in der Klinik der Ehemann mit Hirnschäden unbekannten Ausmaßes. Was sie durchmachte, über Wochen, über Monate, kann ich mir kaum vorstellen. Hajö geht es heute gut, er geht arbeiten und schmeißt den Haushalt. Sonntags ist Putztag. Das Ehepaar hat sich rund um die besonderen Herausforderungen, die Hajös Hirnverletzungen mit sich bringen, arrangiert. Hajös verloren gegangenes Einfühlungsvermögen macht Ines doppelt und dreifach wett. »Ich bin abartig empathisch«, sagt sie, und das könnte der Grund dafür sein, dass sie sich an so viele Einzelheiten von Danys Weg erinnert. Zum Beispiel daran, wie Dany Hajö im Krankenhaus besuchte. In dem einen Moment strich er Ines über die Wange und sagte: »Du bist so stark.« Im nächsten Moment sprach er den Arzt an Hajös Krankenbett an: »Können wir kurz miteinander reden? Ich habe psychische Probleme.« Danach lud Ines ihre Mutter und Dany zum Essen ein. »Meine Mama war so dünn und sorgenvoll. Doch Dany ging es abermals nur um sich, er wollte lieber nach Hause. Da habe ich mich durchgesetzt und wir sind am Eigelstein in ein Restaurant gegangen«, erinnert sich Ines. Auf dem Weg nach Hause war Dany wie ausgewechselt. Seine Worte klingen bis heute nach: »Ich bin beschwingt, fast heiter, es geht mir gut!« Ich bin beschwingt, fast heiter. Keine Stunde später hing Dany wieder in der Kurve.

Zurück in Berlin drehte sich die Spirale weiter. Elf Monate quälte Dany sich, gerechnet vom Tag seines Hilferufs per Telefon bis zu dem Tag, an dem er sich nicht mehr zu helfen wusste. Nach einer Weile kehrte er Berlin den Rücken und ging ins Rheinland zurück. Am liebsten hätte er sich im Schoß der Mutter verkrochen. Doch die zog eine klare Grenze: »Ich bin deine Mutter, nicht deine Therapeutin.« Dany bezog eine eigene Wohnung in Bonn, strich die Wände dunkelblau und dunkelrot, kaufte sich ein damals sündhaft teures Handy und ein Auto, für das er eigentlich auch kein Geld hatte. Als er seinen Geburtstag feiern wollte, bot seine Mutter ihm an, ihre berühmten Frikadellen zu machen. »Mutter, das soll eine edle Fete werden. Da gibt's Lachs und keine Frikadellen.« Er wollte so gern auf großem Fuß leben. Ihm war nichts gut genug und doch alles zu viel. Seine Stimmungsschwankungen waren kaum auszuhalten. Eines Sonntags, Dany war bei der Mutter zu Besuch, stand er, ein Mann von einem Meter neunzig, plötzlich in ihrem Schlafzimmer, warf sich auf ihr Bett und wimmerte: »Mama, ich hab Angst, hilf mir.«

Ines wusste nicht, welche Krankheit genau aus ihrem Bruder sprach, eine bipolare Störung, eine Psychose oder eine Depression. Immer wieder suchte sie bei Ärzten und Therapeuten Hilfe, auch wenn das Dany gegen den Strich ging: »Ich wollte wissen, wie ich mit ihm umgehen und was ich tun kann. ›Fragen Sie doch Ihren Bruder‹, rieten mir die Therapeuten. Das war nicht die Unterstützung, die ich gebraucht hätte. Wie sollte mein Bruder mir sagen können, was ihm helfen könnte? Es gab Tage, da fühlte er sich von seinem Nachbarn verfolgt!« Es gab Tage, da versuchte er, über eine Freundin an Tabletten zu kommen. Es gab Tage, da bat er einen Freund darum, ihm eine Pistole zu besorgen. Es gab den Tag, an dem er seine Mutter fragte: »Mama, was sagst du, wenn ich mich umbringe?« Und es gab den Tag, an dem er sie anrief und sagte: »Ich bin jetzt auf dem Weg aufs Dach. Ich werde springen.« Immer wieder schaffte die Mutter es, ihren Sohn aufzufangen. Sie stemmte Tonnen, trug bleischwere Verantwortung, die ich nicht ansatzweise wiegen kann, nahm sich Zeit, sprach stundenlang mit Dany. »Essen hat immer geholfen«, erinnert sich Ines. Das Leben ging durch den Magen, doch nur für Momente. Danach knipste etwas in Dany das Licht wieder aus. Die Dunkelheit kehrte zurück und machte aus Ines' Bruder, diesem einen Meter neunzig großen Baum von einem Mann, ein kleines Häuflein Elend.

Als Ines und ihre Mutter sich nicht mehr zu helfen

wussten, brachten sie Dany in die LVR-Klinik Bonn. Auf die geschlossene Station wollte er nicht. Er bekam einen Platz auf der offenen. Für Ines stand über das Wochenende eine Dienstreise an. Sie bat die Ärzte inständig darum, Dany derweil nicht von der Station zu lassen, da ihre Mutter sonst mit der Verantwortung allein sei. Ines fuhr nach Pforzheim. Die Ärzte passten nicht auf. Dany verließ die Klinik und meldete beim Straßenverkehrsamt sein Auto ab, was ihm gar nicht schmeckte, ihn demütigte, doch erforderlich war, um Sozialhilfe beantragen zu können. Noch einen Schritt weiter weg vom selbstbestimmten Leben. Noch einen Schritt tiefer hinein in die Schwermut. Die abgeschraubten Nummernschilder lehnte Dany ordentlich an die Wand im Flur der Wohnung seiner Mutter. Dann wählte er die Treppe nach oben. Und den Fall nach unten.

Das Wort *Selbstmord* nimmt Ines nicht in den Mund. Mit einem Straftatbestand wie Mord habe das nichts zu tun. »Jeder darf entscheiden, was er mit seinem Leben macht. Ich sage Suizid oder Selbsttötung. Was ich nie sage, ist das Wort Freitod. Das klingt nach Freiwilligkeit. Keiner sagt ›Ich möchte tot sein‹«, sagt Ines. Sie holt noch einmal Luft und ergänzt: »Nein, niemand will wirklich tot sein. Wer sich tötet, möchte nur nicht zu diesen Bedingungen leben.« Welch starker Gedanke. So wird es bei Dany gewesen sein. Ines fand später Aufzeichnungen von ihrem Bruder, mit schwarzer Tinte geschrieben, in tiefster Verzweiflung und höchster Not, verwischt von seinen Tränen, die offenbar auf das Papier getropft waren. Da sagte sie zu ihrer Mutter: »Mama, du weißt, wie lebensfroh ich bin. Aber wenn ich mich so gefühlt hätte wie Dany, hätte ich mich auch umgebracht.«

An dem Tag, als Dany ging, feierte Ines ihren bis dato größten beruflichen Erfolg. Ihre Seminarteilnehmer applaudierten mit stehenden Ovationen. Ihr Auftraggeber fragte:

»Was machen Sie mit den Leuten? Das ist ja so locker bei Ihnen!« Welche Freiheit spürte Ines an diesem Freitag in dem Tagungshotel, die Freiheit, sich einfach einmal nur auf ihre Sache konzentrieren zu können? Oder die Freiheit, die Dany für sich wählte? Das Mosaik der tausend Fragen begann. Der Hund der Familie merkte als Erster, dass etwas nicht stimmte, und wollte, vor dem Haus angekommen, nicht aus dem Auto aussteigen. Die Mutter fragte ›Was machst du denn da?‹, als sie die Beine ihres Sohnes im Treppenhaus sah und dachte, er repariere etwas. Als es in ihr Klick machte, kam ein Schrei aus ihr heraus, den ihre Nachbarin noch heute hört. ›Warum hast du dir das angetan? Warum hast du mir das angetan?‹ Die Schreie im Garten kurze Zeit später, auf allen vieren auf dem Rasen, in Richtung Himmel, in Richtung Erde, zerrissen die Schallmauer des Verstehens. Da gab es nur das *Warum, Warum, Warum,* und kein Echo der Welt schickte ein Darum zurück.

»Nach dem Schock kam nicht einfach Trauer. Da kam Wut. Ich war so wütend auf Dany, dass er das gemacht hat, wo er doch genau gewusst hat, was er meiner Mutter damit antut.« Der Frau, die schon zwei Männer beerdigt hatte. Die Wut hatte viele Gesichter. »Mal war ich wütend darüber, dass er sich überhaupt suizidiert hat. Man wirft sein Leben doch nicht weg! Dann war ich wieder wütend auf mich, weil ich mich fragte, ob ich ihm genug geholfen habe. Oder ich war wütend, weil er es zu Hause getan hat.« Die Zeit danach, ein Gefühlschaos.

Wütende Feuer, Leere. Prasselnde Ungerechtigkeit, Ohnmacht. Herantasten, auf Abstand gehen. Verstehen wollen, weinen müssen. Jede auf ihre Art. Die Mutter, die irgendwann in dem Gedanken, dass Dany für seinen Abschied nach Hause gekommen war, Trost finden konnte. Die Schwester, die mit ihrer Wut nach außen ging, im Gesundheitssystem wühlte, wissen wollte, warum man Dany an jenem Freitag, einem dreizehnten, aus der Klinik gelassen hatte. Die wissen wollte, warum nicht mehr getan worden war. Die eine Antwort auf die Frage wollte, warum ihr kleiner Bruder tot ist.

Die Wut paarte sich mit Aktionismus. »Da bin ich ganz wie meine Mutter. Bloß nicht zusammenbrechen, weitermachen, so gut es ging, das war die Devise. Ich hatte ja auch noch Hajö, der mich brauchte, und natürlich Bernie«, blickt Ines auf die Monate nach dem 13. Juni 1997 zurück. »Weiterzumachen hat mir geholfen. Ich wollte auch für meine Mama funktionieren und war ein Stück weit stolz darauf, dass mir das geglückt ist. Ich fand mich tapfer.« Eine Arbeitskollegin spiegelte ihr Jahre später, dass sie damals kaum auszuhalten gewesen sei, zu perfekt, zu viel *Ich schaffe das.* »Das war mir nicht bewusst. Ich habe funktioniert und agiert, auch wenn ich mich manchmal wie eine Katzenmutter fühlte, an der alle saugten.«

Die Schuldfrage wurde in Wellenbewegungen angespült. Vom Strand aus schauten Mutter und Tochter ihr zu, ließen sie manchmal ihre Füße umspielen, doch sich von ihr mitreißen zu lassen, verboten sie sich. Sie hatten getan, was sie konnten. Sich Zeit genommen für Dany, ihm immer wieder zugehört, immer wieder Hilfsangebote unterbreitet, Grenzen und Möglichkeiten aufgezeigt. Die Gratwanderung war unendlich kräftezehrend gewesen, das Wechselbad der Gefühle beim Zusehen-Müssen, das Schwanken zwischen Helfen-Wollen und Sich-abgrenzen-Müssen. Aus der Schuldfrage hat Ines einen anderen Gedanken entwickelt. Sie war für ihren Bruder da, trotz allem. Vielleicht hätte sie Dinge richtiger machen können, vielleicht hätte sie mehr tun können. Ihr ist bewusst, dass sie sich als psychisch Gesunde nur ansatzweise in Dany hineinfühlen konnte und dass sie daher Fragen wie diese unbeantwortet zur Seite schieben muss. Es ist unendlich traurig, dass Dany psychisch krank wurde. Es ist unendlich traurig, dass er die Selbsttötung wählte. Doch er hat den Weg genommen, der seiner war.

Auf Wut und Aktionismus folgte der Zufall. Ines fiel zu, was fällig war. In einem Fernsehbeitrag erfuhr sie drei, vier Jahre nach Danys Tod von der Selbsthilfegruppe *Verwaiste Geschwister Köln.* Elektrisiert recherchierte sie im Internet und meldete sich zum nächsten Treffen an. »Ich merkte: Jetzt bin ich dran. Jetzt geht es mal um mich und meine Trauer.« Beim Gruppentreffen bemerkte sie noch etwas: »Ich spürte plötzlich, was da für ein Trauerkloß in mir war. Ich hatte Mühe, in Worte zu fassen, was passiert war, und das überraschte mich. Bisher war für meine Trauer als Schwester kein Raum gewesen. Wenn ein Kind stirbt, sagen alle »Die arme Mutter, der arme Vater«, und das ist ja auch richtig so. Doch jetzt ging es um Geschwistertrauer, um meine Trauer, und das war neu.« Ines denkt nach. »Wenn ich das Mitfühlen der Selbsthilfegruppe schon während meiner Wutphase erlebt hätte, hätte es mich vielleicht nicht lange genug in der Wut gelassen. Ich glaube, dass es für mich gut war, dass ich zuerst durch die Wut gehen und mich dann auf den Weg der Trauer machen konnte. Trauer ist ja eine Nummer härter und schmerzlicher als Wut. Man ist noch ohnmächtiger.« Wut kannst du raushauen. Trauer haut dich um. Es kam also die Zeit, da Ines etwas anderes brauchte als das ständige Aktivsein. Es kam die Zeit der Tränen.

Bei den *Verwaisten Geschwistern* eröffneten die Schicksale der anderen Ines neue Sichtweisen auf ihre Geschichte. Sie entdeckte den besonders engen Zusammenhalt, der ihre Mutter und sie verband, ein Zusammenhalt, den andere Gruppemitglieder daheim vermissten. Sie lernte ihre Ehe mit Hajö noch mehr zu schätzen, andere waren allein. Sie hatte noch einen Bruder, Bernie, andere nicht. Andere depressive Schizophrene wurden gewalttätig, Dany war friedlich geblieben. »Schlimmer geht immer«, sagt Ines, »das haben mir die Geschichten der anderen vor Augen geführt. So konnte ich mich auf das Gute konzentrieren.« Ich traue mich, Ines nach Dankbarkeit zu fragen.

»Wer dankbar ist, erkennt an, dass Schlimmes auch Positives hat.« Wer dankbar ist, erkennt an, dass am Ende der Nacht die Sonne aufgeht. Ich habe Gänsehaut. Ist das der Kern von Ines' Widerstandsfähigkeit? Dass sie ein unsichtbares Nachtsichtgerät im Herzen trägt, das sie durch dunkle Zeiten navigiert, hin zum Licht? »Den Positivismus habe ich mit der Muttermilch aufgesogen. Meine Mutter hat es mir vorgemacht, die ist auch ein *Dilledöppche*, ein Aufziehkreisel. Ich habe einen Blick für Menschen, die Hilfe brauchen, weil ich einen behinderten Bruder habe. Ich durfte einen Teil meiner Mütterlichkeit ausleben, weil ich mich für Dany einsetzen konnte. Ich habe einen gesunden Egoismus und eine stabile Rüstung, weil mein Leben so war, wie es war. Ich habe es schwierig, ja, aber ich mache was draus, es ist okay.« Diese Frau, sie macht mich demütig.

Über drei Stunden sind vergangen. Die zweite Flasche Cola ist angebrochen. Ines ist mit ihrem Stuhl weiter in Richtung Fenster gewandert, weil an diesem Februartag überraschend die Sonne zu uns hereinblinzelt. Ich könnte ewig mit ihr weiterreden, mich von ihrem Pragmatismus tragen lassen. Dass uns beiden der kleine Bruder fehlt, verbindet. Auch wenn Ines so viele schöne Worte findet, ist unser Verstehen wortlos. Was sie mir vorlebt, macht mir Hoffnung. Was sie mir erzählt, malt bunte Bilder. Nach zehn, fünfzehn Jahren, sagt Ines, rücke Danys Todesursache immer weiter in den Hintergrund. Was wichtig sei, sei einfach nur der kleine Bruder. »Ich bin traurig, dass er gegangen ist. Aber ich bin vor allem froh, dass er bei mir war.« Ines' großes Herz ist offen für alle, die Unterstützung brauchen, solange sie selbst bestimmen kann, wie viel sie gibt. Das hilft ihr, durchzuhalten, weiterzumachen und immer wieder zu ihrem positiven Wesen zurückzukehren. Zum Schluss schüttelt sie noch einen Satz aus dem Handgelenk, und das Allerschönste ist, dass sie ihn herauslacht und dass er genauso klingt, wie so ein Satz klingen soll: »Trotz aller Widrigkeiten des Schicksals bin ich nicht nur ein zufriedener, sondern sogar ein glücklicher Mensch. Großartig, oder?« O ja, liebe Ines. O ja.

Vera · Nun helft mir doch!

»Diese Erfahrungen sollte ich machen. Genau diese. Davon bin ich überzeugt.« Ich spreche mit Vera. Ich kenne die Vierundfünfzigjährige erst seit ein paar Wochen. Sie kennt mich schon etwas länger, zumindest vom Papier. Sie hat mein Buch *Bergsommer* gelesen und so miterlebt, wie ich mein altes Leben an den Nagel gehängt habe und auf die Alp gegangen bin.

Vier Monate wollte ich mir in den Bergen dafür Zeit nehmen, wieder ich selbst zu werden. In den zurückliegenden Jahren hatte ich nur noch die Rolle gespielt, die auf meiner jeweiligen Visitenkarte stand, hatte ein Leben gelebt, das andere sich für mich ausgedacht hatten. Wie sich mein Leben anfühlen sollte, wusste ich nicht mehr, und wer ich war, schon gar nicht. Ich wusste nur: Ich wollte frei sein, nach dem Alpsommer in meiner neuen Selbstständigkeit und während des Alpsommers frei wie eine Bergziege. Mit der Natur als Vorgesetzte, dem Morgen- und Abendmelken als den einzigen Terminen des Tages und dem Stallgeruch als äußerlichem Zeichen meiner Entfremdung von Businesskostüm und -korsett. Endlich nichts mehr darstellen, einfach nur *sein*. Aufstehen mit der Sonne. Hirten, Heu machen, Holz machen, zäunen, melken, käsen. Nicht gegen die Zeit, nicht gegen andere, nicht für das Ego. Die Kuh war nicht schneller gemolken, wenn ich an ihr zog. Auf die Heubühne führte eine ganz normale Leiter, die Karriereleiter war in weite Ferne gerückt. Endlich erfuhr ich wieder, wie es ist, den Dingen die Zeit zu geben, die sie brauchen, und etwas mit Liebe zu tun. Das hatte mir all die Jahre über gefehlt: Entschleunigung und Wertschätzung. Und jetzt sitzt Vera an meinem Wohnzimmertisch, erzählt mir ihre Geschichte vom Abschiednehmen und baut sie auf genau diese beide Säulen auf.

Vor ein paar Wochen klingelt sie das erste Mal an meiner Tür. Zusammen mit einer Freundin hat sie sich zu einem meiner Spendenabendessen angemeldet. Wir lassen uns Tomatensuppe, Veggieburger und Sorbet schmecken und diskutieren in bunter Runde bis kurz vor Mitternacht. Unsere Spende geht an *Brot für die Welt,* unser Gespräch auch in Richtung Sterben. Vera erzählt, dass sie im Verein *Sterbehilfe Deutschland* Mitglied sei, der sich für das Recht auf Selbstbestimmung bis zum letzten Atemzug einsetze. Just in dieser Woche hat das Bundesverfassungsgericht das Verbot der Beihilfe zur Selbsttötung gekippt und die menschliche Autonomie gestärkt: das Recht auf selbstbestimmtes Sterben. Vera hat ihren Vater Jahre vor diesem Urteil beim Sterben begleitet, und nur ein Jahr und vier Monate später ist auch ihre Mutter gegangen. Wir betreten nun ein Terrain, vor dem ich allergrößten Respekt habe.

Vera ist gleich mittendrin. »Früher fand ich den Tod immer eklig. Tote Tiere konnte ich mir kaum ansehen, auch wenn ich zum Beispiel die Maus, als sie noch lebte, total süß fand. Heute nehme ich Sterben als etwas ganz Natürliches an.« Vera nimmt mich mit in ihre Kindheit in Hemer im Sauerland, und ich kann ihr gut in ihr Heimatdorf, das dem meinen im Siegerland möglicherweise gleicht, folgen. Vielleicht ähneln sich manche Dinge in allen Dörfern, die Gardinen, die sich bei der leisesten Regung auf der Straße zur Seite schieben, das Gerede, wenn jemand an einer Psychose erkrankt und zeitweise in die Psychiatrie kommt, so wie Veras Mutter. Veras Eltern betrieben einen Blumen-,

Obst- und Gemüseladen und kümmerten sich bei Beerdigungen um den Grabschmuck. Die Tochter, das einzige Kind, war oft an der Seite ihres Vaters, wenn er in der Trauerhalle einen Sarg schmückte oder Gräber pflegte. Zusammen gruben sie in der Friedhofserde, sorgten für Schönheit und Ordnung. Der Tod fand statt, auch für Vera, aber bar jeglicher Schwere. Wenn sie nach dem Sargschmücken noch die Weihnachtsbaumschonung abschritten, war der vorige Auftrag schon wieder abgehakt. »Meine Eltern waren nicht religiös. Ich wusste, dass sie an nichts glaubten. ›Tot ist tot‹, hat mein Vater immer gesagt.« Bis sie vierundvierzig Jahre alt war, hat Vera keinen toten Menschen zu Gesicht bekommen. Als ihre Oma starb, war sie mit vier Jahren für die Beerdigung noch zu klein. Als ihr Opa starb, war sie elf und gerade bei einer Tante in Holland in den Ferien. »Als ich wieder nach Hause kam, war mein Opa weg.« An die Beerdigung ihres Onkels, der in jungem Alter einem Gehirntumor erlag, erinnert sie sich, aber zu ihm hatte sie keine emotionale Verbindung. Das Sterben blieb für Vera eine Erscheinung, die keine großen Gefühle mit sich brachte. Noch. Nur Angst hatte sie seit jeher vor dem Gedanken, sich eines Tages von ihren Eltern verabschieden zu müssen. Doch danach sah es zunächst nicht aus. Der Prostatakrebs, an dem ihr Vater mal erkrankt war, war weg. Das Leben war schön, es war ein liebevolles Leben-und-leben-Lassen der drei auf Augenhöhe. Doch es war auch die Ruhe vor dem Sturm.

Wir trinken Kräutertee und essen den Käsekuchen, den Vera mitgebracht hat. Die blauen Tassen dampfen, es duftet nach Zitronengras. Unsere Füße stecken in Filzpantoffeln. Straßenschuhe sind in meinem Yoga-Öko-Haushalt tabu. Mit Straßenschuhen ist man auch immer ein bisschen auf dem Sprung. Für das, was wir nun bereden möchten, wünsche ich mir genau das Gegenteil: dass Vera das Gefühl hat, gut aufgehoben zu sein. Ihre Eltern waren es damals, sie hatten mit neunundsiebzig und einundachtzig Jahren ihr Paradies in einer Seniorenresidenz gefunden. Zwar war diese 387 Kilometer von ihrer Heimat entfernt und sie mussten, ohne Verwandte und Freunde vor Ort und mit einem auf das Nötigste reduzierten Hausstand, noch einmal von vorn anfangen, doch das machte ihnen nichts aus, im Gegenteil. »Hätten wir gewusst, wie schön es hier ist, wären wir schon früher nach Künzelsau gekommen«, sagten beide immer wieder. Vor den Fenstern ihrer kleinen Wohnung wogte Grün ins Endlose. Stundenlang zog es die pensionierte Floristin und den ehemaligen Weihnachtsbaumbauer in die Wiesen und Wälder, sie schlossen Freundschaften, genossen die Besuche der Tochter und waren »so was von glücklich«. Dass Vera ihre Eltern nicht würde pflegen können, wenn es einmal so weit sein sollte, hatte die Familie schon vor langer Zeit besprochen und damit Frieden geschlossen. Dann öffnete sich plötzlich das Kapitel, das Vera ängstigte und das hinter jedem Arztbesuch gelauert hatte. Das Kapitel mit der Überschrift *Metastasen, gestreut, überall.*

Der Vater stellte gleich nach der ersten Untersuchung klar: bis hierhin und nicht weiter. Er haderte nicht, er wankte nicht, er ließ sich nicht reinreden. »Ich habe ein schönes Leben gehabt. Ich lasse nichts machen. Mir ist nur wichtig, dass ich schmerzfrei bleibe.« Die Spaziergänge waren schon deutlich kürzer geworden, Schmerzen hatte er längst, nur waren die nicht, wie er vermutet hatte, die Nebenwirkung eines Cholesterinsenkers, sondern ein Zeichen der todbringenden Krankheit. Krawumm. Und wieder: Krawumm. Meine Ohren dröhnen. Wie laut muss es in Vera gekracht haben? »Papa, lass uns das doch noch mal abklären.« Nein. »Papa, lass uns zu einem anderen Arzt gehen.« Nein. »Papa, es gibt doch bestimmt etwas, das man tun kann!« Nein, nein!! Nichts wollte er, außer Schmerzmitteln. Keine Unterbringung auf der Pflegestation, keine Therapien, nichts, nur die Berücksichtigung seiner Patientenverfügung. Die Mutter fand ihre Haltung einen Tick schneller zurück als die Tochter, mag sein, weil sie wie ihr Mann auf ein ganzes gelebtes Leben zurückblickte: »Wenn das seine Entscheidung ist, kann man ihn nicht zwingen.« Und damit begann die Geschichte des Begleitens, die so anders ist als die Geschichte von Ines, die auf ein gutes Ende hoffen durfte, darauf, dass ihr Bruder wieder gesund würde. Für Veras Papa war das Ende schon geschrieben. Nun musste er den Weg dahin finden.

Er bewegte sich auf dem Parkett, auf dem er sich auskannte. So wie er vor knapp zwei Jahren das Haus im Sauerland aufgelöst hatte, verwaltete er jetzt sein Lebensende. Er nahm selbst in die Hand, was er noch in die Hand nehmen konnte. Er brachte seiner Frau bei, wie man Überweisungen tätigt, verkaufte sein Auto und dachte sogar daran, die Schadenfreiheitspunkte seiner Kfz-Versicherung auf seine Tochter zu übertragen. Seine Sachlichkeit spüre ich in jeder Formulierung Veras. Ihre Sätze gestaltet sie oft ohne Prädikat, die Betonung liegt auf den Hauptwörtern: Buchführung, Haushaltsbuch, Versicherung. Die Adjektive hat sie mit den Straßenschuhen an der Garderobe gelassen. Nur wenn ich nachfrage, fühlt Vera in ihre Erinnerungen hinein. »Papa war sehr sachlich. Ich war eher diejenige, der die Tränen über das Gesicht liefen.« Ob er nur nach außen so stark wirkte? Daran hat Vera nicht gerührt. »Für meinen Vater war ganz klar, dass jedes Leben einmal endet, so wie eine Pflanze lebt, stirbt und vergeht. Ich hatte plötzlich die Verantwortung, ihm dabei zu helfen, das zu erfüllen, was er sich vorstellte.«

Als Nächstes bat er sie darum, seine Beerdigung zu organisieren. Auch dieser Aufgabe stellte sie sich. Sie telefonierte mit Instituten, holte Kostenvoranschläge ein. Mit einem der Freiherren von Stetten, den Inhabern der Seniorenresidenz, schritt sie den Friedwald ab und wählte für ihren Vater einen Ahorn aus. Am Krankenbett erzählte sie ihm von seiner letzten Ruhestätte, von der rauschenden Stille unter dem Baumkronenmeer. Der Vater war mit allem zufrieden, der Geschäftsmann in ihm mag gedacht haben: Erledigt ist erledigt. Er stellte auch gleich klar, dass er keine Beerdigungszeremonie wünsche, keine feierliche Beisetzung, keine Zeitungsannonce, keine Trauerbriefe. Noch nicht einmal die Kerze im Residenzrestaurant, die entzündet wurde, wenn ein Bewohner verstarb, solle brennen. Jetzt schien das Wichtigste erledigt. Was er selbst bestimmen konnte, hatte er bestimmt. Es blieben das Warten und die Schmerzen. Vera verabschiedete sich und fuhr in den Urlaub.

Als Vera ihre Eltern das nächste Mal besuchte, war ihr Vater stark gezeichnet. Er hatte abgenommen, fühlte sich erschlagen. Von den Schmerzmitteln musste er ständig würgen. Die Phasen, in denen er sich im Liegen ausruhen musste, wurden immer länger. Wenn seine Beine ihn nicht mehr trugen, bewegten Frau und Tochter ihn im Rollstuhl und halfen ihm auf den Toilettenstuhl. Vera wuchs mit ihren Aufgaben. »Ich habe immer gedacht, dass ich so etwas nicht kann. Aber ich konnte, und zwar ohne jeden Ekel.« Manchmal konnten Vater und Tochter dann sogar noch scherzen. Als Vera ihm einmal im Bett die Windel wechselte, foppte er sie: »Du machst das besser als die Schwestern!« Alles nahm Vera mit ungeahnter Kraft an. Alles, bis auf eines: dass ihrem Vater niemand die Frage beantworten konnte, wie lange sein Leiden noch dauern würde. »Das hat der liebe Gott in der Hand« und, für den Vater noch beängstigender, »Das dauert noch« waren die Standardantworten der Ärztinnen und Ärzte, die selbst im Dunkeln tappten, da er ihnen weitere Untersuchungen untersagt hatte.

Er war bereit. War bereit, Frau und Tochter und das geliebte Künzelsau zu verlassen. Er war es vom ersten Moment an gewesen, stark, tapfer, konsequent. Hatte mit der Patientenverfügung vorgesorgt und alles organisiert. Und jetzt steckte er in einer Dauerschleife des Dahinsiechens fest, die ihn vom selbstbestimmten Leben immer weiter forttrug. Dann traf er eine Entscheidung, die vielleicht seine letzte selbstbestimmte Handlung war: Er hörte auf zu essen.

Ich wusste, dass wir in unserem Gespräch an diesen Punkt kommen würden, wusste, dass Veras Papa diesen unermesslichen Kraftakt auf sich genommen hatte. Wie groß, wie schwer war dieser Schritt für ihn gewesen? Und für seine Tochter? Auch wenn das Ende sich schon am Horizont abzeichnete, war diese Entscheidung doch von neuer Wucht. Weil die blanke Not aus dem Wunsch, sich nicht therapieren zu lassen, das Einleiten des Sterbens aus eigener Kraft machte. Vera erzählt: »Auch wenn ich eigentlich hinter meinem Vater stand, konnte ich es am Anfang nicht ertragen, dass er aufhörte zu essen. Ich habe alles Mögliche versucht, um ihn zum Essen zu bewegen.« Sie bot ihrem Vater Lieblingsspeisen, Leckereien und leicht schluckbare Astronautenkost an, doch er nahm nichts zu sich. Zu essen stellte für ihn eine lebensverlängernde Maßnahme dar, und die verbot er sich vehement. »Ich will es einfach nicht«, sagte er immer wieder. Erst, als er wütend wurde, hörte Vera auf. »Versuch das nicht mehr«, sagte er. »Respektier es.« Nur mit Flüssigkeit durfte sie ihn noch versorgen. Aus der abstrakten Vorstellung, ihr Papa werde sterben, wurde ein sterbender Papa.

An die letzten fünf Wochen der gemeinsamen Zeit erinnert sich Vera intensiv. Sie blieb in Künzelsau, ließ sich krankschreiben. Bald war der Vater nur noch Haut und Knochen. Vera besuchte ihn mehrmals täglich auf der Pflegestation, auf der er sich jetzt doch versorgen ließ. Anfangs begleitete ihre Mutter sie noch. »Wir haben uns viel von früher erzählt, haben Erinnerungen geteilt. Im Fernsehen schauten wir zusammen Tiersendungen an, das hat Papa geliebt. Ich habe seine Füße massiert und ihn von Kopf bis Fuß eingecremt.« Der Abbau schritt schnell voran und doch für ihren Vater zu langsam. »Helfen Sie mir«, bat er Ärzt*innen und Pfleger*innen wieder und wieder. »Nun helft mir doch«, flehte er seine Frau und seine Tochter unter Tränen an. Es war für Vera das Schlimmste, ihm nicht helfen zu können. Ihren einst so starken Vater weinen und leiden zu sehen. Niemand konnte helfen, allen waren die Hände gebunden. Es gab auf dem Weg von Veras Papa keine Abkürzung.

Auf dem letzten Wegabschnitt trübte sein Bewusstsein ein, darauf hatte das Pflegepersonal Vera vorbereitet. Manchmal wähnte er sich gesund und verlangte nach seinen Autoschlüsseln, weil er in Iserlohn etwas erledigen wollte, manchmal schlug er um sich und musste fixiert werden. Vera versuchte, ihrem Vater über Körperkontakt zu zeigen, dass sie bei ihm war, und sprach sanft zu ihm, auch wenn er nicht mehr reagierte. Von gemeinsamen Reisen, von ihrer schönen Kindheit und auch davon, dass er nun in eine andere Art von Leben gehen dürfe. In kurzen lichten Momenten bat er wieder und wieder: »Nun helft mir doch.« Doch Vera konnte nichts tun, außer seinen Kampf mit auszuhalten. Wie auch das trügerische Aufblühen, als ihr Vater aus heiterem Himmel etwas zu essen verlangte und tatsächlich einen Happen zu sich nahm. Wie jeden Abend verabschiedete sie sich am Abend mit einem Kuss von ihrem Vater. Der Kuss war der letzte. Ihr Vater hatte es geschafft. Am Morgen des 9. Februar 2009 wachte er nicht mehr auf.

Ich schenke uns Tee nach. Entschleunigung und Wertschätzung, da sind diese beiden großen Wörter wieder. Das Leben wurde langsamer, als es sich seinem Ende näherte, schon mit dem Umzug in die Seniorenresidenz. Hier war die Welt bis auf den Umstand, dass dieser Ort die letzte Station im Leben seiner Bewohner*innen bedeutete, in Ordnung. Doch wer damit so wie Veras Eltern seinen Frieden macht, findet hier den Himmel auf Erden. Vera bescherte das Schicksal viel Zeit mit ihren Eltern. Das Leben wurde wertvoller, als es sich seinem Ende näherte. Erinnerungen, lichte Momente, geteilte Liebe, der eigene Wille wurden kostbarer als je zuvor. Die Widersprüchlichkeiten sind unübersehbar. Nichts hätte Veras Vater sich sehnlicher gewünscht, als sein Sterben zu beschleunigen. Nichts hätte ihm mehr Wertschätzung schenken können als die Erfüllung seines letzten Wunschs.

Den ganzen Weg ihres Papas ist Vera mitgegangen. Seine Entscheidung, seine Konsequenz und seinen Todeskampf mit auszuhalten, war ihr Geschenk an ihn. Sie hat sich in seinen Dienst gestellt. Ihn leiden sehen zu müssen, hat sie zerrissen, doch ihn begleiten zu können, hat sie ein Stück weit versöhnt. »Es hat mir viel gegeben, für ihn da sein zu können«, blickt Vera zurück. »Ich habe noch nie mit jemandem gesprochen, der auch jemanden beim Sterben begleitet hat, weder vorher noch nachher. Ich wusste nicht, was auf mich zukommt oder was zu tun ist. Ich habe mich einfach von meinem Gefühl leiten lassen, habe versucht, meinem Vater die bestmögliche Unterstützung zu geben.« Alles, was sie brauchte, trug sie bereits in sich. Kraft hatte sie genug. Sie spricht es nicht aus, doch ich sehe in ihren Augen, dass es der Mut ihres Vaters war, der sie es schaffen ließ. Fünf qualvolle Wochen, fünf Wochen Sterben in kleinsten Raten. Fünf Wochen nach der Erlösung lernte Vera ihren neuen Lebenspartner und ihre beste Freundin kennen. Sie strahlt: »Die beiden hat mir Papa geschickt!« Ein zweifaches himmlisches Dankeschön für die Liebe, die Vera gab. Gegebene Liebe kommt eben doppelt zurück.

Ein neues Kapitel begann. Die Leichtigkeit kam zurück und nahm dem Schmerz den Raum. Ihre Mutter, mit der sie täglich telefonierte, wusste Vera in der Künzelsauer Gemeinschaft gut aufgehoben. Da wurden Waffeln gebacken, Schwätzchen gehalten, es gab Konzerte und viele andere Witwen, mit denen sie sich austauschen konnte. Wenn Vera auf Besuch kam, verwöhnte ihre Mutter sie mit selbstgekochter Hausmannskost. Ein schwarzes Loch tat sich für keine der beiden Frauen auf. Sie nahmen am Leben teil. Als

Veras Mutter ins Krankenhaus musste und eine neue Herzklappe bekommen sollte, entschied sie sich dagegen. Da begann eine Reise, die Vera bekannt vorkam, doch dieses Mal sollte alles anders sein.

»Mama hatte die gleiche Einstellung wie Papa und auch eine Patientenverfügung«, sagt Vera gefasst. »Als sie wegen des schwachen Herzens nicht mehr gut laufen konnte, wollte sie noch nicht mal einen Rollator oder einen Gehstock.« Auch wenn sie in ihrer Seniorenwohnung noch gut allein zurechtkam, machte sie vorsorglich ihre Vorstellungen unmissverständlich klar: »Nie und nimmer gehe ich mal in die Pflege. Ich gehe niemals auf die Pflegestation!« Wie lange es ihrer Mutter trotz der Herzbeschwerden noch einigermaßen gut gehen würde, wusste Vera nicht. Ein Déjà-vu. Vera schaffte es, abermals den Wunsch auf Verzicht auf medizinische Hilfe zu respektieren. Ein Déjà-fait. Im Frühling im Jahr nach dem Tod des Vaters besuchte sie ihre Mutter in Künzelsau und schob sie in einem geliehenen Rollstuhl durch die Blütenpracht im Schlosspark. Vera erzählt: »Mama konnte sich an der Fülle der Natur nicht sattsehen. ›Dass ich das noch erleben darf‹, sagte sie glücklich. ›Jetzt bist du schon fünfundvierzig und ich bin immer noch da!‹ Als ich wieder weggefahren bin, hat sie mir nachgewinkt. Im Rückspiegel sah ich sie lächeln. Da hatte ich das Gefühl, dass ich meine Mama gerade zum letzten Mal sah.«

Vera täuschte sich nicht. Plötzlich ging alles ganz schnell. Ihre Mutter erlitt einen Darmverschluss. Ihr Notruf erreichte sie, als sie mit einer Freundin beim Sport war. Trotz starker Schmerzen wollte ihre Mutter sich nicht im Krankenhaus helfen lassen. Vera versuchte, sie mit Unterstützung einer befreundeten Ärztin von einer Behandlung zu überzeugen. Zigmal telefonierten sie zwischen Köln und Künzelsau hin und her. Alle Argumente prallten an der Einundachtzigjährigen ab, sie ließ keine weiteren Untersuchungen und keine Behandlung zu. So blieb auch die Ursache für den Darmverschluss im Dunkeln. Möglicherweise war er die Folgeerscheinung einer Krankheit, die schon länger in ihrem Körper wütete. In den letzten Wochen war sie schwächer geworden, konnte kaum noch laufen, musste sich oft ausruhen. War das wirklich nur das Herz? »An einem Darmverschluss braucht man eigentlich nicht zu sterben«, erklärt mir Vera. In dem Moment, da ihre Mutter sich gegen eine Behandlung entschloss, muss sie ihr Sterben einkalkuliert haben. Vera vielleicht auch. Vielleicht war es Selbstschutz, der sie nicht nach Künzelsau fahren ließ. »Nur das Krankenhaus hätte meiner Mutter helfen können. Ich nicht. Es hätte nichts geändert, wenn ich zu ihr gefahren wäre«, sagt Vera. Wenn es Selbstschutz war, könnte ich es gut nachempfinden. Kann man nur so kurze Zeit nach dem leidvollen Sterben des Vaters noch einmal diese Kraft aufbringen? Wo doch schon das Akzeptieren der Entscheidung ein Kraftakt ist, den ich mir nicht vorstellen kann?

Vera blieb in Köln, und wie durch ein Wunder ging es ihrer Mutter nach ein paar Tagen besser. Eine Woche und zwei Tage nach dem Darmverschluss kochte sie sich sogar eine Suppe und plauderte vergnügt mit Vera, die sich auf einer Dienstreise in Hamburg befand, am Telefon. Am Samstagmorgen um halb sechs läutete das Telefon im Hamburger Hotelzimmer erneut. Die Ärztin aus der Seniorenresidenz meldete sich. Die Situation habe sich akut verschlechtert, die Patientin leide sehr starke Schmerzen. Die Ärztin reichte das Telefon an Veras Mutter weiter. »Kind, ich hab dich lieb, ich hab dich lieb.« Die Mutter klammerte sich an ihre Worte und an Vera, und Vera beteuerte auch ihrer Mutter ihre Liebe und versprach: »Ich komme so schnell ich kann zu dir!« Noch einmal übernahm die Ärztin das Telefon. Vera bat, das Leiden ihres Papas vor Augen: »Machen Sie bitte, dass sie nicht leiden muss.« Sie musste nicht mehr lange leiden. Bereits auf dem Weg zum Flughafen klingelte das Handy. Ihre Mama war verstorben.

Die Minuten im Taxi. Die vielen Menschen am Flughafen. Das Warten am Gate. Der Flug von Hamburg nach Köln. Die lange Autofahrt von Köln nach Künzelsau. Endlich spätabends in Künzelsau angekommen, legten Vera und ihr Partner sich in das verlassene Bett der Mutter. Vera weinte und weinte. Sie war jetzt allein. Ihr Partner hielt sie fest. Am nächsten Morgen wurde sie zu ihrer Mutter geführt, die in einem separaten Raum aufgebahrt war. »Sie lag ganz friedlich da. Sie sah richtig gut aus, hatte einen friedlichen Gesichtsausdruck. Ich habe ihre Seele gefühlt. Ich fühlte, dass ihr Geist noch in dem Raum war. Ich habe geweint, mit ihr gesprochen. Ich habe sie auch angefasst, ihr einen Kuss auf die Wange gegeben. Ich habe mich von ihr verabschiedet.« Eine halbe Stunde lang. Was sind die letzten Worte einer Tochter an ihre Mutter? Was sind die letzten Worte zu dem Menschen, der dich auf die Welt gebracht hat? Wie schaust du das Gesicht an, das dich ein Leben lang liebevoll angeblickt hat? Ich frage Vera nicht. Ich spüre, wie sich mein Hals zuschnürt und eine Tränenwelle meine Augen flutet. Ich habe mich von meinem kleinen Bruder verabschiedet. Aber noch nicht von den Menschen, die mir das Leben schenkten.

Ein paar Stunden sind vergangen. Wir haben in Veras Lebensbuch die dunklen Seiten aufgeschlagen, haben uns durch Zeiten geblättert, die sie tief verwundeten. Sie waren die schwersten und einschneidendsten ihres Lebens und ließen sie über sich hinauswachsen. Heute träumt Vera noch dann und wann davon, dass ihre Mutter einen Unfall oder ihr Vater einen Schlaganfall hat. Dann weckt ein Gefühl von Panik sie auf, ihr Herz rast und in ihrem Bauch sticht es, doch im nächsten Moment wird ihr bewusst: Ich brauche keine Angst zu haben. Das Schlimmste ist bereits passiert, meine Eltern sind schon tot. Vera hat seit dem Tod ihrer Eltern keine Familienangehörigen mehr. »Ich bin frei. Ich muss mir keine Sorgen mehr machen«, sagt sie. Wenn das das Geschenk dafür ist, ohne Familie zu sein, dann gönne ich es Vera von ganzem Herzen.

Die Grabstätten ihrer Eltern, den Ahorn im Friedwald und ein anonymes Erdgrab auf einem Friedhof in Schwäbisch-Hall, besucht Vera nicht. Sie besucht Mama und Papa in ihrem Herzen, wo die Erinnerungen an die geteilte Lebensfreude hell leuchten, wo Frieden ist und niemand Angst zu haben braucht. Vera ist froh, dass zwischen ihr und ihren Eltern keine ungeklärten Konflikte stehen, dass zu den körperlichen Qualen nicht auch noch seelische hinzukamen. Sie konnten respektvoll aussprechen, was sie bewegte, vergeben, verzeihen, auch, was sie sich vorher vielleicht nie getraut hatten. »Das empfehle ich allen für sich selbst, für das eigene Leben. Denn es betrifft ja vor allem diejenigen, die zurückbleiben«, meint Vera. Dieses Vergeben, das sei etwas ganz Wichtiges. Dem eigenen Tod steht sie gelassen gegenüber. Ihre Patientenverfügung hat sie vorbereitet. Sie wird im Fall der Fälle in die Fußstapfen ihrer Eltern treten. Nun bleibt abzuwarten, wie es nach dem Urteil des Bundesverfassungsgerichts vom Februar 2020 mit der Suizidhilfe weitergeht. Was nach ihrem Tod mit ihrem Körper passiert, ist Vera egal. So oder so werde ihr Körper von Bakterien verarbeitet und dem Leben der Erde wieder zugeführt, sagt die Tochter der Floristin und des Weihnachtsbaumbauers. Zum Schluss spricht aus ihr noch einmal das tiefe Mitgefühl, das ihre Geschichte sie gelehrt hat: »Ich wünsche jedem, dass er einen möglichst ruhigen, angenehmen Tod hat.«

Katja · Dieses »für immer« verstehst du nie

Katja ist einer dieser Menschen, die ich schon ewig und doch nicht richtig kenne. Auf dem Gymnasium war sie eine Stufe über mir. Sie wohnte in der Kreuztaler Innenstadt und stellte für mich ein Kuriosum dar, denn alle meine Schulfreundinnen und -freunde wohnten in einem Dorf in einem der Täler rund um Kreuztal, im Hees-, im Ferndorf- oder wie ich im Littfetal. Wir teilten weder Schulweg noch Schulbus, weder Hobby noch Ehrenamt. Später jedoch teilten wir uns eine Freundin: Kathrin. Die beiden arbeiteten nach der Uni in derselben Eventagentur und reisten zu Formel-1-Rennen in aller Welt, wo sie Sponsoren und deren Gäste betreuten. Kathrins Geschichtenvorrat über Saus und Braus im Was-kostet-die-Welt-Universum war gut gefüllt, und über sie wusste ich immer ungefähr, was bei Katja los war. Nahe kamen wir uns indirekt im Mai 2016. Kathrin stand mir auf der Beerdigung meines Bruders bei und eine Woche später Katja bei der Beerdigung ihres Bruders. Marc wurde wie Flo mitten aus dem Leben gerissen. Ich erinnere mich noch daran, dass Kathrin sagte, wie absurd es sei, dass sie innerhalb von sieben Tagen auf zwei Beerdigungen von Brüdern ihrer Freundinnen war. Und ich weiß noch, wie absurd ich es fand, dass mein kleiner Bruder nicht mehr da war und nie mehr da sein würde, und dass ich Kathrin am liebsten schütteln und ins Gesicht schreien wollte: »Du weißt doch gar nicht, was absurd bedeutet!« Ein paar Monate später erzählte sie mir, dass nun auch noch Katjas Vater gestorben sei. »Und ihre Mutter ist ja auch schon tot. Katja ist jetzt ganz allein«, sagte Kathrin. Das, das war wirklich absurd. Es lag jenseits – weit, weit jenseits – meiner Vorstellungskraft.

Die Frau, die mir an einem Samstag die Tür öffnet, ist gerade vom Schwimmen nach Hause gekommen und strahlt. Der Badeanzug tropft über der Badewanne aus, der Sportbeutel liegt daneben auf dem Fußboden. Die Märzsonne flutet das Wohnzimmer und die Stadt, die sich vor den Terrassenfenstern auffächert. Der Blick über Siegen lässt mich nah an die Scheibe treten. Ein paar Sekunden lang nehme ich die Heimat in mich auf. Dann drehe ich mich um und entdecke den eigentlichen Hingucker der Wohnung: den maßgefertigten Kamin mit Sitzbank. Als Katja hier einzog, gab es ihren Bruder und ihren Vater noch. Ihr Vater half ihr bei der Planung der Küche. Der Hauswirtschaftsraum sollte kleiner, die Küche dafür größer werden, auch wenn Katja nicht gern kocht. Über den Zeichnungen für das Bad steckten sie stundenlang zu dritt die Köpfe zusammen. Sie holten aus den wenigen Quadratmetern alles heraus, unter anderem die Badewanne, in die Katja perfekt hineinpasst. Um jeden Zentimeter haben sie gerungen, erinnert sie sich. Ihren Traum aufzugeben, kam nicht infrage. Sie machte ja schon an anderer Stelle genug Abstriche in ihrem Leben.

Wir setzen uns an den Esstisch. Katja schenkt uns Wasser ein, dann beginnt sie zu erzählen: »Wenn ich ganz vorne anfange, zieht sich die Scheiße durch vom allerersten Moment. Ich hatte ja noch einen Zwillingsbruder, als ich auf die Welt gekommen bin.« Damit nimmt sie mir den Atem. Sie ist ein zweifach verwaistes Geschwisterkind! Sie und Patrick wurden zehn Wochen zu früh geboren, wogen bloß drei Pfund. Patrick lebte nur zwei Tage. Als der Vater aufs Standesamt ging, meldete er in dem einen Zimmer zwei Kinder an und zwei Türen weiter ein Kind wieder ab. Wochen und Monate verbrachte Katja im Krankenhaus, bangten ihre Eltern um ihr Überleben, gaben die Hoffnung nicht auf, auch wenn ein Arzt sagte: »Was machen Sie denn schon wieder in meiner Sprechstunde? Sie wissen doch, wie die Geschichte ausgehen wird.« Und genau diese Frau, die sich mit der Liebe ihrer Löweneltern Schritt für Schritt ins Leben kämpfte, kämpft weiter mit der Kraft einer Löwin um ihr Leben. Diese Frau, die schon bei ihrer Geburt alle Widerstände überwand, überwindet sie wieder und wieder und wieder. Ich möchte in Demut zerfließen, doch große, klare Augen ermuntern mich, zuzuhören. Katja geht noch einen Schritt weiter zurück auf der Reise in ihre Vergangenheit. »Ein Jahr vor meiner, vor unserer Geburt hat meine Mama ihren Papa verloren, genau an ihrem vierundzwanzigsten Geburtstag. Ein Jahr danach starb ihr Sohn.« Lange hatte Katja nicht gewusst, durch welchen Schmerz ihre Eltern gegangen waren. »Heute weiß ich, was meine armen Eltern wegstecken mussten.«

Der tote Zwillingsbruder wurde ihr nicht verheimlicht. Wenn sie mit ihren Eltern und später auch mit Marc auf den Friedhof ging, besuchten sie Patrick, dessen kleines Kindergrab neben dem Grab des Opas liegt. »Emotional spielte Patrick für mich keine Rolle«, erinnert Katja sich. »Meine Eltern hatten immer zwei Kinder gewollt. Ich wusste, dass ich Marc nicht hätte, wenn es Patrick gegeben hätte.« Ein lebendiger, lachender Bruder gegen einen Bruder, den sie nie bewusst gekannt hatte. Es ist nicht ihre eigene Trauer, die sie heute fühlt, es ist die Trauer ihrer Eltern. Und trotz oder, wie so häufig an genau solchen Scheidepunkten, vielleicht gerade wegen ihrer Erfahrungen waren die vier, Mama, Papa, Katja und Marc, eine glückliche Familie. Als Katja gerade den Führerschein gemacht hatte und mit einer Freundin lebensverliebt nach Paris fahren wollte, blies ihre Mama Wind in ihre Segel: »Hast du eine Straßenkarte oder soll ich dir eine kaufen? Komm, ich tanke dir das Auto voll!« Ihr Papa riet ihr, auf die Frage des Kreditberaters nach dem niedrigen Eigenanteil beim Wohnungskauf zu antworten: »Ich habe kein Geld, aber ein gutes Leben!« Gaspedal statt angezogener Handbremse, Mut und lieber eine Portion Lebensfreude zu viel als zu wenig. »Mit meinen Eltern war es immer amüsant. Sie waren so agil!« Ihr Vater war ihr bester Ratgeber, ihre Mama ihre beste Freundin – doch leider viel zu kurz.

Wie jedes Jahr am Samstag vor Totensonntag hatte Katjas Mama das Haus vom Flur bis unters Dach weihnachtlich dekoriert. Alles würde besonders schön aussehen, wenn Katja am Sonntag zu Besuch kam. Die vier liebten es, Gesellschaftsspiele zu spielen, und hatten sich dafür verabredet. Manchmal klinkten Vater und Bruder sich aus, schauten Sport im Fernsehen, während die Frauen weiterspielten. An diesem Sonntag rief Marc bei Katja an und bat: »Kannst du uns nachher Pizza mitbringen?« Kochen wollte die Mutter nicht, das Schmücken vom Tag zuvor steckte der Sechzigjährigen in den Knochen, sie war müde. Ein paar Minuten später klingelte das Telefon erneut. Katja ging ran und scherzte: »Was habt ihr denn jetzt noch vergessen?« »Mama ist umgekippt. Du musst sofort kommen.« Katja stürzte, kam, raste die dreizehn Kilometer von Siegen nach Kreuztal, stolperte am Rettungswagen vorbei ins Haus, lauschte und hörte die Stimme ihrer Mutter aus der Küche. »Gott sei Dank, dachte ich. Doch dann kapierte ich, dass es die Stimme der Notärztin war.« Vater, Tochter und Sohn kauerten sich ins Esszimmer, erlebten durch die offene Küchentür mit, was man nicht miterleben will. Ständig piepte es, von dem alten Elektroofen, den der Vater angeschaltet hatte, weil das Heizöl leer war, und von den Geräten des Notarztteams, dazu das Stimmengewirr rund um die Lungenembolie. »Ich habe versucht, die Pieptöne auseinanderzuhalten und herauszuhören, ob sich irgendetwas verändert«, erklärt Katja, während die Panik von damals ihre Stimmbänder hinaufkriecht. Doch dann stand plötzlich jemand vor ihnen und sagte: »Wir können nichts mehr machen.« Wir können nichts mehr machen? Was soll das heißen? Wenn jemand keine Luft bekommt, dann kann man doch noch zig Sachen machen, einen Luftröhrenschnitt oder pumpen oder drücken oder aufschneiden oder intubieren oder ... Katja überschüttete die Notärztin mit Vorschlägen, klammerte sich am Weiterreden fest. »Meine Mama konnte doch nicht einfach tot sein!«

Doch das war sie. Das Rettungsteam packte zusammen. Aus Katja brach es heraus: »Sie können doch jetzt nicht fahren und Mama hier liegenlassen!« Da bot man ihnen freundlich an, die Mutter noch eine Nacht zu Hause zu lassen, hob sie vom Küchenfußboden auf, trug sie in ein Schlafzimmer und legte sie auf ein Bett. Doch auch das war für Katja nicht richtig, natürlich nicht, wie konnte in diesen Minuten irgendetwas richtig sein, wo doch alles gerade so vollkommen falsch war? »Ich dachte: Wie können die das machen? Die können uns doch jetzt nicht eine Leiche im Haus lassen!« Vor einer halben, vielleicht einer Dreiviertelstunde hatte Marc angerufen. Jetzt hatten sie keine Mutter mehr. »Ich wusste, dass gerade etwas ganz, ganz Essenzielles passiert war. Ich hatte verstanden, dass Mama gestorben war. Doch was das für den Rest meines Lebens hieß, das begriff ich nicht.«

Das Notarztteam verabschiedete sich, zog die Haustür hinter sich zu. Dann war es still im Haus. »Papa hat geweint. Ich habe nicht geweint.« Irgendwann griff der Vater zum Telefon, rief bei einem Beerdigungsinstitut an und sagte: »Meine Frau ist gerade verstorben.« Ein Schlüsselmoment für Katja, den ich auch erlebte, als mein Vater den gleichen Anruf tätigte. »Als ich ihn reden hörte, dachte ich: Wie kann er so etwas sagen? Und gleichzeitig wusste ich, dass es Wirklichkeit war.« Irgendwann an diesem Tag, an dem die Zeit still und die Welt Kopf stand, kam eine Notfallseelsorgerin und forderte Katja auf, eine Kerze zu suchen. Katja zog die Kerzenschublade auf, verzweifelte fast an der Aufgabe, eine Kerze auszuwählen. »Aber ich fand es gut! Es war ein guter nächster Schritt, eine Kerze neben Mama aufzustellen.« Was die Seelsorgerin mit der Familie besprach, weiß sie nicht mehr. »Aber ich weiß noch, dass ich über die Unterbrechung froh war. Ich war froh, als die Seelsorgerin kam, und ich war froh, als später das befreundete Ehepaar meiner Eltern kam. Aber als wir dann alle im Wohnzimmer saßen und es nichts zu sagen gab und der Platz, wo Mama sonst saß, frei blieb, da war es wieder schrecklich.« Kurz vor dem Besuch der Freunde erneut so ein Telefonmoment. »Ich dachte nur: Jetzt sagt er es gleich wieder, jetzt sagt er es gleich wieder!«, sagt Katja mit zittriger Stimme und ihre Hände fliegen zwischen den Augen und Ohren, die sie sich zuhalten will, hin und her.

Dunkel ging der Tag zu Ende, am Bett der geliebten Mama. Ich frage nach den Worten, die Katja zu ihr sprach. Ihre Stimme wird leise, auch wenn sie damals schrie: »Wie soll es denn jetzt weitergehen?« Am nächsten Tag wählte sie die letzte Garderobe für ihre Mutter aus, eine schwarze Bluse mit pinken Blüten, klar und frisch. Als sie in den Kofferraum des Leichenwagens verfrachtet wurde, wurde für Katja aus ihrer Mama eine Leiche. Diesem Akt des Einpackens des geliebten Menschen folgen weitere, Sarg, Grab, Krematorium, Urne, vielleicht ist deswegen der erste für viele Angehörige am schlimmsten. Ich habe es noch nicht miterlebt, kann nur versuchen zu greifen, welcher innere Kampf da auszufechten ist, zwischen Wohnungstür und Bordsteinkante. Als meine Freundin im letzten Sommer zu Hause starb, konnte ihr Mann es nicht ertragen, bei ihrer Abholung dabei zu sein, und floh aus der Wohnung. Ich mag gar nicht daran denken, dass nicht alle Zuhause ein würdiges Wegtragen im Liegen erlauben.

Für Katja, damals dreiunddreißig, begann eine schmerzvolle Zeit. Sie litt, weinte viel und tobte über die Ungerechtigkeit, dass ihre Mutter noch nicht einmal das Rentenalter erreicht hatte, geschweige denn die Rente genießen konnte. Marc, ein Jahr jünger als seine Schwester, schlüpfte in die Rolle der Mutter, machte dem Vater Essen, legte liebevoll Gürkchen auf seinen Teller. Sich um den Vater zu kümmern, war sein Vermächtnis an die fehlende Mutter. Er hatte neben ihr auf dem Küchenfußboden gekniet, als sie verzweifelt um Luft gerungen hatte, hatte ihre Hand gehalten, als sie gefleht hatte: »Lasst mich, lasst mich!« Jetzt hielt er sich an seiner Aufgabe fest. Katja wollte sich bei ihrem Freund anlehnen, doch der entpuppte sich, wenn ich mir ein Wort bei Ines ausleihen darf, als Totalausfall. Als sie eines Abends von Weinkrämpfen geschüttelt wurde, sagte er: »Ich muss morgen früh um sechs Uhr auf der Arbeit sein. Ich gebe dir jetzt noch fünf Minuten. Entweder hast du dann aufgehört zu heulen oder ich schlafe in meiner Wohnung.«

Und dann das Unfassbare: Katja, die Löwin, fuhr ihre Krallen aus und schaffte es, auf die schützenden Arme, die keine waren, und auf die starke Schulter, die keine war, zu verzichten und sich zu trennen. »So wie mein Leben damals schmerzte, konnte es nicht mehr schlimmer kommen. Also nahm ich den Trennungsschmerz auch noch mit.« Wann hat das eigentlich aufgehört, dass nur jemand pusten musste und alles war wieder gut? Wann hat das Leben aufgehört, leicht zu sein? Was Katja durchmachte, war furchtbar schlimm. Die Mama war weg, der Freund Vergangenheit. Aber die anderen blieben, wo sie waren. Marc und Papa waren noch da. Es gab ihre Familie noch. Es gab Licht am Horizont, auch wenn das Tal sich noch in der Dunkelheit verkroch.

Es ist bizarr. Was Katja bis jetzt erzählte, reicht für eine Geschichte. Ich will durchatmen, nachspüren, wie es sich für die Familie angefühlt haben muss, Mutter und Ehefrau im eigenen Zuhause sterben zu sehen, hilflos, ohnmächtig, verzweifelt. Wie wäre es für meine Familie gewesen, wenn uns eine Notfallseelsorgerin besucht hätte? Was hätte es mit mir gemacht, eine Nacht an Flos Totenbett zu wachen? Wie hätte es sich angefühlt mit anzusehen, wie mein Bruder in einem Sarg aus seinem Zuhause getragen wurde? Doch ich bin gekommen, um Katjas ganzer Geschichte zu lauschen. Wenn ihre Arbeitskollegen sich früher über die Schicksalsschläge von Bekannten unterhielten, zeigte sich ihr ihre größte Angst: ihre Familie zu verlieren. »Und genau das ist mir passiert. Einmal, zweimal, dreimal.« Katja schaut mich an: »Wir müssen zurück.«

Sechs Jahre nach dem Tod der Mutter war der Vater so weit, das Haus der Familie zu verkaufen und in eine kleinere Wohnung umzuziehen. Er hatte in dem Ortsteil, in dem er aufgewachsen war, ein neues Zuhause gefunden, im Grünen, mit genügend Garagen für seine Oldtimer und, der Joker, mit einer zweiten Wohnung auf demselben Grundstück für Sohn Marc, der bis dato noch bei ihm im Haus gewohnt hatte. Der Schritt war kein einfacher. Marc hing über alle Maßen an seinem Elternhaus, konnte jedoch finanziell nicht genug beitragen. Über Monate hatten Vater und Sohn verhandelt, gestritten, gerungen, hatte Katja vermittelt und beruhigt. Als die Entscheidung endlich gefallen war, stand das Nächste an, wovor sich alle fürchteten: das Entrümpeln und Ausräumen. Katja half an allen Ecken und Enden, der Vater, gebeugt von Rückenschmerzen, konnte kaum noch laufen und nickte nur noch ab, was sie und Marc ihm unter die Nase hielten: behalten, Trödel, Sperrmüll. So viele Erinnerungen glitten durch ihre Hände, streiften ihre Augen und Herzen. Die Wochenenden auf dem Dachboden müssen unendlich müde gemacht haben. Doch für die beiden Männer zeichnete sich ein neues Leben ab. Es sollte bald bergauf gehen.

Davon konnte Katja derweil nur träumen. In dem Mehrparteienhaus in Siegen, in dem sie wohnt, war ein Bewohner psychisch erkrankt und sorgte für Angst und Schrecken. Er verbarrikadierte sich auf dem Dachboden, zapfte Strom ab, entleerte seinen Toiletteneimer aus dem Dachfenster, stellte einer Bewohnerin nach. Weil es auf dem Dachboden bitterkalt sein musste, befürchtete Katja, dass er sich dort oben, verwirrt wie er war, ein Feuer machen würde. Wohl fühlte sie sich schon längst nicht mehr. Die Angst war bei ihr eingezogen. »Das war eine schlimme, schlimme, schlimme Zeit.« Sie setzte – zwischen ihrer Arbeit und der Auflösung des Elternhauses – alle Hebel in Bewegung, damit dem Mann und der Hausgemeinschaft geholfen wurde, vom sozialpsychiatrischen Dienst bis zum Bürgermeister. Anfang Februar, am

Tag vor ihrem Geburtstag, hatte sie einen besonders schweren Entrümpelungseinsatz hinter sich und den Kofferraum mit Erinnerungsstücken voll: ein Gemälde, einen Bräter, Kuscheltiere, »ein bisschen Kindheit«. Schon von Weitem sah sie die Feuerwehrfahrzeuge in ihrer Straße. Der Mann hatte tatsächlich auf dem Dachboden ein Feuer entzündet. »Da ist alles über mir zusammengestürzt. Jetzt gab es für mich überhaupt kein Zuhause mehr. Mit einem Mal waren beide weg.« Das Elternhaus und ihr eigenes Zuhause, das sie für Wochen nicht würde bewohnen können. Und im Kofferraum lagen die Erinnerungsstücke.

Als der Frühling anbrach, wurde endlich alles gut. »Ich war so glücklich!« Die Wohnung wieder bewohnbar, das Elternhaus ausgeräumt und verkauft, Vater und Bruder jeder für sich und doch beisammen in den neuen Wohnungen, und der Vater hatte sogar einen Termin für die lang ersehnte Rückenoperation in Aussicht. »Es fühlte sich so gut an. Es war das erste Mal seit Monaten, wenn nicht seit Jahren oder sogar seit Mamas Tod, dass wir gesagt haben: Es fängt ein neues Leben an!« Der Vater schrieb den Kindern eine Karte, die Katja erst heute wieder in der Hand hielt: »Danke für all eure Mühen in der schweren Zeit. Ich bin froh, dass ich zwei so liebe Kinder habe.« Marc stand zum ersten Mal in seinem Leben auf eigenen Beinen. Am Abend seines Umzugs schickte er Katja ein Foto von seinem Hund in seinem Körbchen in der neuen Wohnung: »Angekommen.« Das war drei Monate vor seinem Tod.

Nein, nein, nein! Es fing doch gerade erst an, wieder gut zu werden! Warum musste sich ausgerechnet jetzt Marcs Herz melden, sieben Jahre nach seinem Herzinfarkt? Schmerzte es ihn so sehr, das Elternhaus verlassen zu müssen? War es für ihn so schwierig, allein zu wohnen, ohne den Vater an seiner Seite? Katja, es tut mir so leid, dass das, was du mir jetzt erzählen wirst, deine Geschichte, eure Geschichte ist. Ich merke, dass du immer schneller sprichst. Willst du es hinter dich bringen? Oder zeigst du mir damit das ungnädige Tempo, mit dem das Schicksal zuschlug? Dabei sah es doch gar nicht danach aus! Marc war so vernünftig gewesen und hatte sich von seinem Kardiologen zwei Wochen krankschreiben lassen. Er wollte sich nicht so abrackern wie seine Eltern, was vom Leben haben, er war ja erst sechsunddreißig. Denkste! Am 11. Mai 2016, mitten in der Woche, in der er die Arbeit wieder aufgenommen hatte, bekamst du am frühen Morgen einen Anruf. Wieder einen von der Sorte, die man nie im Leben vergisst.

Marc war umgekippt, hinter seinem Lieferwagen, auf dem Hof seines Arbeitgebers. Der Anruf kam von Freddy, seiner Freundin, die von den Arbeitskollegen alarmiert worden war. »Marc ist umgekippt! Er ist im Marienkrankenhaus!« Nein, nein, bitte nicht, bitte nicht, betete Katja, denn das mit dem Umkippen kannte sie ja schon. »Ich hole dich!«, sagte sie zu Freddy, die keinen Führerschein hatte, und raste nach Dahlbruch, rief von unterwegs ihren Vater an, der heute, ebenfalls im Marienkrankenhaus – glaubt man es? –, einen Untersuchungstermin hatte. »Geht ihr schon mal zu Marc, der ist in guten Händen, aber ich habe solche Schmerzen, ich muss zu der Untersuchung«, sagte er. Mit Freddy raste sie zurück nach Siegen, betete weiter: »Lieber Gott, bitte pass auf Marc auf!« Da glaubte sie noch, dass Gott und sie eine Verbindung hatten. Beim Krankenhaus angekommen, rannten sie zum Hintereingang des Gebäudes nahe der Intensivstation und wurden in einen Wartebereich geschickt. Endlich kam ein Arzt, der sie in ein Zimmer am Ende des Ganges führte. Ob Marc Vorerkrankungen habe, wollte er wissen. Freddy zählte alles auf, was sie wusste, weil sie doch helfen wollte, damit man Marc so gut wie möglich helfen konnte. Doch das hier war kein Vorgespräch zu einer Krankengeschichte, zu Therapiemöglichkeiten. Das hier war etwas ganz anderes. Katja beschlich ein furchtbares Gefühl, sie spürte, worauf der Arzt hinauswollte. Sie blickte ihn an, legte Freddy die Hand auf den Arm und sagte: »Freddy, warte mal.« Dann sagte sie: »Sagen Sie uns, was los ist?« Und dann erfuhren sie, dass Marc nicht mehr lebte. Dass sie einem Beerdigungsinstitut Bescheid geben sollten. Und dass die Freigabe von Marcs Leichnams noch etwas dauern würde, weil die Todesursache noch zu klären war.

Katja spricht weiter, ist wie in einem Tunnel, durch den sie gehen muss. Sie hört Freddy in ihrer Erinnerung weinen. Sich selbst hört sie nicht. Sie weinte nicht, wie damals bei ihrer Mama. Sie sieht das auf sich zukommen, was für sie das Schlimmste war: ihrem Vater sagen zu müssen, dass sein Sohn tot sei. Dabei war der Impuls so stark, sich auf ihn zu werfen, um mit der Wucht des Schmerzes nicht allein zu sein. »Aber auf der anderen Seite wusste ich: Ich stürze den Mann in die Hölle.« Kann es widersprüchlichere Gefühle geben? Hier im Angesicht von Marcs Tod die eigene Verzweiflung, dort die Angst, dem Vater genau dieselbe Verzweiflung anzutun, antun zu müssen.

Vom anderen Klinikteil kam der Vater im Auto zum Intensivtrakt gefahren. Er blieb sitzen, seine Freundin, die ihn begleitete, stieg aus. Katja flüsterte ihr ins Ohr, nur den einen Satz, der das Ende der Welt bedeutete. Stieg ins Auto, überwand sich, wie noch nie in ihrem Leben, sprach diesen Satz aus und konnte nicht verhindern, dass ihr Papa über dem Lenkrad zusammenbrach.

Katja weint – jetzt kann sie weinen. Sie erzählt von den siebzehn Kilometern Autofahrt hinter ihrem Vater her zu dessen Wohnung, von den Selbstvorwürfen, die sie quälten. Hätte sie mehr für Marc da sein, ihm mehr Sorgen nehmen, sein Herz schützen können? Hatte irgendeine moralische Verpflichtung ihn dazu gedrängt, wieder arbeiten zu gehen, auch wenn es vielleicht noch zu früh war? Sie erzählt, wie sie ihren schmerzgebeugten Vater auf dem Weg zur Haustür stützte und wie ihnen ausgerechnet auf diesen paar Metern die Vermieterin begegnete. Der Vater kratzte mit all seiner Kraft so etwas wie Fassung zusammen und sagte: »Ich muss Ihnen etwas ganz Schlimmes sagen. Mein Sohn ist gerade gestorben.« »Das kannst du nicht mit ansehen«, schluchzt Katja und auch meine Augen können die Tränen kaum noch halten. Ich weiß genau, was sie meint, und sehe mich mit meinem Vater am Gartenzaun stehen, als er dem Nachbarn sagte, dass Flo gestorben sei. »Da war es wieder. Da war es wieder so echt. Dann haben wir in der Wohnung gesessen und gedacht: wieder einer weniger.«

Wieder einer weniger. Und die, die noch da sind, sind nicht mehr ganz. In dem Moment, da Marc gegangen war, war auch ein Teil ihres Vaters für Katja verloren. Er war auf einen Schlag ein alter, kranker Mann, gebrochen, traurig, auf den sie sich nicht mehr stützen konnte. Den Anruf beim Beerdigungsinstitut erledigte er noch selbst, wie beim vorherigen Mal. Den nächsten Anruf tätigte Katja für ihn: Am Morgen in der Klinik hatte er ein Zeitfenster für die Operation bekommen, endlich, und nun mussten sie innerhalb von vierundzwanzig Stunden einen Termin ausmachen, damit das Zeitfenster nicht verfiel. »Vielleicht nicht in den nächsten zehn Tagen. Da könnte es sein, dass wir an einem Tag nicht können«, bat sie. Weil wir da meinen Bruder beerdigen, dachte sie.

Katja schaltete auf Funktionieren um. Jetzt war sie es, die die Löwenkräfte aufbrachte, die ihr Vater beim Tod der Mutter an den Tag gelegt hatte. Sie übernahm die Regie, wählte Marcs letzte Ruhestätte im Friedwald aus, zwei Bäume weiter vom Ruhebaum ihrer Mama, kümmerte sich um die Sterbeurkunde und um ihren Vater, für den eine Odyssee aus achtzehn Klinikaufenthalten begann, zwei Tage nach Marcs Beerdigung. Zusammen mit Freddy räumte sie die Wohnung ihres Bruders aus. Wieder ein Ausräumen. Zweieinhalb Monate nur hatte Marc hier gelebt, und so manches aus ihrem Elternhaus, von dem Katja geglaubt hatte, es sei auf dem Trödel oder im Sperrmüll gelandet, tauchte wieder auf. Die Erinnerungsstücke führten ihr vor Augen, wie sensibel ihr Bruder gewesen war, dazu die Erzählungen von Freddy, die ihr anvertraute, wie stolz Marc auf sie gewesen war und wie oft er von ihr gesprochen hatte. »Das war für mich sehr schmerzhaft«, erinnert sich Katja. Rotz und Wasser habe sie geheult und sei zur Wohnung des Vaters hinübergelaufen. Doch als sie ihn sah, wusste sie, dass er sie nicht würde trösten können. Katja lernte, stumm zu trauern. Noch heute weint sie meist nur, wenn sie allein ist. »Ich war so verzweifelt. Ich hatte doch nur noch Papa!« Noch. Doch noch im selben Jahr würde auch er von ihr gehen.

Würde ich eine fiktive Geschichte schreiben, ich würde für Licht und Wärme sorgen. Meine Heldin dürfte nach dem Tod ihres Bruders zur Ruhe kommen und Stückchen für Stückchen für Stückchen Boden gewinnen. Ich würde sie spüren lassen, dass die Sonnenstrahlen am Horizont für sie bestimmt sind, und ich würde ihr für die Reise dorthin eine ganze Armee an Engeln zur Seite stellen. Doch ich schreibe keine fiktive Geschichte. Ich schreibe auf, wie das Leben ist, und ob es gnädig ist, ist wohl genauso eine Laune wie der abartig hellblaue Himmel, der sich heute über Siegen spannt.

Egal, in welches Krankenhaus der Vater kam, seine entsetzlichen Rückenschmerzen konnte ihm niemand nehmen. Ein noch größerer Eingriff entpuppte sich als unvermeidbar, und, was noch gravierender war, der Weg dorthin führte unausweichlich über eine Herz-OP. Drei Bypässe sollten gesetzt werden, damit sein Herz für die große Rückenoperation stark genug war. Vor dem Termin saß Katja an seinem Krankenbett in der Klinik in Bad Nauheim und hatte alle möglichen Unterlagen dabei. Strom, Wasser, Gas, Mieterangelegenheiten, für den kleinen Industriepark, der ihrem Vater gehörte, gab es wie so häufig einiges zu regeln. Der Vater bekritzelte *Post-its*, zeichnete mit letzter Kraft auf, welcher Wasseranschluss zu welcher Einheit gehörte. »Wenn ich wieder draußen bin, zeige ich dir alles ganz in Ruhe«, versprach er. Zurück im Auto konnte Katja die Verantwortung, die auf ihr lastete, nicht mehr tragen und weinte bitterlich. »Wenn dem Papa jetzt auch noch was passiert«, weinte sie und gemeinsam denken wir, jede für sich, den Satz zu Ende.

Am Abend nach der Herzoperation erreichte sie die Nachricht, dass alles gut geklappt habe und ihr Vater nun schlafe. Der nächste Anruf am Morgen darauf klang schon weniger gut, ihr Vater sei noch immer nicht aufgewacht. Beim dritten Anruf tat sich der Boden unter Katja auf. Man teilte ihr mit, dass ihr Vater wach sei, sich aber in einem postoperativen Delir befinde, er halluziniere, schlage um sich und fühle sich bedroht. Sie solle sich darauf einstellen, dass sein Verhalten sie schockieren könne. Und was war mit dem Schock dieser Nachricht? Und ja, sein Verhalten schockierte sie, beim ersten Besuch auf der Intensivstation und darüber hinaus. Er fragte sie: »Hast du mit Marc gesprochen? Nein? Dann ist es ja kein Wunder, dass er nicht zurückkommt.« Wer weiß, was ihr Vater gerade verarbeitete. Aber er war da! In den nächsten Tagen lugte in klitzekleinen Momenten sogar seine Persönlichkeit hervor, wenn sie eine Runde Karten spielten oder er von seinen Oldtimern schwärmte. Doch immer wieder schwebten Elefanten unter der Zimmerdecke, entdeckte er eine versteckte Kneipe oder befürchtete, von den Pflegern vergiftet zu werden. Als man ihren Vater entlassen und in ein Krankenhaus im Siegerland überführen wollte, stellte sich Katja, die Löwin, auf ihre Hinterbeine und brüllte: »Der Mann hatte vor ein paar Tagen eine Operation am offenen Herzen, er sieht Elefanten durch die Decke kommen und jetzt wollen Sie ihn in einen Krankenwagen packen und hundert Kilometer durch die Gegend fahren?« Ich fühle ihre Angst bis in die hinterste Zelle meines Körpers. Wenn dem Papa jetzt auch noch was passiert … »Scheiße! Ich war kein Kind mehr, aber ich war ja das Kind von dem Mann, um den es hier ging! Ich fühlte mich der Situation überhaupt nicht gewachsen!« Katjas Stimme bricht.

Sie schaffte es. Ihr Papa durfte noch in Bad Nauheim bleiben und sich stabilisieren. Jeden Tag besuchte sie ihn. Arbeiten zu gehen, schaffte sie jetzt nicht mehr. Für diesen Kraftakt mobilisierte sie ihre allerletzten Energiereserven. »Vom Herzen her ging es ihm gut, aber er musste jetzt eine Förderung für sein Gehirn bekommen«, erklärt Katja. Dafür wollte man ihn ins Marienkrankenhaus in Siegen bringen. Beim Namen dieses Krankenhauses drehte sich alles in ihr. Nein, nein, nein, um keinen Preis ins Marienkrankenhaus, wo Marc gestorben war! Katja recherchierte, fand im nahen Hilchenbach eine Klinik für Neurologie – ein Lichtblick! Dass sich dieser Lichtblick ins Gegenteil umkehren würde, ahnte sie nicht. Ich höre nur noch ungläubig zu, Katja redet sich in Rage. Aus Versehen wurde ihr Vater am Tag der Einlieferung auf die geschlossene Psychiatrie gebracht, wo sie ihn nach Stunden fand, sein Gepäck blieb noch länger verschollen. Die Jalousien, durch die die Schwestern die Intensivpatienten beobachten sollten, waren zugezogen. Wasser stand nicht auf dem Nachttisch, sondern mehrere Meter vom Patientenbett entfernt auf der Fensterbank. Die eine Pflegekraft forderte Katjas Vater auf, Laufübungen zu machen, die nächste herrschte ihn an, das Bett nicht zu verlassen. Eines Tages stellte Katja Blut in seinem Urinbeutel fest: Das könne vom Sturz herrühren. Ihr Vater war gestürzt? Wann und weshalb das passiert war, konnte niemand sagen, natürlich nicht, Katja wunderte mittlerweile nichts mehr. »Die waren total überlastet. Wenn ich um Hilfe rief, war keiner da. Es war einfach nur schrecklich.«

In der Nacht um drei riss ihr Handy sie aus dem Tiefschlaf, die Klinik meldete sich. »Ihr Vater hat sehr hohes Fieber. Wir verlegen ihn jetzt ins Marienkrankenhaus und müssen wissen, ob er eine Patientenverfügung hat.« Marienkrankenhaus? Fieber? Patientenverfügung? »Ich wusste überhaupt nicht, warum wir plötzlich über Leben oder Nicht-Leben sprachen. Mein Papa war doch eigentlich in der Reha! Fakt ist«, hängt Katja sogleich an, es scheint sie zum Ende ihres Berichts zu drängen, »vierundzwanzig Stunden später starb mein Vater im Marienkrankenhaus an einer Blutvergiftung.« Wieder klingelte eine Schwester sie mitten in der Nacht aus dem Schlaf. »Ihr Vater wird in den nächsten Minuten sterben.« Was macht man mit solch einer Nachricht? Katja entschied sich dafür, zu Hause zu bleiben. Sie hatte Glück und fand wieder in den Schlaf, schlief wie ein Stein, weggerissen von der Erschöpfung der vergangenen Monate, vom ständigen Angsthaben der vergangenen Wochen, Tage, Stunden, Minuten. Als sie am Morgen aufwachte und realisierte, was geschehen war, war für sie klar, dass ihr Leben jetzt zu Ende war. Der letzte Mensch auf Erden, der ihr noch wichtig war, war weg.

Nun war Katja allein, im Leben und im Trauern. Als ihre Mama starb, konnte sie nicht mit ihrem Freund trauern. Als Marc starb, konnte sie nicht mit ihrem Vater trauern. Beim dritten Mal gab es ihre Familie nicht mehr, war sie selbst es, die beim Beerdigungsinstitut anrufen musste. Sie weiß noch genau, wie sie hier in ihrem Wohnzimmer stand und diese Erkenntnis sie überkam, diese unausweichliche Abfolge, dieses dreifache Wiederholen. Bis zu zwanzig Briefe pro Tag, Rechnungen, Mieterbeschwerden, Amt- und Steuersachen, trudelten bei ihr als Erbin des Industrieparks ein. Alle wollten etwas von ihr, zerrten an ihr. Ihre Trauer wurde, wieder einmal, zwischen Mühlsteinen zerrieben. Bei der Beerdigung traf sie die Entscheidung, sich durchzuboxen. »Du musst in Kur gehen, du musst es verarbeiten«, sagten ihre Freunde. »Ich kann nicht in Kur gehen, wenn hier alles im Chaos versinkt«, entgegnete Katja. Wenn ihre Welt schon untergegangen war, wollte sie wenigstens auf der kleinen Insel des väterlichen Erbes für Ordnung sorgen, und das tat sie, diese Löwin. Keine vier Wochen nach dem Tod des Vaters stand zu allem Überfluss der wichtigste Messeauftritt ihres Arbeitgebers an. Ihr Chef stellte ihr die Teilnahme frei. Katja entschied, zur Messe zu fahren. Sie lieferte ein perfektes Schauspiel ab, erzählte den Journalisten meisterhaft von Raumkomfort, Fenstern und Türen. »Ich war kein Familienmitglied mehr. Wenn ich im Job auch nichts mehr gewesen wäre, wäre ich niemand mehr gewesen.« Ihre Freunde unterstützten sie, bügelten ihre Messeblusen, retteten sie über die Weihnachtsfeiertage, halfen bei unzähligen Einsätzen beim Ausräumen der Industriehallen, bei Sperrmülltransporten und, schon wieder, einer Wohnungsauflösung.

Nicht alle reagierten feinfühlig. Die Auszubildende der Bank war mit den Sterbeurkunden von Martin und Marc Martin überfordert, fand es ulkig, dass die Männer ähnlich hießen und so kurz nacheinander gestorben waren. Am meisten schmerzte Katja die Reaktion einer Bekannten, der sie geschrieben hatte: »Ich schlage mich durch, weil ich muss. Meine Familie gibt es nicht mehr. Marc ist im Mai gestorben und Papa im Dezember. Das kann ich schlecht aushalten.« Die Antwort lautete: »Oje, das hört sich gar nicht gut an. Aber du bist eine Powernudel, Kopf hoch! Bei uns ist es im Moment auch katastrophal. Christoph versumpft in Arbeit, Tom pubertiert und Emilia ist ständig krank.« Wenn Katja mir die originalen Nachrichten nicht auf ihrem Handy gezeigt hätte, ich hätte es nicht geglaubt. Katja, verletzt und traumatisiert, macht sich noch die Mühe zu ergründen, was hinter dieser Reaktion steckt. Mehr denn je bin ich dankbar dafür, dass wir hier beisammensitzen und dem Schmerz Raum geben.

Das Trauern zusammen mit den engsten Freunden, tiefe Gespräche, Hineinhorchen, »Verarbeitungsgespräche«, das sollte warten, und tut es bis heute. Der Zeitpunkt ist verpasst. »Wer fragt jetzt, nach drei Jahren?«, fragt Katja. Die Tür zu ihren Liebsten öffnet sie selbst dann und wann, zumindest ein wenig, oft im Auto, im Minutentakt auf dem Weg zur Arbeit, auf dem »schwarzen Kanal« – ein Bild, das ihr hilft. Es tut kein bisschen weniger weh als am ersten Tag, und dieses »für immer« versteht man nie, sagt sie, nur an manchen Tagen etwas besser. Dann hat ihr Weinen um ihre Familie Platz, um jeden Einzelnen, aber auch ihre Trauer um sich selbst, um ihr verlorenes Nest. Danke, Katja, dass du auch diesem Schmerz ein Gesicht gibst, und nein, das ist nicht egoistisch, und ja, du darfst dich scheißarm dran fühlen, weil du keine Familie mehr hast. »Ich habe es verarbeitet«: Diesen Satz, sagst du, kannst du dir nicht vorstellen, jemals in den Mund zu nehmen.

Wenn sie ihr Auto vor dem Büro parkt, ist es, zumindest für den Moment, wieder vorbei. Dann wechselt sie den Kanal, ist die Tochter, in der andere Menschen ihren Vater wiedererkennen, ist die Dankbare mit Schatztruhen voller Erinnerungen, ist die Frau mit den vielen engen Freunden, ist fröhlich, lebt aus dem Vollen, nimmt mit, was geht. Dieser Kanal, er funktioniert für Katja gut. Nur, dass es den anderen eben auch gibt. Jeder für sich läuft ehrlich. Nur der andere, der dunkle, ist nie weg.

Victoria · An der Startrampe ins Leben

Victoria katapultiert mich zurück in das Jahr, als ich mein Abitur machte. Da saß eine andere Katharina am Schreibtisch, eine, deren Energievorrat unerschöpflich schien und die sich treiben lassen konnte, wohin sie wollte. Damals war unter dem Strich alles gut, das Zuhause, das Auskommen, der Blick nach vorn. Meine jüngere Version scharrte mit den Hufen und galoppierte ins Leben. Alles war möglich, mein

Fundament unerschütterlich. Mein größter Kummer war mein Ferienjob oder der Praktikumsplatz. An meinem Himmel schien die Sonne. Aufregend waren die ersten Wochen an der Uni, noch aufregender die erste Uniparty. Beim Training mit meiner Tanzmannschaft zerbrachen wir uns über Drehungen und das Outfit für den nächsten Wettkampf den Kopf, stundenlang manchmal, denn Sorgen wie diese waren unsere einzigen.

Nun besuche ich Victoria. Was sie mir erzählen möchte, liegt zwölf Jahre zurück. Neunzehn war sie da, hatte das erste Ausbildungsjahr zur Pharmazeutisch-technischen Assistentin hinter sich, wohnte mit ihrem Freund Flo in Magdeburg, ließ sich von einer Feier zur nächsten treiben, damals, in ihrem anderen Leben. Es war nicht so, dass bis dahin alles bilderbuchmäßig für sie verlaufen war. Nein, Victoria war viel kürzer Kind gewesen als ich, hatte phasenweise bei ihrer Uroma gelebt, dann geschwisterlos in einem schwankenden Elternhaus, das irgendwann schließlich ganz zerbrochen war. Und doch förderte sie wie vielleicht alle Neunzehnjährigen eine Energie zutage, die man später im Leben vergeblich sucht. Sie hatte ein Ziel, seit sie elf war: Sie wollte Rechtsmedizinerin werden, auch wenn kaum jemand ernsthaft an sie glaubte. Und der, der es tat, starb am 16. August 2008 an der Startrampe ins Leben. Ihr bester Freund Rick. Er wurde ermordet.

Als Victoria mir die Tür öffnet, hat Corona Deutschland im Griff. Wir dürfen uns nicht in die Arme schließen. Die beiden Kater wissen von nichts, schummeln sich an Victoria vorbei und schmiegen sich an meine Schienbeine, zu denen möglicherweise streichelfähige Finger gehören. Das tun sie, beeile ich mich unter Beweis zu stellen, in der Hoffnung auf einen schnurrenden Schoßwärmer. Ich betrete die heimelige Höhle. Die meisten Möbelstücke sind antik, die Wände tannenwaldgrün und im Abendlicht fast so schwarz wie die Kater. Wir nehmen unter der Dachschräge Platz. Victoria entzündet eine Kerze, verteilt Teetassen und der

Kater mit dem etwas runderen Bäuchlein rollt sich auf dem Stuhl neben mir ein. Fast könnten wir ins Plaudern kommen. Doch wir wollen beginnen.

Victoria wirkt etwas nervös, wenngleich der Tod heute ihr Leben ist. Sie ist mittlerweile Assistenzärztin für Rechtsmedizin und kam erst vorhin aus dem Institut. Mir gegenüber aber sitzt die private Victoria, die, die all ihren Mut zusammennimmt und sich in jenen Sommer 2008 aufmacht, der in der letzten Ferienwoche nach Meer, Grillen und Lagerfeuer schmeckte, nach Camping auf Rügen mit Flo und den Großeltern. Das Handy blieb aus, die Clique außen vor. Eine SMS von Rick beantwortete Victoria nicht. Erst auf der Heimfahrt im Auto mit den Großeltern – Flo war schon vorausgefahren, er wollte Angeln – kramte sie ihr Handy heraus, verschickte Nachrichten an ihre Clique und fragte, ob sie abends das Wiedersehen feiern wollten. Nach und nach trudelten die Zusagen ein, nur von Rick hatte noch niemand etwas gehört, vielleicht, weil er am Abend zuvor, einem Freitag, in der Großraumdisco *Funpark* zu heftig gefeiert hatte. Die Freunde in Magdeburg telefonierten die Krankenhäuser nach ihm ab. Victoria kam unterdessen zu Hause an und fischte ein Schreiben von der ZVS, der Zentralen Vergabestelle für Studienplätze, aus dem Briefkasten: eine Absage. Der Traum vom Medizinstudium zerplatzte, wieder einmal. Die Oma schnappte sich die Tasche mit den leeren Pfandflaschen und bugsierte ihre enttäuschte Enkelin aus der Wohnung. Nach dem Urlaub musste erst einmal eingekauft werden. Zu Fuß gingen sie los, vorbei an dem *Burger King*, in dem Victoria neben der Ausbildung jobbte, an einem Teppichmarkt und der Disco *Funpark*. »Als wir dort entlanggingen, rief ich aus einem Impuls heraus nach Rick. Ich dachte, dass er vielleicht hier irgendwo seinen Rausch ausschlafe«, erzählt Victoria. Auf dem Grundstück des Teppichmarkts flatterte ein polizeiliches Absperrband. »Dem schenkte ich keine Beachtung.« Sie rief noch einmal nach ihrem Freund, noch immer unbekümmert, denn er war sicher nicht mehr als versackt, dann ging sie mit ihrer Oma weiter und bog in Richtung Einkaufszentrum ab.

Die Einzelheiten, die in Victoria hochkommen, erinnern mich an all das, was ich noch vom 5. Mai 2016 weiß, Winzigkeiten bisweilen. Was ich an dem Tag arbeitete, las, aß, was ich nach der unfassbaren Schockbotschaft in meinen Koffer packte, wen ich in welcher Reihenfolge anrief, was ich sagte, was ich schrie, an welcher Autobahnraststätte ich anhielt, welche Körperteile zitterten, welche krampften, welche ihren Dienst versagten. Als Victorias Handy klingelte, betrat ihre Oma gerade ein Blumengeschäft. Flo war dran und sagte: »Ich muss dir etwas ganz Furchtbares sagen.« Sie dachte, seinem alten Großvater gehe es schlecht, fragte: »Was denn?« Flo antwortete: »Rick ist tot.« Und dann, als Flo es noch zweimal wiederholt hatte, weil Victoria ihm nicht glaubte, wurde ihre Verankerung mit der Welt mit erbarmungsloser Wucht gekappt. Sie sackte zusammen. Die Oma eilte zur Enkelin, versuchte zu verstehen, was diese ausspie, hievte sie vom Boden hoch und manövrierte sie ins Freie.

Nun wird es noch gemeiner, noch schlimmer. Rick sei tot, hatte es geheißen, aber zugleich war man sich nicht sicher. Nahe der Disco war eine männliche Leiche gefunden worden, die jedoch aufgrund erheblicher Verletzungen nicht identifizierbar war. Man konnte nur vermuten, dass es sich um Rick handelte, die Eltern hatten ihren Sohn als vermisst gemeldet, ein Schuh von ihm war gefunden worden. Ich versuche, mir den Krieg der Gefühle vorzustellen, der in diesen Minuten in Victoria getobt haben muss. Erst die Todesnachricht, die sie erbarmungslos unter Wasser drückte, dann der kleine Hoffnungsschimmer, ein trügerisches Auftauchen und Nach-Luft-Schnappen, bevor das Wasser sie wieder verschlang. »Ich war völlig außer mir. Auf dem Nachhauseweg mussten wir ja wieder an der Disco und dem polizeilichen Absperrband vorbei.« Wieder rief Victoria nach Rick, doch jetzt unter ganz anderen Vorzeichen. Statt nach einem den Partyrausch ausschlafenden Freund suchte sie jetzt nach Lebenszeichen, nach irgendetwas, das ihr bewies, dass Rick noch lebte. Und dann das: Aus einem Haus schallte *Kling Klang,* Ricks und ihr Lied! Wann immer es gespielt wurde, sangen und tanzten sie dazu, vom ersten bis zum letzten Takt. Spielte ihr Kopf verrückt? Schickte Rick ihr eine Botschaft? Heute kann sie es kaum ertragen, die Melodie zu hören. Sie schmettert sie zurück an diesen Tag, an diese Straße, in die schlimmsten Stunden ihres Lebens. *Kling Klang, du und ich die Straßen entlang ...*

Zig Telefonate mit der Clique gingen hin und her. Schließlich sammelten die Freunde sie ein und gemeinsam fuhren sie zu Ricks Elternhaus, vor dem ein Polizeiwagen parkte. Sie warteten auf der Straße, verfolgten schemenhaft durch die Fenster, was im Haus vor sich ging. Dann stand die Mutter in der Tür. »Da wussten wir, was los ist.« Rick war tot, und über ihnen knipste sich ein kitschiger Sonnenuntergangshimmel an, hellblau mit rosa Wolken, »Ricklike«. Krauti, einer der engsten Freunde, ein Typ wie ein Fels, der sonst nie Gefühle zeigte, begann zu weinen. »Als ich das sah, ist für mich alles zusammengebrochen. Da habe ich gewusst, dass es wirklich real ist.«

Ich fühle den Schmerz, der nun auf Victoria zurollte. Es muss eine Explosion gewesen sein, die ihr gesamtes Ich erfasste, ihren Körper, ihre Seele und ihren Verstand. Von einer Sekunde auf die andere stand alles in Flammen. Ihr Körper gehorchte ihr nicht mehr. Ihr Herz zerbarst. Denken war nicht möglich. »Ich konnte es nicht fassen. Ich wollte in dem Moment nichts anderes als sterben.« Weil leben nicht mehr möglich schien. Nur eine, genau eine Sache konnte sie tun, und die auch nur so gerade. Einatmen. Ausatmen. Sich übergeben. Stein für ein Stein einen Schutzwall errichten, hinter dem sie dem Schmerz ins Auge blicken konnte. Das würde sie müssen, das wusste sie.

Nach zwei Tagen wurde ein Tatverdächtiger verhaftet, der später auch verurteilt wurde. Er hatte an dem Freitagabend ebenfalls die Disco besucht, doch er hatte mehr gewollt, als zu feiern. Er hatte Stahlkappenspringerstiefel und Schlaghandschuhe angezogen, die seine Hakenkreuz-Tätowierungen an den Händen verdeckt hatten, und seinen Kumpanen verkündet: »Heute Abend klatsche ich jemanden.« Dass es Rick getroffen hat, diesen ruhigen, edelmütigen Menschen, der gerade sein Freiwilliges Soziales Jahr in einer Behinderteneinrichtung beendet und vorgehabt hatte, bald mit dem Kunststudium zu beginnen, um später Lehrer zu werden, macht die Tat für Victoria noch unbegreiflicher. Die beiden Männer trafen spätnachts draußen in der Nähe der Disco aufeinander. Der mehrfach vorbestrafte Neonazi verlangte von Rick eine Zigarette, was dieser verweigert haben soll. Damit hatte der Täter sein Opfer und vor Gericht eine »Erklärung« für seine Tat. Victoria nimmt alle Kraft zusammen und berichtet mir, was laut Täter- und Zeugenaussagen geschehen sein musste. Der Täter ließ an Brutalität und Kälte nichts aus, nicht als er zutrat und zuschlug, nicht danach. Nachdem er Rick zurückgelassen hatte, ging er bei *Burger King* noch etwas essen, später brüstete er sich im Nachtbus mit seinem blutverschmierten T-Shirt. Victoria wird gleich von Wut sprechen. Sie kennt das Obduktionsprotokoll, weiß, dass Rick noch lebte, als der Täter von ihm abließ. Weiß um besonders niederträchtige Gewalteinwirkungen und dass es von Ricks Handy noch einen ausgehenden Anruf gab, der bei einem der Freunde einging, doch am anderen Ende der Leitung war nichts zu verstehen. »Er hat Rick elendig verenden lassen.«

Wut bestimmte diese erste Zeit. Weil ihr Rick genommen worden war, ausgerechnet Rick, ihr Seelenfreund. Weil sie selbst noch lebte. Weil sie Ricks Urlaubs-SMS nicht beantwortet hatte. Weil er noch eine Zeit lang bei Bewusstsein gewesen sein und begriffen haben musste, dass ihm niemand helfen würde. Weil er allein sterben musste. Weil sie nun hassen musste und es nie wieder gut werden würde. Weil es auf ihre Frage nach dem Warum keine Antwort gab. Victoria bündelte ihre Wut: »Wir haben ein großes Bettlaken genommen und ›Warum?‹ darauf geschrieben.« Eine Geste, die ich aus dem Fernsehen kenne. Victoria erklärt: »Offenbar begreift man erst, wenn man selbst betroffen ist, weshalb Menschen solche Schilder aufhängen. Die Frage nach dem Warum übermannte uns. Wir mussten sie herausschreien.« Zusammen mit den Freunden befestigte sie das Laken an einem Zaun beim Tatort und knotete ein Halstuch, das sich Rick oft von ihr ausgeliehen hatte, daneben. Sie stellten Kerzen auf und beschlossen, eine Mahnwache zu organisieren. »Ich glaube, jetzt kommen wir zu dem Teil, wie ich mit Trauer umgehe«, sagt Victoria und lächelt mich zaghaft an, und der Kater neben mir erhebt sich, springt vom Stuhl und geht im großen Garderobenspiegel sich selbst jagen.

Ihr Versuch, am Montag nach dem verhängnisvollen Samstag ihr Praktikum in der Apotheke anzutreten, scheiterte. Sie wurde freigestellt. »Ich wusste, dass es nicht besser wird, wenn ich nicht zum Praktikum gehe, und habe es daher versucht«, blickt Victoria zurück. »Vielleicht wollte ich auch einfach Stärke beweisen« – ein Gedanke, den ich kenne. Früher wollte ich anderen meine Stärke beweisen. Heute möchte ich für mich selbst stark sein. Victoria überlegt: »Damals wollte ich den anderen gegenüber stark sein. Aber wenn ich jetzt zurückblicke, sehe ich, dass ich etwas zu tun haben wollte, um nicht einzubrechen.« Binnen Tagen organisierten die Freunde die Mahnwache, ließen Flyer drucken, verteilten sie im ganzen Stadtteil. Am Zaun rund um das Warum-Bettlaken wogte ein Meer aus Blumen, Bildern, Briefen und Kerzen. Victoria sprach zu den Dutzenden Menschen, die gekommen waren. Über Rick. Und über die politische Dimension des Unfassbaren: rechte Gewalt. Auch bei der Beisetzung zwei Wochen später hielt sie in der bis zum Bersten mit Trauernden gefüllten Friedhofskapelle eine Rede – »das Beste, was ich bisher formuliert habe.« Zwischen der Urne und den Blumengestecken waren Bilder aufgestellt, die Rick gemalt hatte, *Yesterday* und *Let it be* von den Beatles erklangen. Sogar Victorias geschiedene Eltern lagen sich weinend in den Armen. Sie selbst weinte nicht, wollte die Selbstbeherrschung aufrechterhalten, um die Trauerrede halten zu können. Heute wünscht sie sich, ihren Gefühlen damals freien Lauf gelassen zu haben. »Ich habe es verpasst, alles einmal ganz rauszulassen.« Sie gab ihrem besten Freund am Grab eine Locke und ein Foto von sich mit und das Versprechen, für seine Eltern da zu sein. Beigesetzt wurde er auf der Wiese, anonym, ohne Angriffsfläche für politische Interessen, während zwischen den Büschen vor dem Friedhof Reporter den Eltern auflauerten.

Je mehr Victoria mir erzählt, desto größer, ja, vielschichtiger wird mein Mitfühlen. Pyramidenförmig bauen die Dimensionen sich vor mir auf. Victoria verlor ihren besten Freund. Sie musste einen Umgang damit finden, dass er gewaltvoll und qualvoll gestorben war. Sie musste lernen anzunehmen, dass es die sinnlose Gewaltlust eines Neonazis gewesen war, die ein junges Leben ausgelöscht hatte, und dass die Trauer um Rick dadurch automatisch auch eine öffentliche wurde. Wenn ich mir allein die Frage stelle, wie es wohl ist, den geliebten Menschen anonym beisetzen zu müssen, damit sein Andenken nicht beschmutzt wird, wird mir übel.

Victoria suchte nach einer Lösung, nach einem Ort, an dem sie sich Rick nahe fühlen konnte und der ihn unvergessen machen würde: ein Gedenkstein. In den folgenden Monaten sammelte sie über zweitausend Unterschriften, sprach im Büro des Oberbürgermeisters vor, holte sich Unterstützung bei der *Mobilen Beratung für Opfer rechter Gewalt,* nahm vom städtischen Bauhof einen Naturstein in Empfang, bereitete die Inschrift vor, die sie aus dem Kopf zitiert: *Rick wurde durch feige und sinnlose Gewalt aus unserem Leben gerissen. In unseren Herzen wirst du immer weiterleben.* Ernüchterung am Tag der Einweihung im folgenden Frühjahr: Ihre Initiative hatte sich zu einem Politikum entwickelt. Mehrere Reden wurden gehalten, die Presse war da, Rick galt jetzt als offiziell anerkanntes Opfer rechter Gewalt. Trotzdem wurde der Gedenkstein für Victoria zu einem Fixpunkt. »Der Stein war für mich sehr wichtig. Wenn es mir schlecht ging, bin ich hingefahren.« Auch für Ricks Eltern wurde er zu einem Ort, an dem sie um ihren Sohn trauerten. »Wenn ich in Magdeburg zu Besuch bin, fahre ich nach wie vor zum Stein. Ich brauche ihn aber nicht mehr, um mich mit Rick verbunden zu fühlen«, sagt sie. Dann korrigiert sie sich: »Doch, eigentlich doch. Vor dem Stein zu stehen, gibt mir Halt.« An Ricks erstem Todestag campierte der Freundeskreis auf dem Grünstreifen und pflanzte zum nächtlichen Todeszeitpunkt einen Baum. Da war Victoria schon längst zu einer Ersatztochter für Ricks Eltern geworden. Sie besuchte sie, telefonierte mit ihnen, hielt sie so fest, wie sie konnte, wenn sie zu zerbrechen drohten. Manchmal klingelte das Telefon nachts. Dann sprang Victoria ins Auto und raste zu ihnen, getrieben von der Angst, dass die Erschütterung die verwaisten Eltern, die ihr einziges Kind verloren hatten, aus dem Leben schleudern würde. »Sie brauchten manchmal nichts anderes als eine Umarmung.« Und Victoria brauchte eine Aufgabe. Für Ricks Eltern da zu sein, ihren Schmerz auszuhalten, hat sie am meisten am Leben erhalten. »Für die Eltern wird es nie wieder gut. Ich bewundere sie dafür, dass sie noch leben.« Der Blick auf die anderen half ihr selbst. Ihr letztes Versprechen an Rick war damit auch, sich selbst nicht aufzugeben. Denn nur wer auf sich selbst schaut, kann auf andere schauen.

Ausgerechnet ihre gelebte Anteilnahme sollte sich in einen eigenen Schmerz verwandeln, ausgerechnet ab dem Tag, da Victoria doch noch eine Zusage von der ZVS erhielt. Wenn sie ihren Traum wahrmachen und Medizin studieren wollte, musste sie Magdeburg Hals über Kopf verlassen und ihren Studienplatz in Marburg antreten. Seit sie Ricks Eltern von ihrem bevorstehenden Umzug erzählt hatte, fühlte sie Schuld. Schuld, weil sie ihrem Versprechen nicht länger gerecht werden konnte. Schuld, weil sie ihr Leben weiterlebte. »Vom Verstand her weiß ich, dass ich mich nicht dafür zu entschuldigen brauche, dass ich meinen Traum, Rechtsmedizinerin zu werden, trotz allem verfolgen wollte.« Und dennoch lastet nach wie vor ein Schuldgefühl auf ihr. Ricks Eltern haben Victorias Weggang nicht verwunden und den Kontakt zu ihr abgebrochen. Victoria schmerzt das noch heute: »Es ist wie ein von mir selbst initiierter Schlag ins Gesicht.«

Ich frage mich, ob das damit zusammenhängt, dass Ricks Eltern im Gegensatz zu Rick noch da sind. Als Rick starb, musste Victoria im Großen wie im Kleinen lernen, ohne ihren Freund zu leben. Musste hinnehmen, dass sie keine Chance mehr dafür bekommen würde, seine SMS zu beantworten. Musste akzeptieren, dass sie seine Ermordung nicht verhindern konnte. Konnte nur versuchen, Rick ihre Liebe zu zeigen, mit Blumen, Kerzen und Warum-Bettlaken, mit Mahnwache und Gedenkstein, mit ihrer Trauerrede und indem sie seinen Eltern beistand. Egal, was sie tat, Rick machte nichts mehr lebendig, doch jeder Schritt schenkte ihr Trost. »Ich glaube, ich habe meine Aufgabe gut erledigt.« Aber die Eltern, die sind noch da, und ihre Vorwürfe, dass sie sich von ihr verlassen fühlten, meint Victoria bis heute zu hören: »Ich kann mir das nicht verzeihen.« Das macht mich traurig. Lieben und Loslassen, ich kenne nichts, was mehr miteinander verwoben und nichts, was schwieriger zu meistern ist. Ich habe gelernt, dass das eine nicht ohne das andere geht. Traue ich mich, das anzuerkennen, höre ich meine innere Stimme sagen: »Du bist genug. Du bist wunderbar. Du bist geliebt.« Und jenseits dieser Worte liegt Frieden.

Mittlerweile hat der andere Kater neben mir Platz genommen. Kater Nummer 1 schlängelt sich zwischen unseren Stühlen hindurch, und als sich niemand seiner annimmt, stolziert er hoch erhobenen Schwanzes ins Nebenzimmer und miaut, dort angekommen, seufzend auf. Ein Themenwechsel steht an. Wahrscheinlich bin ich nicht die Erste, die Victoria fragt, ob sie ihren Traum, Rechtsmedizinerin zu werden, nach dem furchtbaren Verlust von Rick infrage stellte. Ihre Antwort ist eindeutig: »Nein, nie.« Dafür war ihr Traum zu groß, zu wichtig, in allen rauen Winden Berufung und Anker zugleich. Er war die einzige Konstante in ihrem Leben. Wie ein Nordstern, an dem sie sich immer ausrichten konnte und der ihr selbst an dunklen Tagen sein Licht schickte. Als ich sie frage, warum ausgerechnet diese Berufung zu ihr fand, kommt ihr ein selbstbewusstes »Weil ich es kann« über die Lippen, gefolgt von der Erklärung, dass sie beruflich unter den schrägsten Bedingungen funktioniert. Ihren Beruf sieht sie als gesellschaftlich wertvolle Aufgabe an, ihre Untersuchungen und Gutachten dienen der Wahrheitsfindung. »Tote lügen nicht«, sagt sie, und vielleicht gibt diese Klarheit ihr Halt. Sachlich und hochkonzentriert widmet sie sich den Leichen auf dem Obduktionstisch. »Wenn die Menschen als Leichnam zu uns kommen, leiden sie nicht mehr. Wir helfen, indem wir professionell und mit scharfem Verstand vorgehen und Ursache sowie Umstände des Todes klären.« Akribisch bringt Victoria mit ihrer Arbeit Licht ins Dunkel, stößt auf Befunde, die zu bewerten sind, so ungewöhnlich oder selten sie auch sind. Dafür muss sie sich lebenslang weiterbilden und sich ein breites medizinisches Wissen aneignen. Vor allem das immense Spektrum ihrer Tätigkeit fasziniert sie. Sie weiß nie, was als Nächstes kommt, die Analyse eines Leichenfundorts mit Blutspurmustern, eine Obduktion oder Untersuchungen von Tätern oder noch lebenden Opfern von Angesicht zu Angesicht – bis hin zum sehr seltenen Kontakt mit trauernden Angehörigen. Dann erinnert sie sich daran, wie sich Trauer anfühlt. Die Gratwanderung hat sie im Blut: »Empathie ja, Mitleiden nein. Den Angehörigen ist am besten geholfen, wenn wir ihnen die Befunde so verständlich wie möglich vermitteln.«

Nur vereinzelt nimmt sie etwas mit nach Hause, wo sie sich einen weichen akustischen Teppich aus Musik oder vertrauten Hörbüchern ausbreitet. Die meisten *Sherlock-Holmes*-Geschichten kann sie auswendig. Tage, an denen sie nicht an Rick denkt, gibt es nicht. Nach wie vor fühlt sie die Traurigkeit und die Ohnmacht von damals, und noch immer ist da Wut auf den Täter, der so viel Leid über so viele Menschen brachte. »Der Schmerz ist der gleiche, nur weiß ich besser damit umzugehen und ihn zu verschließen.« Die Zeiten, in denen sie verfluchte, morgens aufgewacht zu sein, sind vorbei. Ganz allein kämpfte sie sich hindurch, ohne festen Rückhalt in der eigenen Familie. Victoria hat gelernt, trotz allem weiterzuleben. »Die Zäsur in meinem Leben war so einschneidend, dass ich dachte, ich würde daran zugrunde gehen. Doch so einfach stirbt es sich nicht. Ich habe einfach immer weitergemacht und irgendwann gemerkt, dass ich noch lebe.«

Diese bemerkenswerte Frau, sie gibt mir noch mehr Nachdenkliches mit. Dass es vielleicht ganz normal, ja menschlich ist, wenn man nicht jeden Tag seiner Endlichkeit bewusst das Leben voll auskostet, auch, wenn man auf so tragische Weise einen lieben Menschen verloren hat, und auch, wenn man Rechtsmedizinerin ist. Dass man am einen Tag einen verunglückten Motorradfahrer obduzieren und am anderen eine Motorradtour unternehmen kann. Dass man eines Tages an den Punkt kommt, die Energie, die mit dem Schmerz verbunden ist, in konstruktives Handeln zu leiten – in eine neue Lebenskraft, einen Nutzen, einen Wert. Das Leben, es ist voller Widersprüche. »Ich schaffe irgendwie alles«, sagt sie. »Ich sehe, wie stark ich geworden bin. Ich habe nicht nur überlebt, sondern vieles erreicht. Aber das heißt nicht, dass ich zufrieden bin.« Und auch wenn ich ihr das ausreden, sie schütteln und ihr klarmachen möchte, dass sie unendlich stolz sein kann auf das, was sie geschafft hat, verbiete ich es mir. Es ist ihre Bewertung, ihre Sicht auf ihr Leben. Meine Einschätzung ist nicht von Relevanz. Ich bleibe stumm und staune, wie Kater 1 aus dem Nebenzimmer stürzt und im Garderobenspiegel abermals zum Angriff auf sich selbst übergeht. Ich notiere: *Du bist genug. Du bist wunderbar. Du bist geliebt.*

Sabine · Im Prinzip meine Zukunft

Es hat etwas gedauert, bis meine Schwester sich dazu entschloss, ihre Geschichte zu erzählen. Als ich sie fragte, schnappte, noch bevor sie nachdenken konnte, ein altes Muster zu und verschlang die Möglichkeit, über Erfahrungen und Gefühle zu sprechen. Und überhaupt: Waren ihre Erlebnisse es wert, geteilt zu werden? Gab es nicht viel schlimmere Schicksale, viel größere Herausforderungen, die gehört werden sollten? Noch vor ein paar Jahren hätte Sabine sofort nein gesagt, ihre Verletzungen und Erschütterungen verschwiegen, stumm ausgeharrt und, ja, auch still angeklagt. Heute kann sie das Muster erkennen und aushebeln, vielleicht nicht immer, aber immer öfter. »Wir müssen lieber einmal zu viel als zu wenig reden«, sagt sie. Auch über Fehlgeburten. Sie hatte zwei.

Die Woche, in der wir uns treffen, ist keine einfache. Vor vier Jahren und drei Tagen ist unser Bruder Flo gestorben. Zeit ist vergangen. Die Erde hat sich tatsächlich weitergedreht, die Sonne ist wieder aufgegangen, eintausendvierhundertvierundsechzig Mal, und ich bin weitergegangen, trotz des Mühlsteins, den ich seither mit mir herumtrage. Ich habe Falten bekommen, aber auch Muskeln. Neue Sorgen, neue Ideen, neue Träume. Dem Todestag war ich selbstbewusst entgegengetreten. Als ich am Vorabend ins Bett ging, war ich mir sicher, ihn zwar nicht leichtfüßig, aber ohne größeren Schiffbruch überstehen zu können. Beim Aufwachen war davon nicht mehr viel übrig. Mit einem Schlag erwischte mich die Keule der Schmerzerinnerung. Ich schnappte nach Luft, riss das Fenster auf und rettete mich auf die Yogamatte. Stoischer als sonst folgte ich der Internet-Yogalehrerin, hob die Arme zum Sonnengruß, verwandelte mich in einen Hund, eine Kobra und einen Baum. Ich schwankte, aber kippte nicht um. Ich presste den Sturm aus mir heraus, schickte die Ruhe meines Atems in jeden Winkel meines Körpers. Jetzt war ich wieder stark, stark genug für die ersten Schritte in diesen Tag.

Auf der Fahrt nach Schwelm denke ich darüber nach, wie Flo Bine und mich miteinander verbindet, auch wenn jede von uns ihren eigenen Weg hat, mit ihm, und jetzt ohne ihn. Als Älteste von uns fünf Geschwistern, sieben Jahre älter als ich, zehn Jahre älter als Flo, habe ich meine Schwester kaum als Spielkameradin, sondern als die Vernünftige in Erinnerung. Als ich in die Grundschule kam, war sie bereits konfirmiert, als ich aufs Gymnasium kam, machte sie ihr Abitur, und als ich studierte, hatte sie schon einen Doktortitel und einen Ehemann. Sie war die Erste von uns, die die Tür des Elternhauses aufstieß und die Welt entdeckte. Sie ging als Au-pair nach England, als Assistenzlehrerin nach Schottland und als Referendarin nach Düren. Ich wollte nicht, dass sie auszog, läutete es doch unwiederbringlich unser aller Flüggewerden ein. Ein Leben außerhalb meiner Geschwisterschar sprengte meine Vorstellungskraft. Aber natürlich war es aufregend, Bine in ihrer ersten eigenen Wohnung zu besuchen, und als wir alle erwachsen waren, hatte sich ein neues Geschwistermiteinander entwickelt, bei dem die Hackordnung aus Kindertagen nicht mehr galt. Wir waren jetzt nicht nur von demselben Fleisch und Blut, sondern auch ebenbürtig. Doch Bine trug eine Last mit sich, die wir anderen vier nicht kannten: das Gefühl, als ältestes Kind der Familie als Erstes für Enkel zu sorgen.

Achtundzwanzig war Bine, als sie ihren Mann kennenlernte, dreißig, als sie heiratete und die Fragerei auf Knopfdruck losging, erzählt sie mir im Wohnzimmer, in dem ich schon so viel Zeit verbracht habe, beim Renovieren, Kinderhüten oder Kaffeetrinken, und wo ich Flo das letzte Mal lebend sah, an Bines Geburtstag vor vier Jahren. »Meine Eltern haben ihrem Wunsch nach Enkelkindern deutlich Ausdruck verliehen und oft nachgefragt, wann es denn bei uns so weit sei.« Anfangs gelang es ihr, die Erwartungshaltung von sich fernzuhalten, genoss das Verliebtsein und die Zweisamkeit: »Da ging ich noch davon aus, dass ich ein Kind bekommen würde, sobald für mich der richtige Zeitpunkt gekommen war.« Ein Jahr und ein paar Monate zogen ins Land, der richtige Zeitpunkt kam, Bine wurde schwanger. Ihr süßes Geheimnis behielten sie und ihr Mann noch für sich, sie wollten sicher sein, dass alles in Ordnung war, bevor sie die Vorfreude teilten. Doch dazu sollte es nicht kommen. Die Wochen auf Wolke sieben endeten jäh, als der Frauenarzt beim Embryo keine Herztöne feststellen konnte. Bine wankte, taumelte, griff nach der Hoffnung, die der Arzt ihr glaubhaft darbot: Das Herz ihres Kindes könne noch beginnen zu schlagen. Wer würde sich nicht daran klammern, denke ich, wenn Aufgeben keine Option ist. Wieder und wieder ließ sie sich zum Ultraschall einbestellen, das letzte Mal nach einem Kurztrip nach Berlin, da war sie mittlerweile in der fünfzehnten Schwangerschaftswoche und erbrach an manchen Tagen mehr, als sie zu sich nehmen konnte. Als sie betend und bibbernd auf der Untersuchungsliege lag, sagte der Arzt: »Da ist nichts. Das Herz hat nicht angefangen zu schlagen. Das muss jetzt raus.«

Aus, vorbei. Alles Hoffen umsonst. Kein Kind, kein Enkelkind. Der Plan geriet durcheinander, die Gefühle sowieso. Wochenlang hatte der Arzt Sabine hingehalten und sie mit einem toten Fötus im Leib hoffen lassen, während die Hormone ihr noch das größte Glück auf Erden vorgaukelten. Versagt aber hatte, so glaubte sie, sie. »Mein Körper hat versagt. Ich habe versagt. Mein Leben lang habe ich auf mich geachtet, Sport gemacht, mich gesund ernährt, und jetzt klappte die natürlichste Sache der Welt nicht.« Selbst im Moment des größten Schmerzes schob sich ihr Leistungsanspruch in die erste Reihe. »Ich hatte Angst, dass mir die Zeit davonläuft, ich wurde ja nicht jünger. Ich hatte das Gefühl, dass der Fötus jetzt so schnell wie möglich entfernt werden muss, damit ich wieder schwanger werden kann.«

Ich komme kaum hinterher zu begreifen, wie vielschichtig die Not war, die meine Schwester durchlebte. Alles prasselte auf sie ein, die Worte des unsensiblen Arztes, das gefühlte eigene Unvermögen schwarz auf weiß vor Augen auf dem Monitor, die Nachfragen der Enkelkinder erwartenden Eltern im Gleichtakt mit dem Ticken der biologischen Uhr ... Mein Gott, denke ich, da verliert diese Frau ihr Kind, und anstatt dass man sie in warme Decken hüllt, sie festhält und streichelt, tröstende Worte murmelt und sie sachte in den Schlaf wiegt, lässt man Raum für Scham und Selbstkasteiung, für einen Satz wie: »Ich habe versagt.« Woher kommt es, dass es sich wie ein Misserfolg anfühlt, wenn ein Kind im Mutterleib stirbt – oder eine Frau gar keine Kinder bekommt? Woher kommt es, dass es sich wie ein Erfolg anfühlt, der Welt ein Kind zu präsentieren? Wie kann es sein, dass wir etwas Bewunderung und Anerkennung zollen, das nicht in unserer Macht steht, dass wir das größte Wunder des Lebens nicht als genau das ansehen, als ein Wunder, das sich einfach gegen alle Widrigkeiten und Unwahrscheinlichkeiten durchgesetzt hat? Konditionierungen könnten die Antwort sein. Wofür wir gelobt werden, danach streben wir.

Wofür wir geliebt werden, dafür leben wir. So kommt es, dass wir uns selbst geringschätzen, wenn wir hinter der Erwartung zurückbleiben.

Bine blieb auf der Strecke. Eine Erkenntnis formte sich: dass man zwar versuchen kann, alles richtig zu machen, das Ergebnis aber trotzdem falsch sein kann. Dass man, so sehr man sich auch anstrengt, nicht alles im Leben in der Hand hat. Die Ausschabung wurde für in drei Tagen angesetzt, und die Sabine von damals, die so gern funktionieren wollte, quälte sich am Tag davor noch zum Geburtstagsfest unserer Mutter, lief ins offene Messer der Enkelkinderfrage und offenbarte weinend am Küchentisch: »Ich bin schwanger, aber das Kind ist tot!«

Es schmerzt mich sehr, meiner Schwester in ihre Erinnerungen zu folgen. Und es schmerzt mich, dass ich selbst recht wenige Erinnerungen an diese Zeit habe. Nach achtzehn Jahren kann ich meinem Gedächtnis nicht mehr trauen. Habe ich wirklich so wenig mitbekommen, wie ich es vermute? Habe ich so wenig mitbekommen, weil mir anderes wichtiger war oder weil es nicht viel gab, was ich hätte mitbekommen können? »Ich habe nicht darüber gesprochen. Mit niemandem«, sagt Bine, und sie sagt es heute laut und vehement, und als ob sie es selbst nicht mehr glauben kann. Aber ich, ihre Schwester, wusste es! Verdammt noch mal, ich wusste, dass sie am nächsten Tag in die Klinik musste und dass das, was ihr Kind hätte werden sollen, aus ihr herausgeholt wurde. Es muss mir einfach klar gewesen sein, welchen Weg sie da vor sich hatte. Es ist mir unerklärlich, warum ich abends nicht an ihrem Krankenhausbett saß, ihre Hand hielt und mit ihr weinte. Ich vermute, dass ich mich in die junge Ehe nicht einmischen wollte. Ich wollte nicht stören. Genau das aber ist das Problem. Ja, Bine, du hast wahrscheinlich wie immer nichts gesagt und nicht um Hilfe gebeten. Aber du warst in Not! Du hattest jedes Recht dazu. Ich hätte auch ohne ein Wort von dir an deiner Seite sein sollen, auch auf die Gefahr hin, dass du mich weggeschickt hättest. Wofür, wenn nicht für genau solche Zeiten im Leben, hat man eine Schwester? Ich versteckte mich hinter dem Schild »Bitte nicht stören«. Dafür schäme ich mich. Aber bitte nicht du, Bine. Bitte nicht du.

Am Morgen nach der Ausschabung fuhr sie mit dem Bus nach Hause, backte einen Kuchen, schlug die Zeit tot, Freitag, Samstag, Sonntag. Am Montag ging sie wieder zur Arbeit, mit einem Körper, der weiterhin schwanger spielte und sich auskotzte, wann immer es ihm beliebte, auf dem Schulweg, auf der Lehrertoilette. Untenrum hatte sich etwas verändert – etwa zehn Tage hielten die Nachblutungen an, immerhin ein reinigendes Gefühl. Es sollte bloß niemand etwas mitbekommen. »Wenn du gerade dein Kind verloren hast, willst du nicht darauf angesprochen werden.« Erst recht nicht, weil es ein Tabuthema war. Über Fehlgeburten sprach man nicht. Ihr Baby war zum Klinikmüll gekommen. Die Sternenkinder-Regelung, die eine Meldung beim Standesamt und eine Bestattung ermöglicht hätte, trat erst fünfzehn Jahre später, 2018, in Kraft und brachte regen öffentlichen Austausch über Fehlgeburten mit sich. »Mein Frauenarzt und der Arzt in der Klinik behandelten die Fehlgeburt als eine rein biologische Angelegenheit. Für sie war es nichts, was auch die Psyche betraf.« Hilfsangebote gab es nicht. Bine schwieg und machte alles mit sich allein aus: »Ich versuchte zu verarbeiten, dass mir der Fötus herausgenommen, weggenommen, ja, dass mir etwas geraubt wurde. Und dass das alles so technisch war. Vielleicht ist es anders, wenn du dein Kind durch einen natürlichen Abgang verlierst.« Ihr Körper litt unter der Gleichzeitigkeit von Schwangerschafts- und Ausschabungssymptomen, ihre Seele unter der Einsamkeit. »Mein Mann hatte diese Erfahrung ja nicht. Das wochenlange Hoffen hatten wir gemeinsam. Das Erlebnis der Fehlgeburt war meins.« Trotzdem war er ihr Halt. Der Gedanke, ihn zu haben, tröstete sie. Ein Leben ohne Kinder, voller Reisen und Zweisamkeit, war eine Option, die sie hinter ihrem Kinderwunsch in Position brachte. Aber zuerst wollte sie wieder zu ihrem Plan zurückkehren.

Der Weg dorthin war schmerzhaft und oft wie ein Teufelskreis. Da sie nicht über die Fehlgeburt redete, wurde sie – Ehefrau, kinderliebende Lehrerin – oft gefragt, ob sie, wir Frauen kenne diese Formulierung, denn keine Kinder wolle. Sie reagierte schauspielernd, lenkte die Gespräche vom Schmerz und von der Gefahr weg, womöglich mit Samthandschuhen angefasst und isoliert zu werden, ohne die Chance auf weitere Verabredungen, Einladungen, Ablenkungen. Dann lieber die ganze Sache verdrängen und zu Hause still leiden. Heute wünscht Sabine sich, sie hätte sich geöffnet, um Hilfe erfahren zu können. »Mittlerweile weiß ich, dass es überhaupt nicht schlimm ist, Hilferufe abzusetzen. Ich habe die Erfahrung gemacht, dass die Menschen sich öffnen, sobald ich mich selbst öffne.« Doch noch hatte die Scham sie fest im Griff.

Bine stürzte sich auf das sichere Terrain ihrer Arbeit, auf dem sie fehlerfrei funktionierte, fraß die Wut auf alle, die mit Kindern gesegnet waren, in sich hinein, trauerte still. Um das Kind und um sich selbst, darum, möglicherweise keine Mutter zu werden. Ihr Lebenskonzept, ihr Lebenssinn, stand auf dem Prüfstand. Was sie verloren hatte? »Im Prinzip meine Zukunft.« Sie suchte sich eine neue Frauenärztin, das komplette Gegenteil vom Gynäkologen zuvor, herzerwärmend empathisch und Psychotherapeutin noch dazu. Die Ärztin sprach zu ihr, dass man im Leben auch viel weitergeben könne, wenn einem das biologische Weitergeben nicht vergönnt sei. »Das tröstete mich sehr. Ich könne Bücher schreiben, mich um Nichten und Neffen kümmern und mich auf meine Schüler konzentrieren.« Auch wenn das alles natürlich nicht dasselbe wie ein eigenes Kind ist. Aber der Gedanke der Ärztin war stark. Bine schöpfte Mut und wollte gern wieder schwanger werden. Was im schlimmsten Fall auf sie zukommen würde, wusste sie ja bereits. Indessen kroch, als sie so weit war, der Druck wieder ins Ehebett.

Sie wurde schwanger und verlor auch dieses Kind. Es passierte früher, schon in der siebten Woche. Wieder waren keine Herztöne feststellbar. »Da ging die ganze Scheiße von vorne los.« Wenigstens wurde sie dieses Mal nicht hingehalten. Die Ärztin agierte beherzt und schnell, schickte sie sogleich zur Ausschabung ins Krankenhaus. Die Nacht war so grausam wie die vor einem Jahr. Die alte Frau im Bett neben ihr lag im Sterben, wand sich und redete wirres Zeug. »So sah ich mich in vierzig, fünfzig Jahren dort liegen, eine einsame, kinderlose Frau.« Die Worte des Professors, der sie operiert hatte, dröhnten in ihren Ohren: »Sie sollten sich langsam an den Gedanken gewöhnen, dass es bei Ihnen nicht klappen könnte.« Nein, er sagte »anfreunden«. Sie solle sich langsam mit dem Gedanken anfreunden, dass es bei ihr nicht klappen könnte. *Ticktack, ticktack,* machte die biologische Uhr dazu, *ticktack,* mit dreiunddreißig Jahren gehörte Sabine bereits zur Risikogruppe. *Ticktack.* Der dunkle Schlund, den der Professor heraufbeschworen hatte, lauerte unter ihrem Bett.

Wieder war sie allein, alle steckten in den Vorbereitungen zur Hochzeit unseres Bruders, Hilfestellungen von Seiten des Krankenhauses gab es nicht. Ihr Traum, Mutter zu werden, drohte zu zerplatzen, dieses Mal vielleicht endgültig. Die Erde bebte. »Ich war wie vor den Kopf geschlagen, taub.« Nur dass sie nach der zweiten Ausschabung schneller aus dem Hormonschlamassel herauskam, war ein kleiner Trost. Ansonsten: alles wie gehabt, Routine fast. Zurück zur Arbeit gehen, sich nicht krankschreiben lassen, sich nichts anmerken lassen, nicht darüber reden, nicht im falschen Moment übergeben. »Ich wollte auf keinen Fall, dass in der Schule gemunkelt wird. Die Schule sollte für mich minenfreies Gebiet bleiben.« So schützte sie sich. Noch mehr Druck, und sei es in Form von mitleidigen Blicken oder gutgemeinten Ratschlägen, hätte sie nicht ertragen können. Sie war jetzt die arme Frau mit zwei Fehlgeburten. Es war schon schwer genug für sie, dieses Stigma, wie sie es nennt, im Verborgenen zu tragen. »Ich hatte wieder versagt. Mein Selbstvertrauen lag in tausend Teile zersprungen am Boden.« Die Scham, sie umklammerte Sabine auch nach der zweiten Fehlgeburt, fester sogar als beim ersten Mal, und diese hinterlistige Konditionierung bohrt ihr bisweilen noch heute Stachel ins Herz. Dass die natürlichste Sache der Welt auch die privateste Sache der Welt ist, hat sich offensichtlich noch nicht herumgesprochen.

»Ich hatte nicht den Mut, zu sagen, wie schrecklich es mir ging, und vielleicht habe ich auch den richtigen Moment verpasst«, blickt Sabine auf jenen Sommer und insgesamt zwei traurige Jahre zurück. »Ich habe keinen Umgang mit meiner Trauer gefunden, außer mich abzulenken. Meine Gefühlswelt habe ich mit niemandem geteilt.« Wie weh diese Einsamkeit tut, zusätzlich zu dem eigentlichen Schmerz, kann ich nachempfinden. Wenn ich nach Flos Tod das Gefühl hatte, die Last der Welt allein tragen zu müssen, war ich kurz vor der Kapitulation. Gelähmt, ohnmächtig und auch selbstgerecht und ungerecht, obwohl ich auf das Mitgefühl meines Umfelds bauen konnte. Die Trauer um die Fehlgeburten jedoch war eine tabuisierte. »Weil das Thema in der Öffentlichkeit nicht stattfand, hätte es mich so viel mehr Kraft gekostet, offen darüber zu sprechen. Bei Flos Tod habe ich den Unterschied festgestellt. Bei dem tragischen Unfall eines Fünfunddreißigjährigen meint jeder, mitreden zu können«, zieht Bine den Vergleich. Wieder kapselte sie sich in ihrem Schmerz ein und spielte nach außen hin die Ungebrochene. Sie ahnte nicht, dass Unausgesprochenes wuchern kann wie ein Tumor, heimlich, still, leise. Die Strategie, den Schmerz auszublenden, ging auf, irgendwie. Erst als sie und ihr Mann sich Jahre später trennten, lernte Sabine, wie wichtig es ist, Bedürfnissen und Gefühlen Raum zu geben. Um sich selbst Luft zu verschaffen und um den Menschen ringsum die Möglichkeit zu geben, darauf zu reagieren.

Sie ist großartig, meine Schwester, wie sie genau das jetzt in diesem Moment macht, und noch viel mehr, sie schwingt sich zu einem Plädoyer für Offenheit auf: »Man kann nichts verlieren, nichts! Es ist total bescheuert, ein Bild von sich selbst aufrechtzuerhalten, dass man keine Hilfe bräuchte. Es ist falsch zu schweigen. Es hat nur Nachteile! Sobald ich hinter meiner Fassade hervorgekommen bin, haben die Menschen ihre Herzen geöffnet. Ich weiß nicht, warum ich immer perfekt funktionieren wollte. Gefühle zu zeigen, verurteilte ich als Schwäche. Aber das ist es eben nicht! Es ist sehr stark zu sagen, dass du Hilfe brauchst. Es ist sehr stark, deine Bedürfnisse zu äußern. Es ist sehr stark zu sagen, dass du nicht weiterweißt. Lass die Welt wissen, was dir passiert ist! Lass es sie spüren!« Geteilter Schmerz ist halber Schmerz. Danke, Bine.

Ein Jahr später brachte meine Schwester Leander zur Welt, zwei Jahre darauf kämpfte sich Rasmus ins Leben. Sabine lernte andere Formen von Schmerz und Einsamkeit kennen, aber auch gewaltige Dimensionen von Freude und Liebe. Vielleicht waren die Fehlgeburten Geschenke an sie gewesen. Vielleicht hatte sie dadurch gelernt, liebevoller auf sich selbst zu schauen, darauf, was sie braucht, gute Gespräche, enge Freundschaften, echte Gefühle. Vielleicht hatten sie ihr dabei geholfen anzunehmen, was im Leben geschieht, und das Perfektsein loszulassen, auch wenn all diese Gedanken sich ihr erst viel später zeigten. Als Flo starb, stand sie zu ihrer Trauer. Zuerst war da noch ein Zögern, sie fragte sich wieder einmal, ob sie die Menschen mit ihren Gefühlen belasten könne. Doch dann brach die neue Sabine sich Bahn: »Wenn diese Menschen Teil meines Lebens sein wollten, dann mussten sie damit klarkommen. Wenn ich das Gefühl hatte, sie mit dem Tod meines Bruders konfrontieren zu müssen, dann war das richtig.«

Manchmal fragen Leander und Rasmus nach den beiden Kindern, die ihre Geschwister hätten sein können. Dann schafft Sabine es, sich auf die Dankbarkeit zu konzentrieren. Sie weiß, dass ihre Sternenkinder viel tiefere Narben zurückgelassen hätten, wenn Leander und Rasmus nicht noch zu ihr gefunden hätten.

Stephan · Die Lösung ist immer die Liebe

Vier Fotos habe ich von Christian. Das älteste zeigt unsere dritte Grundschulklasse, sechsundzwanzig Kinder, am Wandertag 1986, hübsch in drei Reihen aufgestellt auf einer Lichtung irgendwo in den Kreuztaler Wäldern. Bei manchen von uns scheinen die Wangen noch zu glühen, von was auch immer wir gespielt haben, Bäumchen wechsle dich oder Verstecken. Wir tragen bunte Sommersachen und Turnschuhe mit Klettverschluss. Mutti hat mich für das Abenteuer praktisch gekleidet aus dem Haus gehen lassen: rosa Shorts, gelbes T-Shirt, dazu Zöpfe. Stefanie mit f hat sich mit einer Rüschenbluse schick gemacht, für welchen Schwarm, weiß ich nicht mehr, Stephanie mit ph trägt einen weinroten Stufenrock, der so angesagt war wie der Haarreif mit Tüllschleife auf Carmens Kopf. Ich hocke zwischen Nicole und Lutz in der ersten Reihe, Christian steht hinter mir und lacht in die Kamera. Egal, in welches Gesicht ich schaue, die Welt scheint in Ordnung; für Frechdachs Ulli ganz außen, für die Stendenbacher Jungs, die untrennbar nebeneinanderstehen, und für Christoph mit den lässig verschränkten Armen, der einen Stiefvater hatte, was wir wussten, aber nicht verstanden.

Auf dem zweiten Bild präsentiert unsere Klasse ein Bastelprojekt. Zuerst hat jeder aus Pappe sein Wohnhaus gebaut, dann haben wir die Häuser auf einer riesigen Tapete aufgestellt und Wiesen, Straßen und Bäche ringsum gemalt. Leider blicken wir alle recht unelegant drein, die Augen zugekniffen, die Gesichter verzogen, dem Fotografen und der Sonne entgegen. Wieder steht Christian hinter mir, er wendet den Blick ab. Ein Jahr später entstand das dritte Bild, das Abschlussfoto der vierten Klasse, bevor wir uns auf die weiterführenden Schulen zerstreuten, Christian auf die Hauptschule, ich aufs Gymnasium. Beim Konfirmandenunterricht kreuzten sich unsere Wege wieder. Das Gruppenfoto der Konfirmation am 24. März 1991 ist das letzte Foto, das ich von ihm habe. Es war die Zeit von auberginefarbenen Jacketts und Blusenkragen bis zu den Schultern. Die Mädchen lächeln in die Kamera, die Jungs tun ungerührt. Was für ein Tag! Ich hatte das Gefühl, der Erwachsenenwelt nicht nur in der Kirche einen Schritt nähergekommen zu sein. So vieles wartete auf mich, der Englandaustausch, die erste Liebe und nach der Konfirmation durfte ich Kindergottestdiensthelferin werden. Ich lese noch einmal das Datum und rechne. Christian würde nur noch viereinhalb Jahre zu leben haben. Als er starb, war er so alt wie Rick in Victorias Geschichte, an der Startrampe ins Leben, da hatte ich noch nicht mal mein Abitur. Als er starb, starb er von eigener Hand. Wie sein Bruder Thorsten, fünf Jahre nach ihm.

Stephan ist das älteste Kind der Familie, die eine Straße über unserer wohnte. Die drei Jungs sah ich manchmal mit anderen aus dem Viertel auf dem Bolzplatz, am besten aus sicherer Entfernung, denn Mädchen, Gummitwist und Puppenwagen waren beliebte Zielscheiben für den Spott der Burschen. An seine Schwester Katrin, die auf die Welt kam, als Stephan dreizehn und ich sieben war, habe ich keine Kindheitserinnerung. Ich besuche ihn in Herborn, wo er sich mit seiner zweiten Frau ein neues Zuhause geschaffen hat. Wie von Zauberhand ist hier alles am rechten Platz, Bilder, Kerzen, die Hundedecke von Mila. Das meiste ist weiß. Hell und licht und leicht, ein Zuhause wie der Wandertag in der dritten Klasse. Im Elternhaus war alles enger. Als Stephan 1971 geboren wurde, waren die Eltern noch jung, erst achtzehn und neunzehn, Thorsten folgte 1974, Christian 1976. Das Haus des verstorbenen Großvaters väterlicherseits teilten sie sich mit der Oma mütterlicherseits. Stephan hatte ein eigenes Zimmer, die Brüder teilten sich eins. Geld gab es immer zu wenig, Überforderung oft und Alkohol abends im Schützenheim manchmal zu viel. Dann krachte es zwischen den Eltern. Stephans Kindheit war steinig, aber schön. »Nachbarn von damals erzählen mir heute noch, wie ich mit Christian und Thorsten durchs Dorf gelaufen bin, den einen an der linken, den anderen an der rechten Hand. Ich war wohl ein stolzer großer Bruder«, sagt er auf der Wohnzimmercouch. Heute ist er ein einsamer Bruder, ohne gemeinsame Gegenwart, ohne gemeinsame Zukunft. Die Erinnerungen sind alles, was er hat, und die Hoffnung, eines Tages wenigstens seine Schwester wieder an seiner Seite zu wissen. Noch ist die Zeit nicht gekommen, dass das Geschwisterpuzzle sich wieder zusammensetzt. Noch weiß niemand, wie das gehen soll, fehlt doch die Hälfte der Teile unwiederbringlich. Ich hoffe mit Stephan, dass der Moment kommen wird, an dem die Teile sich wieder zu dem fügen, was sie sind: etwas, das zusammengehört.

Vor allem mit Christian fühlte Stephan sich eng verbunden: »Wir standen uns am nächsten. Wir waren Sportschützen und haben mehrmals in der Woche im Verein trainiert. Mit ungefähr fünfzehn fing ich an, Christian kam später hinzu.« Stephan hatte Talent, trat bei Deutschen Meisterschaften an. Beim Schießstand im Wald traf die Vereinsjugend sich zum Grillen, Dartspielen und Feiern. »Das war mein Anker, wenn es in der Schule nicht so gut lief.« Oder zu

Hause. Christian war zum Sorgenkind der Familie geworden, kam im Unterricht nicht mehr mit, schwänzte, klaute. Vielleicht begannen die Probleme, als Nachzüglerin Kathrin in die Familie kam und Christian seinen Status als Nesthäkchen verlor. Er nuschelte extrem, man konnte ihn nur schwer verstehen. »Christian hatte den Drang, aus der Reihe zu tanzen« – eine Herausforderung für Strukturmensch Stephan. Der nahm ihn, so gut er konnte, unter seine Fittiche, lebte ihm vor, dass man für seine Ziele etwas tun muss, wechselte von der Hauptschule auf das Aufbaugymnasium.

Unterdessen tanzte noch ein Kind aus der Reihe der 1990er-Jahre in der Siegerländer Provinz: Als er achtzehn wurde, gestand Thorsten seinen Eltern seine Homosexualität. Der unermessliche Mut des jungen Mannes prallte auf ein Korsett aus Vorstellungen darüber, wie ein Menschenleben auszusehen hatte. Schwul jedenfalls nicht. Es gab riesigen Streit. Thorsten zog aus, fasste sich aber immer wieder ein Herz und besuchte seine Familie. Die Mutter gewöhnte sich besser an seinen Lebenswandel als der Vater. Auch Stephan hatte Probleme mit dem Outing des Bruders. Die Welt, die dieser betreten hatte, blieb ihm fremd. Thorsten verlor sein Herz an deutlich ältere Männer, ließ sich Geschenke machen, vielleicht sogar für gewisse Freundschaftsdienste aushalten. Doch er begann eine Ausbildung zum Krankenpfleger, das war gut. Stephan begann eine Ausbildung zum Betonbauer und eine Beziehung mit einer verheirateten Frau. Christian trat seinen Grundwehrdienst an und Kathrin kam in die weiterführende Schule. Das Leben war kein Zuckerschlecken, aber es funktionierte. Nichts deutete darauf hin, dass der 6. November 1995 alles verändern würde. Dass Christian sich an diesem Morgen in seinem Zimmer in seinem Bett mit Stephans Sportgewehr erschießen würde.

»An seinem vorletzten Wochenendbesuch hat Christian unserer Mutter und mir von Problemen mit Leuten aus seiner Truppe erzählt. Es ging um Drogen, Christian hat wohl auch welche genommen. Wir waren schockiert. Aber am meisten hat uns seine panische Angst irritiert«, erinnert sich Stephan. Christian ängstigte sich dermaßen, dass er nicht mehr zurück zur Bundeswehr wollte, und er wollte um jeden Preis vermeiden, dass sein Vater von seinen Schwierigkeiten erfuhr, der jüngste Sohn, das ewige Sorgenkind. Stephans Angebot, ihn zu seiner Truppe zu begleiten und bei der Klärung zu helfen, schlug er aus. Er biss die Zähne zusammen und fuhr wieder zum Dienst. Als er am nächsten Wochenende erneut auf Heimatbesuch kam, erwähnte er die Sorgen, die ihn eine Woche zuvor so verängstigt hatten, mit keinem Wort. Am Sonntagabend brachte Stephan ihn wie immer zum Zug, am Montagmorgen startete die Familie in eine neue Woche. Als die Mutter von der Arbeit heimkam, hörte sie ein Röcheln hinter Christians Zimmertür. Christian war nie in den Zug gestiegen. Er war zurück nach Hause gekommen und hatte sich für eine andere Reise entschieden.

Ich schließe die Augen. Ich denke an alle Mütter und Väter, die ihr Liebstes auf diese Weise verlieren. Ich denke an alle, die ihr Kind selbst auffinden, im Kinderzimmer, im Treppenhaus. Ich taste mich an den Schmerz heran und nehme den, den ich kenne, zum Vergleich. Ich stelle mir Kategorien vor, merke aber, dass es mir nicht gelingt. Ich kann einfach nicht ermessen, dass etwas noch mehr wehtun kann als der Moment, da ich erfuhr, dass Flo verunglückt war, und doch muss es so sein, wenn dein Kind stirbt. Wenn dein Kind von eigener Hand stirbt. Wenn du dich aufbäumst und die Tür aufbrichst, den Notarzt anschreist und die Sanitäter anflehst. Wenn du dir sagen lassen musst, es sei alles zu spät, du müssest loslassen, deinem Kind sei nicht mehr zu helfen. Christian kam ins Krankenhaus, klinisch tot. Einen Tag später wurden die Maschinen abgeschaltet.

Stephan kann den 6. November 1995 noch heute minutiös abrufen. Den Fehler, der ihm morgens auf der Arbeit beim Einschalen einer Stützmauer unterlief, den Wutanfall seines Poliers, die Autos von Verwandten vor dem Elternhaus, als er abends nach Hause kam, das Aufschließen der Haustür, den *point of no return*. Das blanke Entsetzen dahinter zwang ihn in die Knie, ein Arzt gab ihm eine Beruhigungsspritze, half ihm ins Bett. »Es war heftig. Für mich war alles unwirklich. Ich konnte einfach nicht begreifen, dass Christian plötzlich nicht mehr da war«, erzählt Stephan, und seine Stimme ist ein Widerhall der Fassungslosigkeit. »Ich habe alles falsch gemacht«, schluchzte sein Vater, was auch Stephan dachte. Warum hatte er den Vater nicht in Christians Sorgen eingeweiht? Warum hatte er Christian nicht zur Bundeswehr gefahren und mit seiner Truppe gesprochen? Warum war er nicht mehr für seinen Bruder da gewesen, hatte mehr zugehört, ihn mehr unterstützt? Von jetzt an würden Fragen wie diese ihn auf Jahre begleiten. Seine Mutter brachte eines Tages den Mut auf, Christians Zimmer zu durchsuchen. Sie fand einen Brief, undatiert, vielleicht Wochen, vielleicht Monate alt, vielleicht aus den Minuten, bevor ihr Sohn sich das Leben nahm. Stephan hat ihn nicht lesen können.

Viele Menschen verabschiedeten sich von Christian, Kameraden von der Bundeswehr hielten die Totenwache und trugen seinen Sarg zum Grab. An diesem Tag entstanden Bilder, an die Stephan sich erinnern kann, während ihm der Blick ins Kinderzimmer, wo alles geschah, oder auf seinen Bruder an den vergebens angeschlossenen Maschinen im Krankenhaus fehlt. Nach der Beerdigung schwor die Familie sich darauf ein, einander zu helfen. »Doch daraus wurde nichts. Jeder von uns hat die Trauer mit sich selbst ausgemacht. Wir haben als Familie kaum miteinander gesprochen.« An Hilfsangebote von außen kann Stephan sich nicht erinnern. Er stürzte sich in die Arbeit und seine geheime Beziehung, sein Vater stürzte wieder häufiger im Schützenheim ab. Die Ehe der Eltern, die schon vor dem Unglück gebröckelt hatte, litt unter der Frage nach dem

Warum und dem Gefühl der Schuld. Thorsten lebte ohnehin sein eigenes Leben. Kathrin war erst elf und vielleicht am einsamsten von allen, der eine Bruder tot, der andere ein Sonderling und mehr geduldet als geliebt, der älteste mit vierundzwanzig Jahren dabei, sich neue Ziele zu setzen. Stephan schrieb sich an der Uni für Bauingenieurwesen ein, brach das Studium aber bald wieder ab, ging zurück auf den Bau, brach auch diese Arbeit ab, machte eine kaufmännische Ausbildung.

Anfangs warf Christians Tod Stephan um. Dann warf er ihn zurück. »Ich lebte zwar noch, aber ich habe mich nur irgendwie durchgewurschtelt. Ich hatte weder Ehrgeiz noch Disziplin. Phasenweise war mir vieles egal. Ich hatte auch ständig Albträume.« Über Jahre kam Christian nachts in Stephans Schlaf, oft mit verletztem Kopf. »Oder ich träumte, dass ich ihn erschieße. Das zeigte mir die Schuld, die ich trug, weil er sich mit meinem Sportgewehr getötet hat.« Manchmal ließ Stephan seiner Wut auf Christian freien Lauf. »In Gedanken schrie ich ihn an: Warum hast du das gemacht, du Feigling? Warum hast du uns verlassen? Warum hast du uns so wehgetan?« So konnte er den Schmerz von sich wegschleudern, bleischwere Kugeln aus Selbstschutz. Kam Christians Tod bei Treffen mit Freunden zur Sprache, überrollte ihn die Trauer, schossen unvermittelt Tränen in seine Augen, bis er irgendwann gar nichts mehr preisgab, seinen Schmerz gut verpackte und versteckte. Hilflose Umschiffungsmanöver wie »Lass den Kopf nicht hängen« und »Das Leben muss weitergehen« hatte er zur Genüge gehört, die halfen nicht. Mit ihm Gespräche in einer heilenden Tiefe zu führen, vermochte niemand. Dann lieber einfach von den Kumpels in der Kneipe für ein paar Stunden ablenken lassen. Und dann sagt Stephan einen Satz, der mir häufiger begegnet, wenn es um Trauer geht: »Die wichtigen Gespräche hätten wir schon viel früher führen müssen.« In der Familie. Und darüber hinaus.

Stephan fehlte ein Halt, jemand, der ihn aus dem Strudel aus Selbstvorwürfen und Schuldgefühlen herausholte, etwas, das ihm bei der Einordnung des Erlebten half. Er kam nun endlich offiziell mit seiner Freundin zusammen, stürzte sich in die Arbeit, suchte seinen Weg, machte einen Schritt vor, einen zurück, doch er ging. Die anderen Familienmitglieder auch, jeder für sich. Die Eltern bewegten sich weiter auseinander, fanden heimlich Zuflucht bei neuen Partnern. Am dritten Weihnachten nach Christians Tod platzte die Bombe. Noch am selben Tag zog die Mutter aus und zu ihrer neuen Liebe. Die vierzehnjährige Kathrin blieb beim Vater. Stephan brach, verletzt und verwirrt, für eine Weile den Kontakt zur Mutter ab. »Die Trennung war ein Schlag für mich. Auch wenn ich längst erwachsen war, gehörten für mich Mama und Papa zusammen. Wir hatten doch schon Christian verloren.« Mit Christians Tod war die Familie kleiner geworden, nun zerbrach sie in Einzelteile. Stephan lernte damit zu leben, akzeptierte die neuen Lebenspartner beider Elternteile. Zwei Jahre später, am 5. Dezember 2000, bekam die Mutter Post. Als sie den Briefumschlag öffnete, das Blatt Papier auffaltete und überflog, noch einmal las, noch einmal und noch einmal, war im Bruchteil von Augenblicken alles von vor fünf Jahren wieder da, von der größten Katastrophe im Leben einer Mutter. Grenzenlose Panik. Unfassbare Angst. Das Gefühl zu ersticken und buchstäblich aus der Welt geschleudert zu werden. Der Brief war von Thorsten. Er hatte ihr seine eigene Todesanzeige geschickt. Hinter der nächsten Tür, die aufgebrochen wurde, lag der nächste Sohn tot.

Der nächste Bruder tot. Wieder selbstgewählt. Wieder einer weniger. Ich sehe Stephan, die Eltern, die Schwester in einem Keller. Nur nahe den Lichtschächten ist es ein wenig hell. Sie ziehen die Köpfe und Schultern ein, die Decke drückt, sie schreiten den Raum ab, prüfen die Festigkeit des Bodens, der tragenden Mauern, vorsichtig, tastend, schweigend. Und wie aus dem Nichts ist da plötzlich mitten unter ihnen das weit aufgerissene Maul einer Falltür, das eben noch nicht da gewesen war, ein pechschwarzes Loch, ein Keller unter dem Keller. Eiskalt zieht es aus dem Abgrund zu ihnen hinauf, und auch wenn sie es niemals wollten und auch nicht hätten ahnen können, hat ihre Unterwelt nun ein weiteres Geschoss, das sie betreten, inspizieren, bewohnen müssen. Stephan erfuhr es auf der Arbeit, als sein Vater ihn anrief. »Nein, nein, nein, das kann nicht sein«, blockte Stephan ab, was nicht sein konnte, nicht sein durfte. Er fuhr nach Hause, stellte sich der Realität – und machte dicht. »Ich dachte, ich schaffe das nicht noch einmal. Ich wollte von Thorstens Tod nichts wissen, weil ich nicht schon wieder den Boden unter den Füßen verlieren wollte. Da habe ich eine Glocke über mich gestülpt.« Am nächsten Tag ging er wieder zur Arbeit, tat so, als sei nichts geschehen. Zur Beerdigung ging er nicht. Sprach ihn jemand auf den Suizid seines Bruders an, antwortete er nicht, für Wochen, für Monate, sogar für Jahre. Aus der Kurzschlussreaktion wurde eine Strategie. Unter seiner Glocke gelang es ihm zu funktionieren, auch wenn die Luft knapp wurde. Immer wieder quetschten sich Stimmen durch die Ritzen, bedrängten ihn, nagten an ihm, verzerrten die Erinnerungen an gute Zeiten. Machten aus ihm einen, der als großer Bruder versagt hatte, einen, der seiner Rolle als Beschützer und Mentor nicht gerecht geworden war. Machten aus seiner Familie eine, der Unglück und Schrecken anhaftete. Und die sich nun zweimal der Frage stellen musste, die unaufhaltsam die Lücke des Verstorbenen flutete: Warum?

Thorsten hatte sein Leben mit einer Überdosis Tabletten beendet. Er hinterließ einen Dschungel aus Abhängigkeiten und Schulden, für Stephan das Protokoll seiner Lebensphilosophie. Der Lebemann und der Fleißige, sie waren so unterschiedlich. Verdammt, warum war Thorsten Christian gefolgt? Wie hatte er das tun können, wo er doch genau gewusst hatte, was er seiner Familie damit antat? Wut keimte in Stephan auf, doch sie flackerte nicht lange. Die Kraft reichte einfach nicht mehr. Es ging jetzt schlichtweg ums Überleben. Da kam das Verdrängen gerade recht. Ein Jahr lang, zwei Jahre, sechs Jahre, fünfzehn Jahre lang. Sollte in den Kellern doch der Krieg toben. Stephan hatte die Falltür zugemacht.

Ein Wispern, manchmal ein Aufbäumen, Tränen. Wo bist du, wo seid ihr? Warum habt ihr nichts gesagt? Wieso habt ihr euch mir nicht anvertraut? Bis Stephan die Ritzen seiner Glocke wieder gestopft hatte und nichts mehr zu hören war. Es half ja sowieso nichts. Seine Brüder waren tot. Sie hatten ihn vor vollendete Tatsachen gestellt, von jetzt auf gleich. Er musste damit klarkommen, dass sie ihre Entscheidungen ohne ihn getroffen hatten, erst Christian und dann, als ob man nichts aus dessen Geschichte hätte lernen können, Thorsten. Nichts konnte er jetzt noch ändern, niemanden retten, außer vielleicht sich selbst. Dass Stephan lieber fünfzehn Jahre lang unter einer Glocke anstatt in einem Irrgarten aus nicht enden wollenden Fragen zubringen wollte, wundert mich nicht. Hier war er sicher, integrierte das Geschehene rein auf der Verstandesebene in seine Biografie. Wieder bündelte er seine Energie und konzentrierte sich auf die Arbeit, wechselte die Branche, heiratete, baute ein Haus, ertrug, dass seine junge Ehe in die Brüche ging. Ein Schmerz aber erwischte ihn tief in seinem Herzen: dass seine Schwester Kathrin, das einzige Geschwisterkind, das er noch hat, den Kontakt zur ganzen Familie abbrach. »Das ist eine absolute Katastrophe.« Ja, Stephan, das glaube ich. Weil es unendlich schmerzen muss, wenn nicht nur die geliebten Toten, sondern auch die geliebten Lebenden unerreichbar sind. Und weil es aus dir einen Bruder ohne Geschwister macht. Du sagst: »Im Endeffekt habe ich alle drei Geschwister verloren.« Es tut mir so leid. Ich fühle die offene Wunde, die nicht heilen kann.

Dann begann das Jahr 2015. Für Stephan sollte es ein Jahr der Veränderung werden. Gerade hatte er sein Herz neu verschenkt, an seine jetzige Frau, kam die Schreckensnachricht: Ein Tumor war in seinem Gehirn herangewachsen. Eine Zeit lang mussten die Eltern bangen, auch ihren dritten Sohn zu verlieren. Doch die Operation verlief gut, der Tumor war gutartig, für Stephan im doppelten Sinne: Für ihn war das Geschwulst kein Zufall. Endlich schaffte er es, die Prioritäten in seinem Leben zu verschieben. »Ich wollte nicht mehr nur funktionieren und mich auf die Arbeit konzentrieren. Ich begann, mein Blickfeld zu öffnen«, schaut Stephan zurück. Er gab auf, sich als Einzelkämpfer durchzuschlagen, fand einen Freund, mit dem er reden, richtig reden konnte. Es tat ihm gut, gesagt zu bekommen, dass er keine Schuld trage. Dass er sein Leben und die Vergangenheit ruhen lassen dürfe. Der andere sprach aus, was Stephan sich selbst fünfundzwanzig Jahre lang nicht zugestanden hatte. Wer weiß schon, was sich über all die Zeit in dem Gehirntumor angesammelt hatte? Die Macht der Worte trat eine Bewegung los. Stephan machte sich auf, seine Mitte zu finden, begann zu laufen, am liebsten im Wald, vollgepumpt mit frischer Luft und Leben. »Meinen Frieden habe ich noch nicht gefunden, aber ich bin auf einem guten Weg.« Er akzeptiert das Leben als berghohe Herausforderung mit Tausenden von Steinen, die einzeln angepackt und abgetragen werden wollen, verschlingt Bücher, grübelt über die Schöpfung Gottes und die kosmischen Gesetze, bewertet und ordnet danach Geschehnisse, im Kleinen wie im Großen. »Die Lösung ist immer die Liebe«, beschreibt er seinen neuen Fixstern, was mich an Wunder glauben und Tränen schlucken lässt, und ich schaue in den Himmel. Die Schuldfrage, die quälendste von allen, löste sich auf. Die Suizide seiner Brüder, die Verluste, die Ängste, die Schmerzen, bleiben ein Teil von ihm, genau wie die Sehnsucht. Stephan denkt oft an Christian und Thorsten. Er vermisst sie. »Die Lücke wird sich zumindest in diesem Leben nicht mehr schließen. Aber vielleicht treffe ich sie ja irgendwann einmal wieder.«

Ich blicke noch einmal dorthin in Stephans Herz, wo Kathrin ihren Platz hat. Sie fehlt ihm sehr. Sie nicht in seinem Leben zu haben, schmerzt, dauerentzündet, genährt von nanopartikelkleinen Hoffnungsschimmern. Doch er weiß, dass er auch sie loslassen muss. »Ich muss geduldig sein. Wenn es so sein soll, kommt sie zu mir zurück.« Die Lösung ist immer die Liebe.

Andrea · Wer will mir darauf eine Antwort geben?

Genau für die Mitte des Bergsommers, dem der Unfall meines Bruders unmittelbar vorausging, hatte ich eine Reise nach Hause geplant. Ich war auf die Hochzeit einer Freundin eingeladen. Je länger ich auf der Alp war und je größer die Ahnung wurde, dass Flo nie wieder bei mir sein würde, desto mehr entwickelte sich der Reisetermin zu meinem Fixstern. Ich wollte unbedingt zu ihm auf den Friedhof. Unbedingt. Ich wollte sehen, was er sah, den Fichtenwald hinter sich, das Tal, die Felder und den Berg, der das Dorf überragt, vor sich. Ich wollte ihm so nah sein, wie es nur irgendwie ging, endlich auch physisch. Der Gedanke, meinen Bruder in der dunklen Erde allein zurücklassen zu müssen, hatte mir bei der Beerdigung und in den Tagen danach stark zugesetzt. Jetzt wollte ich ihm zeigen, dass ich bei ihm war. Ich öffnete das Friedhofstor und betrat die andere Welt. An der Kapelle vorbei folgte ich dem Kiesweg in Richtung der Gräber. Hier und da grüßte ich in Gedanken Verstorbene, die ich gekannt hatte. Ich wollte stehen bleiben, umkehren, weglaufen, meine Füße aber nicht, sie gingen weiter, immer schneller, bis es mit meiner Contenance vorbei war und ich die letzten Meter zum Grab rannte. Nun las ich es wieder, in schwarzer Schrift auf braunem Holz: Dies war die Grabstätte meines Bruders. Es wird mir wohl für immer ein Rätsel bleiben, wie dieser schöne, geliebte Name auf dieses Kreuz gekommen ist. Ich wusste, dass mein Bruder tot war, seit fast drei Monaten. Und doch konnte es nicht wahr sein. Heute weiß ich, dass Begreifen ein Tunwort ist. Es muss sich etwas tun, bis man begreifen oder zumindest damit beginnen kann, und wenn man am Anfang nur dabei zuschaut, wie die Zeit verstreicht.

Was am Grab geschah, weiß ich nicht mehr. Vermutlich habe ich oft seinen Namen ausgesprochen – ach Flo, ach Flo –, geweint habe ich sowieso und Trost kam als Windhauch oder Wolke. Ich werde mich so gedreht haben, dass ich seine irdische Perspektive einnahm, den Blick auf Wald, Berg und Himmel, und dann wird es so gewesen sein wie bei den anderen Besuchen: dass ich abrupt gehen musste, weil es zu weh tat. Weil das Gefühlskarussell Fahrt aufgenommen und mich von einer Kurve in die andere geschleudert hatte.

Der Weg zu meinen Eltern war kurz, gerade lang genug, um mich etwas zu sammeln. Es war unser erstes Wiedersehen seit meiner Abreise auf die Alp. Noch in der Haustür hielten wir uns lange aneinander fest. Dann setzte mein Vater sich an den Küchentisch, auf dem die aufgeschlagene Zeitung lang. Es hatte am Wochenende schon wieder einen tödlichen Verkehrsunfall im Siegerland gegeben, erzählte er meiner Mutter und mir traurig. Wieder war ein junger Mann ums Leben gekommen, Alexander, dreiunddreißig Jahre alt, aus Krombach, ein Dorf weiter. Auf dem Nachhauseweg von einer Open-Air-Party hatte ihn ein Auto erwischt und überfahren. Ich kannte seine Schwester Andrea, so wie ich früher Katja gekannt habe, schon ewig und doch nicht richtig. Doch was sie zu dem Zeitpunkt durchmachte, das konnte ich mir vorstellen. Um nur wenige Wochen zeitversetzt waren wir auf denselben Schienen unterwegs, die unweigerlich zu Stationen wie Obduktion, Beerdigung und Fassungslosigkeit führten. Zwei Blitze durchzuckten mich. Der eine war der Schmerz, der jetzt in diesen Tagen und Minuten nicht von Andreas Seite weichen würde. Der andere war der Instinkt, nicht zu lange über den Schmerz der anderen nachzudenken. Ich musste das Mitfühlen bremsen, um mich selbst zu schützen. Ich hatte noch zwei Monate auf der Alp vor mir und selbst kaum begonnen zu begreifen, wie Weiterleben funktionierte.

Auf dem Fest, das Alexander in jener Nacht besucht hat, war ich auch mal, vor über zwanzig Jahren, als ich noch studierte. Ob es heute noch so wie damals ist, weiß ich nicht. Ich erinnere mich an Bierrondelle, Bänke und Tische auf einer Wiese, eine Bühne, Live-Musik und Feierlustige aller Altersklassen. Kurz vor Alexanders viertem Todestag tippe ich »Wernerfest 2016« in eine Suchmaschine ein. Sogleich grinsen mich Festbesucher an, untergehakt zum Gruppenschnappschuss mit Bier in der Hand. Ein Foto weiter hat eine wogende Menge die Arme zur Musik hochgerissen. Eine Handvoll junger Damen posiert fürs Erinnerungsfoto. Dazwischen ein Unfallwagen. Die Frontscheibe ist zersplittert, die Motorhaube verformt. Darunter möchte *virtualnights.com* mir weitere Fotos von der Nacht zeigen. Nein, danke. Ich mache mich auf den Weg zu Andrea. Die Autobahn schlängelt sich einem Flusslauf gleich zwischen Wäldern und Hügeln hindurch und bettet den Asphalt in Tannengrün. Manchmal geht es hinab, doch in Richtung Heimat muss mein kleines Auto des Öfteren Schwung holen und Höhenmeter nehmen, die es aus Köln nicht kennt. Ich gehe noch einmal die Fragen durch, die ich vorbereitet habe. Dieses Mal sind auch ein paar für mich dabei. Wie sehen die Parallelen zwischen Andreas und meinem Erleben aus? Wird es mir gelingen, dennoch ganz bei ihr zu bleiben? Ob ich es will oder nicht, sie wird für mich ein Spiegel sein, eine Schwester, die von einer Sekunde auf die andere ihren kleinen Bruder durch ein tragisches Unglück verlor. Ich fühle mich geforderter denn je, so aufmerksam und empathisch zu sein, wie ich nur kann. Denn dies ist ihre Geschichte.

Andrea ist die älteste von vier Geschwistern. Drei Jahre nach ihr wurde Katrin geboren, vier Jahre nach Katrin Alexander, und als Andrea neun wurde, bekam sie mit Mathias einen weiteren Bruder. Nach der Realschule machte sie eine Ausbildung zur Krankenschwester, heiratete ihre Jugendliebe und wurde, wovon sie immer geträumt hatte, früh Mutter. Das Leben war schön, sehr schön sogar, Niklas war ein glückliches Baby. Doch dann und wann und plötzlich immer häufiger strauchelte Andrea. Die Symptome begannen, als Niklas sechs Monate alt war. Die Tage wurden dunkler, die körperlichen Beeinträchtigungen unberechenbarer. Ein Vierteljahr lang suchte Andrea nach einer Erklärung für ihre Verfassung, für die bleierne Müdigkeit, für die Bewegungen, die nicht mehr ganz ihre waren. Die Diagnose Multiple Sklerose mündete in einer Leere, die Andrea nicht kannte. »Die Diagnose war für mich ein Todesurteil. Ich dachte, in fünf Jahren sei mein Leben vorbei«, sagt sie. Ich halte inne, spule zurück zu dem Moment, als sie mir die Tür öffnete und mich auf die Terrasse im Garten führte. Habe ich etwas bemerkt, unsichere Schritte, ein Stolpern beim Sprechen? Nein, habe ich nicht. »Es gibt verschiedene Verläufe von MS«, erklärt Andrea mir. Seit neunzehn Jahren hat sie nun die Krankheit, mit einem sogenannten guten Verlauf. Sie erzählt davon, wie sie lernen musste, mit ihr zu leben, denn ein Leben ohne würde es nicht mehr geben. »Die Zeit war schlimm. Ich musste den Umgang mit etwas lernen, das ich mir nicht ausgesucht hatte und das von heute auf morgen über mich hereingebrochen war.«

Dieses Ausgebremstwerden … Merkt man nicht erst

in solchen Momenten, in welchem Tempo man unterwegs ist? Nicht unbedingt mit durchgedrücktem Gaspedal. Nein, das Leben ist einfach Bewegung, vorwärts, immer vorwärts geht es, und wenn dann plötzlich etwas zwischen die Speichen gerät, macht es kräftig *Peng!*, man überschlägt sich und landet auf dem Rücken. Hilflos wie ein Käfer, gelähmt vor Schreck oder verzweifelt strampelnd. Über sich sieht man die anderen laufen. Sieht das Leben, das man eigentlich für sich vorgesehen hatte, an sich vorbeiziehen, und sich selbst im Aus. Dunkel wird es, kalt, und einsam. Die Angst drängt mich in einen Wald, tief und immer tiefer. Ich verstecke mich vor ihr, vor allem. Mache mich klein, halte die Luft an. Warte ab. Warte darauf, was als Nächstes passiert. Warten ist gut, Warten ist sicher. Irgendwann schieben sich Sonnenstrahlen durch das Blätterdach zu mir hinab. Irgendwann erinnere ich mich daran, dass es im Wald Inseln aus Licht gibt und jenseits des Waldes Wiesen, Himmel, Vögel, Bäche, Menschen. Irgendwann beginne ich, leise ein Lied zu summen, eine kleine Melodie. Strophe für Strophe erhellt sie den Wald, verwandelt finstere Schatten in Sträucher, eine Wurzel, einen umgefallenen Ahorn. Wann immer mir danach ist, kann ich das Lied singen, kann es anschwellen oder verstummen lassen. Es hält mich, umarmt mich. Leuchtet, lockt mich. Kommt es mir über die Lippen, wird mein Herz warm, wollen meine Füße gehen. Und ich gehe, bis das Lied irgendwann die Lippen verlässt und nur noch in meinem Kopf singt. Es hat mich herausgesungen aus der Dunkelheit. Hat mir gezeigt, dass es einen Weg gibt. Ein Neurologe nahm Andrea ins Gebet, und ihr Mann Thorsten war Sonnenstrahl und Melodie. Zuversichtlich zu sein, wurde wichtiger denn je. Sie fasste Mut, auch in ihrem Glauben, von dem sie mir noch erzählen wird. Entschied zusammen mit Thorsten, eine zweite Schwangerschaft zu riskieren. Entschied, ihr Leben trotz MS zu genießen. Die Therapie schlug an. Das Leben hatte sie zurück. Zwei Jahre später kam Carina auf die Welt. Die Frau, die mir gegenübersitzt, ist noch so viel stärker, als ich dachte. Eine lebenshungrige Kämpferin, die ihr Feuer auf mich überspringen lässt.

Über das Sterben nachzudenken, war Geschichte. Andrea blendete den Tod aus, machte weiter. Bis zu einem heftigen Krankheitsschub vor acht Jahren. Sie konnte kaum laufen, kaum Essen bei sich behalten, ihr schwindelte bis zum Umfallen. Das gut versteckte Thema klopfte wieder an, in einem anderen Kleid. »Es ging mir so schlecht, dass ich den Tod in Kauf genommen hätte, um von den Qualen erlöst zu sein.« Zum ersten Mal hatte sie keine Angst vor dem Tod, akzeptierte, dass er zum Leben gehört. Verstand, dass er es ist, der das Leben kostbar macht. Nahm Anlauf und sprang weit, weit weg von ihm, auf die andere Seite, auf der der Schub langsam abebbte.

Doch all das konnte sie nicht darauf vorbereiten, eines Morgens aufzuwachen und damit konfrontiert zu werden, dass ihr Bruder tot war. »Diesen Schmerz kennt man erst, wenn es passiert«, sagt sie und ich nicke. Diese Absolutheit. Diese Wucht. Diese Dimension, die in kein Vorstellungsvermögen der Welt hineinpasst. Andrea sucht nach einem Vergleich, vergebens. Auch wenn sie sich bemüht, sich in ihre depressiven Patienten in der Klinik für Psychiatrie hineinzuversetzen, empfindet sie nicht dasselbe. »Wenn man es nicht selbst erlebt hat, kann man es nicht beschreiben.« Der Tod, der am Morgen des 31. Juli 2016 die Bühne ihres Lebens betrat, war ein freier Fall aus der Ahnungslosigkeit. Tags zuvor war die vierköpfige Familie aus dem Sommerurlaub am Lago Maggiore heimgekehrt. Das Wohnmobil parkte mit leerem Tank und vollen Wäschebeuteln auf dem Hof. Müde plumpsten alle ins Bett, die Handys ausgeschaltet, das Festnetztelefon eine Etage tiefer. Niemand hörte, als es gegen sechs Uhr in der Früh klingelte. Als es gegen acht erneut läutete, erwachte Andrea. Sie stand auf, erkannte die Nummer ihrer Eltern auf dem Display, wunderte sich über den frühen Anruf. Die Stimme ihrer Mutter schlug ihr entgegen, weinend und schluchzend und kaum zu verstehen: »Es ist etwas ganz Schlimmes passiert.« Ihre bettlägerige Großmutter schoss Andrea in den Sinn. Sie fasste sich. Die Mutter fuhr fort: »Alexander hatte einen schweren Unfall.« O nein, nein, was hatte er, in welchem Krankenhaus lag er? Konnte sie zu ihm, hatte er gute Ärzte, würde er wieder gesund, was konnte sie tun? Die Fragen schossen Brandpfeilen gleich durch ihren Kopf, alle auf einmal, schnell, laut, übertönten, was ihre Mutter zu sagen versuchte. »Er hat es nicht überlebt.« Ein Satz, eine Stille. Mein Bruder ist tot. Alles begreifen. Nichts verstehen. Unfall, Alexander, tot. Andrea legte auf. Sank in die Arme ihres Mannes. Versuchte, es auszusprechen. Es war etwas ganz Schlimmes passiert.

Später, bei den Eltern. Mathias und seine schwangere Frau waren schon da. Weinen, Schweigen. Nur wenig, an dem man sich festhalten konnte. Polizei und Notfallseelsorger hatten nachts um vier bei den Eltern vor der Tür gestanden und überbracht, was zu überbringen war, dass Alexander an der Unfallstelle verstorben und höchstwahrscheinlich sofort tot gewesen war. Dieser kleine Trost, der größte von allen. Anrufe tätigen. Katrin, die in den USA lebt, erreichten sie erst Stunden später. Sie legte auf, ohne etwas zu sagen, trennte die Verbindung zu der furchtbaren Botschaft. Dieses Einsickern der Nachricht, ich fühle es noch heute. Erst kracht sie mitten in dein Gehirn, füllt unbarmherzig jeden Millimeter aus. Sie ist so abstrakt, wie etwas nur sein kann. Dann fängt sie an zu tropfen, sickert Partikel für Partikel in dich hinein. Wird konkret. Entsetzlich. Andrea erlebte alles als Schwester und als Mutter. Fragte sich, was sie machen würde, wenn sie ihr Kind verlieren würde. Fragte sich, warum sie nachts das Telefon nicht gehört hatte. »Ich hätte meine Eltern gern in den allerersten Stunden unterstützt.« Mit dem Beerdigungsinstitut sprechen, auch wenn keiner wusste, wie Alexander sich seine Beisetzung gewünscht hätte. »Mit einem so jungen Menschen sprichst du nicht darüber.« Bei der Vermieterin nebenan klingeln, wo Alexander seit drei Monaten wohnte. In seiner Wohnung, in der er doch eben selbst noch gewesen und in der er in abertausend Kleinigkeiten noch immer war, nach Papieren suchen, die Waschmaschine abstellen. Die Bestürzung der Vermieterin abbekommen. Andrea bat sie, ihre Tochter anzurufen, damit diese ihr beistehe. »Ich konnte es ja selbst nicht aushalten, wie sollte ich mich da um sie kümmern?« Das alles an weniger als einem Tag.

Der Tod brachte Angst und nahm den Schlaf. Andrea wurde Nacht für Nacht Zeugin des Unfalls, sah Alexander auf dem Nachhauseweg über die Straße gehen, hörte seine Freunde rufen: »Komm von der Straße runter!« Das Taxi erfasste ihn von hinten, riss ihn gegen die Motorhaube, schleuderte ihn meterweit durch die Luft, und Andrea konnte nichts tun, um das Unglück abzuwenden. Dann stand sie auf, ging ins Wohnzimmer, suchte Beruhigung, wochen-, monatelang. Von einem MS-Schub, der durch die besondere Belastung hätte ausgelöst werden können, blieb sie verschont, vielleicht, weil sie in der Umarmung ihres Mannes und ihrer Kinder immer wieder Kraft schöpfte, vielleicht, weil sie sich tagsüber auf die Familie konzentrierte, sich für ihre Eltern verantwortlich fühlte. »Mein Schmerz stand für mich nicht im Vordergrund. Ich konnte das Geschehen besser verarbeiten, wenn ich an die anderen dachte.« Andrea ließ sich für zwei Wochen krankschreiben, kochte und kaufte für alle ein, auch für Katrin und ihre Familie, die nach ein paar Tagen im Siegerland ankamen. »Indem ich den anderen etwas Gutes tat, tat ich mir selbst Gutes.« Sie begleitete ihren Vater, der sich die Unfallstelle anschauen wollte. Die Kreidezeichnungen der Polizei waren noch auf dem Asphalt erkennbar. Alexander muss regelrecht durch die Nacht katapultiert worden sein. »Es war schlimm, den Unfallhergang ablesen zu können. Gleichzeitig war es unwirklich, dass

Alexander dort verstorben sein soll.« Sie rettete sich in den Wald, ging fast täglich joggen. »Ich habe mir das regelrecht abgelaufen.« Ich weiß genau, was du meinst, Andrea. Durch die Füße in den Boden.

Nach der Obduktion wurde Alexander ins Beerdigungsinstitut gebracht. Ob sie ihn noch einmal sehen wollte, wurde die Familie vorsichtig gefragt, man würde Alex den Unfall deutlich ansehen. Die Eltern wollten nicht. Andrea nahm sich zurück, glaubte, kein Recht zu haben, wenn ihre Eltern verzichteten. »Jetzt, mit Abstand, stelle ich mir die Frage, ob ich früher hätte begreifen können, dass Alex tot ist, wenn ich seinen Leichnam gesehen hätte. Man versteht es einfach nicht. Für lange Zeit dachte ich, er müsse mal wieder anrufen oder mich besuchen.« Wenigstens gab es in der Beziehung zu ihrem Bruder keine ungeklärten Fragen, nichts Unausgesprochenes. Undenkbar, wenn auch noch diese Qual hinzugekommen wäre. Unbegreiflich, wie plötzlich alles anders ist. Unvorstellbar, wie endgültig der Tod ist. »Ich kann nie mehr Kontakt zu Alex aufnehmen, nie mehr!« Ihr Inneres zog sich zusammen. Sie war starr vor Schock. Alex war weg. Und sie suchte in seiner Wohnung die letzte Kleidung für ihn zusammen. »Ausgerechnet in der schwersten Zeit sind die schwersten Dinge zu tun.«

Die Tage zur Beerdigung rasten und zogen sich dahin. Andrea pendelte zwischen ihrem eigenen und dem Schmerz der anderen, »funktionierte für alle«. Das Abschiednehmen wurde so, wie es Alexander vielleicht gefallen hätte. Sein bester Freund sorgte für Musik, ein freier Redner leitete die Zeremonie, die Gäste kamen zahlreich und in bunter Kleidung. Anderthalb Stunden harrte die Familie nach der Beisetzung am Grab aus, bis alle Gäste Alex die letzte Ehre erwiesen hatten. Es war unbeschreiblich fordernd, aber auch ein Tag der gelebten Wertschätzung. Und dann, als alle Reserven aufgebraucht waren, bat Andrea ihre Geschwister und Eltern in Alexanders Wohnung, jetzt, da alle beisammen waren. Jeder sollte sich Erinnerungsstücke aussuchen, bevor Katrin wieder in die USA reisen und die Wohnung eines Tages aufgelöst würde. Der Vorschlag kam nicht bei allen gut an, doch Andrea blieb hartnäckig. Sie waren sowieso am Tiefpunkt, das konnten sie jetzt auch noch schaffen. Und sie schafften es. Ein Blechschild mit der Aufschrift *Alexanderplatz* hängt heute in Katrins Wohnung in der Nähe von Washington D.C.

Die Anspannung löste sich nach der Beerdigung etwas. Andrea ging wieder arbeiten. Es tat ihr gut, in den Umarmungen der Kollegen zu weinen. Für ein paar Minuten blieb der Schmerz der anderen außen vor, ging es nur um sie, spürte sie Anerkennung dafür, sich dem Leben wieder gestellt zu haben. »Ich glaube, je schneller man irgendwie in den Alltag reinkommt, umso schneller kann man verarbeiten.« Eine neue Routine spielte sich ein. Zweimal täglich schaute sie bei ihren Eltern vorbei, zweimal pro Woche an Alexanders Grab. Die Einkäufe für ihre Eltern erledigte sie noch eine ganze Weile. Sie war froh, wenigstens schon diese Angst hinter sich gebracht zu haben: die Angst davor, Menschen zu begegnen, die von Alexanders Unglück wussten. Besser, sie gewöhnte sich an die Blicke der Leute, das Ausweichen und so manches Mal das Schweigen. Noch heute geht sie nicht gern im Dorf einkaufen. Spricht jemand sie an, geht es in der Regel um die Eltern – vielleicht eine Schutzreaktion. »Vielleicht fällt es den Leuten leichter, über einen Dritten zu sprechen als mit der betroffenen Person, die ihnen gegenübersteht.« Ich erkundige mich nach dem Raum für Geschwistertrauer. »Ich wünsche mir, als Schwester mehr gefragt zu werden. Aber ich sehe mich auch in der Verantwortung, an- und auszusprechen, wie es mir geht.« Ja, und dann kannst du den Zeitpunkt, in dem du in den Schmerz gehen möchtest, selbst wählen. Manches wird länger gebraucht haben, bis Andrea anderen davon erzählen konnte, wie vom Ausräumen der Wohnung schon bald nach der Beerdigung.

Mathias und sie gingen die Mammutaufgabe gemeinsam an, schonten die Eltern, die sich dem nicht stellen konnten, Stück für Stück aus der Wohnung zu tragen, was ihren Sohn ausgemacht hatte, Lieblingspullover, Familienbilder, Motorradzeitschriften. »Ich habe geräumt und geheult«, erinnert Andrea sich. Jedes Teil hatte eine Bedeutung, war unmittelbar mit Alex verbunden. Es war schwer für sie, die persönlichen Dinge ihres Bruders durchzugehen. Es war eine regelrechte Tortur, alles, was er zurückgelassen hatte, wegzupacken und wegzuwerfen. Ein ganzes Leben. Eine Auflösung im wahrsten Sinne des Wortes. Es war Ende August, einen Monat nach dem Unfall. Die Erschöpfung griff auf allen Ebenen um sich. Andrea wollte am liebsten alles vergessen.

Keine drei Wochen später klingelte ihr Handy auf der Arbeit. Mathias meldete sich. Seine Frau hatte plötzlich viel zu früh ihr Kind zur Welt gebracht. Die beiden waren im Krankenhaus, das Leben des Jungen hing am seidenen Faden. Nur eine Woche lang schaffte der kleine Sonnenschein es, dann war es schon an der Zeit, Abschied zu nehmen. Die Familie setzte ihn im engsten Kreis bei, noch nicht einmal zwei Monate nach Alex. Andrea fühlte sich leer und kraftlos. Es gab keine Pausetaste, unaufhaltsam drehte es sich weiter, das Es-sich-nicht-aussuchen-Können. Ihre Wut brachte sie auf den Friedhof, mal leise, mal laut. Warum war Alex nicht auf dem Gehweg gegangen? Warum hatte er auf sein Handy geschaut? Warum, verdammt noch mal, war es genau zu dieser Zeit an diesem Ort zu dieser tödlichen Begegnung gekommen? Und warum hatte ihr Neffe keine Chance auf ein Leben bekommen? Mit einer Antwort rechnete sie nicht. »Wer will mir darauf eine Antwort geben? Es wird nie eine geben. Ich muss damit leben, dass es so ist, wie es ist. Es trifft so viele.« Als ein paar Monate später der Bruder ihrer Freundin tödlich verunglückte, fühlte sie, was auf deren Familie zurollte. Nicht nur das Aushalten der gigantischen Wucht des Schmerzes. Nicht nur das Aushalten des unendlichen Vermissens. Sondern auch das Aushalten der offenen Fragen. Der junge Mann war auf seinem Motorrad in einer Kurve geradeaus gefahren. Er wurde auf demselben Friedhof wie Alexander beigesetzt. Andrea wog ab, ob sie für den Besuch der Trauerfeier genug Kraft hatte, entschied sich dafür. Sie brauchte nicht viele Worte, als sie den Eltern des Verstorbenen gegenübertrat und sich das Band der gemeinsamen Erfahrung um sie legte. Wenigstens das war gut, dass sie sich nun besser in die Trauernden hineinversetzen konnte. Wenigstens wusste sie nun, wie solcher Schmerz sich anfühlt und wie wichtig es ist, die Hinterbliebenen nicht auch noch mit der eigenen Hilflosigkeit zu belasten. Ein nächster Schritt war gemacht.

Auf der Arbeit gelangen ihr weitere. Meistens schaffte sie es, ihre Empfindungen aus den Begegnungen mit den Patienten herauszuhalten. Bei den Team-Supervisionen setzte sie sicherheitshalber aus. Nur manche Fälle gingen ihr mehr unter die Haut als früher. Andrea lehnte sich vorsichtig wieder in ihr Gottvertrauen. Ja, sie hatte an ihrem Gott gezweifelt, als Alexander überfahren worden war, aber die Seele ihres Bruders war doch jetzt im Himmel und hatte es gut? Zu glauben, dass alles einer höheren Ordnung folgt, tröstete sie, schenkte ihr Kraft. Der Tod als Teil der Abmachung, so konnte sie ihn betrachten. Und so brach mit dem ersten Jahrestag des Unglücks eine neue Zeit an. »Alles wurde ein bisschen leichter. Ich kam mehr in das normale Leben rein.« Seichter Wind unter Andreas Flügeln. Den würde sie brauchen. Der Gerichtsprozess stand an. All das, was sie in den letzten zwölf Monaten sorgfältig verpackt hatte, könnte wieder aufgerissen werden.

Einen endlos langen halben Tag dauerte die Verhandlung vor dem Amtsgericht. Die Eltern hatten als Nebenkläger Anklage gegen den Taxifahrer erhoben. Andrea schwankte, verstand ihre Eltern, verstand den Fahrer, konnte sich vorstellen, wie die Nacht den schwarz gekleideten Alex verschluckt hatte. Nun mussten sie jedes noch so furchtbare Detail ansehen und anhören. Wie die Zeugen den Unfall erlebt hatten, wie Alexanders Freunde versucht hatten, ihn wiederzubeleben, wie der Unfall aus Sicht des Gutachters vonstattengegangen war, welche Spuren Alexanders Körper auf Fahrzeug und Asphalt hinterlassen hatte, welche Verletzungen ihn getötet hatten. Die Stunden im Gerichtssaal waren entsetzlich. Die Vorstellung, dass vielleicht nur ein paar Stundenkilometer weniger Alex nur verletzt statt getötet hätten, war kaum zu ertragen. Der Fahrer wurde freigesprochen. Der Strohhalm der Eltern zerbrach. Doch sie konnten nicht loslassen, noch nicht, gingen in Berufung, die Staatsanwaltschaft auch. Andrea hätte sich wahrscheinlich anders entschieden, zu schmerzhaft, zu kräftezehrend war der Weg, der sich noch über zwei weitere Jahre ziehen würde. Erst im November 2019 kam es zur Verhandlung vor dem Landgericht. Noch einmal brachen die Wunden auf, bohrte der Schmerz sich ins Jetzt. Das Gericht befand den Fahrer der fahrlässigen Tötung für schuldig, verurteilte ihn zu einer Geldstrafe. Endlich konnte dieses Kapitel geschlossen werden. Es liegt in Form von Zeitungsberichten und Gutachterunterlagen wohlverwahrt in Andreas Schreibtischschublade.

Die zermürbende Zeit, wie sie es nennt, liegt nun hinter ihr, die Erschöpfung ist vorbei. Andrea ist wieder zu Kräften gekommen, mit Thorsten und ihren Kindern immer an ihrer Seite. Wenn sie mal wieder aus dem Schlaf hochschreckt, blättert sie durch die Bilder von Alex auf ihrem Handy und taucht in Erinnerungen an die gemeinsame Zeit ein. Man könne sich nicht immer quälen, sagt sie, und ich weiß, was sie meint. Ihr Lebensmut lenkt ihren Blick auf das, was sie hat, wer sie ist: Partnerin, Mutter, Familienmensch und eine Frau, die am Abschied von ihrem Bruder gewachsen ist. »Ich bin glücklich. Ich lebe mein Wunschleben«, sagt sie und lächelt in die Sonne. Natürlich fehlt ihr Bruder ihr. Er erinnert sie daran, jeden Tag zu genießen, und das versucht Andrea, trotz der Narben, trotz MS. »Ich fühle mich gesund«, sagt sie, und ich sehe ihr an, dass sie damit beides meint, ihren Körper und ihr Herz.

Martin · Die Macht der Gedanken

Unglück. Un. Glück. Mir fällt auf, wie viele Wörter in diesen Lebensgeschichten mit der Silbe *un* beginnen. Zwei Buchstaben nur sind es, die aus Glück das Gegenteil machen, aus einem Ding ein Übel, aus einer Zeit den denkbar schlechtesten Moment. Was mit *u* und *n* anfängt, will keiner haben und niemand sein. Geschieht ein Unglück, sprengt es die *Uns* an den schmerzhaftesten Stellen weg, bei der *Un*endlichkeit aus Zeit und Miteinander, die plötzlich vorbei ist, bei der *Un*erschütterlichkeit der Vaterfigur, von der nur noch ein Schatten übrig ist, oder bei der *un*bedingten Idee, das Leben sei schön. Was bleibt, sind die unerträglichen *un*-Worte. *Un*möglich. *Un*begreiflich. *Un*ersetzbar. *Un*ergründlich. *Un*gewiss. *Un*fassbar. Wörter, die wie dunkle Sackgassen klingen, in die man sich besser nicht verirrt. Als Martins Familie das Unglück zustieß, war ich acht Jahre alt. Unglück war, wenn meine größeren Brüder mich ärgerten oder wenn ich samstagabends *Wetten, dass..?* nicht bis zum Schluss schauen durfte. Martins und mein Vater fuhren beide einen *Ro 80* und waren über den *Ro 80 Stammtisch Südwestfalen* miteinander verbunden. Man traf sich ein-, zweimal im Jahr zu gemeinsamen Ausfahrten, bei denen Martin, sein zwei Jahre jüngerer Bruder Christoph, meine Geschwister und ich zusammen spielten. Wenn meine Eltern am Vorabend des Buß- und Bettags zum traditionellen Clubtreffen in unser Gartenhaus einluden, war Martins Vater mit von der Partie und erheiterte die Runde mit wortgewandten Reden. Im März 1986 dann das Unbegreifliche: Martin rief meine Eltern an. Seine Mutter und sein Bruder waren bei einem Unfall ums Leben gekommen, sein Vater lag im künstlichen Koma. Das Telefonat ließ meine Eltern sprachlos zurück. Im Gegensatz zu mir waren ihnen die Dimensionen des Geschehens klar. Sie fuhren zur Beerdigung im Bergischen Land. Als sie wiederkamen, war ihr Entsetzen noch spürbarer. Mein achtjähriges Ich verstand, dass etwas ganz, ganz Fürchterliches geschehen war. Eine halbe Familie war bei einem Frontalzusammenstoß auf der Autobahn ausgelöscht worden, verursacht von einem betrunkenen Geisterfahrer. Martin hatte keine Mutter mehr, er hatte keinen Bruder mehr, und sein Vater Gerhard lag irgendwo zwischen Leben und Tod im Krankenhaus. Dieser Unfall war für mich zum Mahner geworden. Zur greifbaren Erinnerung daran, wie zerbrechlich alles im Leben ist, ja, gerade das Leben selbst.

In den nächsten Jahren begegnete ich Gerhard immer mal wieder bei Treffen des *Ro-80*-Clubs. Vor dem Kaminfeuer in unserer Hütte sehe ich ihn seine alljährliche Ansprache halten, später begleitet von seiner zweiten Frau. Ich sprach nie mit ihm über das Unglück, es stand mir als Kind irgendwie nicht zu und ich traute mich nicht, traute mich nur, dann und wann meine Eltern danach zu befragen. Gerhard scherzte und schmunzelte gern und viel durch seine Brille mit den großen Gläsern und wirkte auf mich wie ein kluger Professor (Er war tatsächlich einer, ein Professor Doktor sogar.). Er war ein Mann, der trotz allem nicht nur Nein zum Tod, sondern auch Ja zum Leben gesagt hatte. Martin sah ich nie wieder. Er war sechzehn, als das Schicksal zuschlug, und ein junger Mann mit eigenen Interessen, als sein Vater wieder an den Clubtreffen teilnahm. Jetzt ist er einundfünfzig und dabei, sein Elternhaus aufzulösen. Am Heiligen Abend vor zweieinhalb Jahren starb sein Vater, einunddreißig Jahre nach seiner Mutter und seinem Bruder. Die nächste Welle der Verarbeitung begann. Der Schmerz von damals war wieder da.

Es ist schön, dass Martin mich in den Garten seines Elternhauses eingeladen hat. Friedlich. Es fühlt sich so an, als gehöre unser Gespräch genau hierher, wo die vier einst glücklich waren. Wir sind von Sonnenstrahlen übergossen und baden in Licht. Es ist heiß, wolkenfrei, windstill, nur das Flirren und wir. Hinter dem Gartentor erstrecken sich unverbaubare Wiesen, und oberhalb davon, mit dem schönsten Ausblick von allen, liegt der Friedhof. Liegen Ulrike und Christoph. Einen kräftigen Steinwurf entfernt. So nah, so fern. Als die Welt im Frühling 1986 noch heil war, fuhr Martin auf einen Schüleraustausch an die Loire und seine Familie zur Konfirmation seiner Cousine nach Heilbronn. Am Sonntagabend wollten die drei zurückkehren. Sie kamen nur bis kurz vor Köln, krachten auf der A3 auf der Höhe von Rösrath in den Geisterfahrer. Am Montagmorgen ging Martin in die französische Schule, nichtsahnend und unbekümmert, bis plötzlich der Gastvater im Klassenzimmer auftauchte und ihn abholte. Die stille Autofahrt nach Hause, auf der Vokabeln und Handys fehlten, ein Martyrium, eine Ewigkeit. *Was war los?* Das Fragezeichen war so groß wie der ganze Innenraum, schnürte Martin die Luft zum Atmen ab. Daheim bei der Gastfamilie wurde endlich ein Telefonat mit Deutschland hergestellt. »Da erfuhr ich von meiner Großmutter, dass meine Mutter bei einem Unfall gestorben war, und dass Christoph und Vater schwerverletzt im Krankenhaus lagen.«

Ich stelle mir die Situation vor, nein, ich versuche, sie mir vorzustellen. Martin in Frankreich, zu Gast bei Fremden. Das Ferngespräch knackte, die Leitung rauschte, spuckte Worte aus, die wie Kanonenkugeln explodierten, im Zimmer, im Kopf, in der Brust. Die Erde bebte. Martin wankte, schleppte sich in sein Zimmer. Weinte. Weinte fürchterlich, wurde schließlich still. »Das hört sich jetzt vielleicht ein bisschen technisch an und möglicherweise hat sich meine Erinnerung nach über dreißig Jahren auch etwas verklärt«, erzählt Martin. »Dort in diesem Zimmer habe ich in diesem Moment mit mir einen Vertrag geschlossen. Ich habe mir versprochen, dass ich das schaffe. Und ich habe Selbstmitleid kategorisch ausgeschlossen. Hier ging es nicht um mich. Hier ging es um meine Familie.« Es war die Geburtsstunde von Martins Verarbeitung. Über diesen Sechzehnjährigen kann ich nur staunen. In der dunkelsten Stunde, allein in der Ferne, wandte er sich dem Licht zu, hielt sich selbst die Tür zum Leben auf. Woher er die Klarheit nahm, erzählt Martin mir anhand der Geschichte seines besten Freundes. Dessen Vater war drei Jahre zuvor plötzlich verstorben. »Damals wurde mir klar, dass so etwas jederzeit jedermann passieren kann. Das hat mich wohl vorbereitet.« Über das Weinen und Nachdenken fiel Martin in den Schlaf.

Die Welt, in der er ein paar Stunden später erwachte, war nicht mehr dieselbe. Kein Stein stand mehr auf dem anderen. Seine Mama war tot, und das Leben der beiden Menschen, die noch seine Familie waren, stand auf Messers Schneide. Was jetzt kommen würde, würde Martin für immer prägen. Nicht nur wegen der entsetzlichen Tragik, die noch folgen sollte, sondern weil er einen zweiten Vertrag schloss, einen Pakt mit der Freundschaft. Als Martin aufwachte, blickte er in vertraute Gesichter. Nachbarn hatten sich aufgemacht, ihn nach Deutschland zurückzuholen, einzupacken in ihr Auto, ihre Verbundenheit, ihre Vertrautheit. Sie nahmen ihn mit, hüllten ihn ein, hielten ihn fest, geleiteten ihn durch die Nacht. Sie hatten allerdings auch die schlimme, schlimme Nachricht mitgebracht, dass Christoph seinen Verletzungen erlegen war. Sein Herz hatte in der

Kinderklinik in Köln-Porz aufgehört zu schlagen. »Das hat mir noch einmal den Boden unter den Füßen weggerissen.« Und doch: Auf der nächtlichen Autofahrt mit seinem Freund Matthias auf der Rückbank, mit viel Reden und viel Schweigen, fühlte Martin sich geborgen. »Ich war nicht verloren.« Eine Fahrt, die man so schnell wie möglich hinter sich bringen will. Eine Fahrt, die nie zu Ende gehen soll.

Irgendwann in der Nacht oder im Morgengrauen kam das Auto vor Martins Zuhause zum Stehen. Über der Haustür brannte Licht, als habe seine Familie es absichtlich für ihn angelassen. Ein klitzekleines bisschen Helligkeit in all dem Dunkel. Ein sonderbarer Schein vor dem verlassenen Haus. Martin schloss die Tür auf, ging hinein. Äußerlich war alles noch so, wie bei seiner Abreise. In Wahrheit war alles anders. Das Haus war still. Leer. Viel zu leer. Martin war leer. Allein. Sein Herz trommelte, wummerte. Wohin gehen? Was tun? Wie den Schmerz abstellen, die Gedanken? Wieder sorgte Martin selbst für eine Wendung, setzte sich intuitiv an das alte Klavier, ein Familienerbstück. Tauchte in die Musik ab, durchlebte Tonleitern voll von Gefühlen, zerfloss in den Melodien, die er noch heute auswendig spielen kann. »In die Stücke habe ich meine Gefühle eingespeichert.« Ein Tresor aus Musik, eine Schatzkiste aus Klängen. Noch ein so früher Schritt, der sich als wertvoll herauskristallisieren sollte. Noch ein Pflock, den Martin in den Boden rammte, um sich an ihm festzuhalten, jetzt und für immer.

Und für den Tag, an dem er seinen Vater zum ersten Mal im Krankenhaus besuchte. »Er lag auf dem Präsentierteller des Schicksals. Als ich ihn sah, begriff ich, wie schwer verletzt er war.« Dass er auf der Kippe stand. Dass er auch noch ihn würde verlieren können. Jetzt war der Sohn es, der sich um den Vater kümmerte, zu ihm sprach und ihn streichelte. Jeden Tag brachte ihn seine Tante Anne, bei der er für die nächsten Wochen untergekommen war, ins Krankenhaus. Jeden Tag hielt Martin über seine Stimme und seine

Hände die Verbindung zu dem Komapatienten – nur nicht am Tag der Beerdigung von Ulrike und Christoph.

Ich zähle die Stücke nicht, in die dieser Teil der Geschichte mein Herz zerreißt. Weil Martin an jenem Tag seine geliebte Mama zu Grabe tragen musste. Weil er seinen erst vierzehnjährigen Bruder beerdigen musste, der doch noch so viel Leben vor sich gehabt hatte. Weil er sich nicht auf seinen Papa stützen konnte und gleichzeitig um dessen Leben bangen musste. Weil Gerhard nichtsahnend im Krankenhaus lag, während seine Frau und sein Sohn zur letzten Ruhe gebettet wurden. »Ich kann heute gut an die Beisetzung zurückdenken«, sagt Martin. »Ich habe so viel Zuspruch, Zuversicht und Hilfe erfahren.« Sogar Christophs Schulklasse war da. Wie ein schützender Burgwall umgab ihn das Mitgefühl. Wie ein Netz fingen helfende Hände ihn auf, im Übergangszuhause bei Tante, Onkel, Cousine, Oma und Opa, in der Nachbarschaft, im Freundeskreis. Die engsten Vertrauten bereiteten ihn auf den nächsten Schritt vor: seinem Vater, wenn er aus dem Koma erweckt würde, sagen zu müssen, dass er einen schlimmen Unfall gehabt hatte. Dass er schwer verletzt war. Und dass seine Frau und Christoph den Unfall nicht überlebt hatten.

»Bis dahin hatte sich das ganze Umfeld um mich gekümmert, hatte mich stabilisiert und aufgeladen. Jetzt musste ich eine neue Rolle einnehmen«, blickt Martin zurück. »Ich war der Einzige unserer Familie, der, zumindest körperlich, verschont geblieben war. Ich musste Stärke zeigen.« Martin überbrachte dem aus dem Koma erwachten Vater die kaum aussprechbaren Nachrichten, stürzte den schwachen, schwerstverletzten Mann in den tiefsten Schmerz seines Lebens. »Ich war meiner Aufgabe in keiner Weise gewachsen, und doch musste ich es tun. Wir beide bildeten ja den Rest unserer Familie, und ich musste den Bund für die Zeit, die vor uns lag, knüpfen.« Martin, plötzlich erwachsen. Martin, ein Viertel der Familie. Martin, der Grund für den Vater, nicht aufzugeben – vielleicht auch umgekehrt. Und dann fiel ihm eine Zeitungsmeldung in die Hände. Der Unfall, der jede Vorstellungskraft übertroffen hatte, war Thema eines *BILD*-Artikels voller Unwahrheiten und mit einem Foto, das das Wrack des Familienautos und – ich mag es kaum wiedergeben – den Leichnam der Mutter zeigte. »Das war der schlimmste Moment von allen.« Es tut mir so leid, Martin. Nachtreten, wenn jemand am Boden liegt. Wenn der Unfallverursacher schon längst das Krankenhaus verlassen und in sein unversehrtes Leben in Dänemark zurückkehren konnte.

Ein Jahr lang kämpfte der Vater sich ins Leben zurück – körperlich. Seelisch brauchte er viel, viel länger. Martin kam nach den ersten Wochen im Unterschlupf bei der Verwandtschaft heim. Die Nachbarn nahmen den verlorenen Sohn unter ihre Fittiche, halfen ihm bei der Organisation seines Alltags, luden ihn zum Essen ein, beschäftigten ihn. »Es war wie beim Erste-Hilfe-Kurs, wo es heißt: Beherzt ran an den Patienten. Mein Umfeld hatte keine Berührungsängste, krempelte die Ärmel hoch und hat mit vereinten Kräften unser Schicksal zum Guten gedreht.« Bis heute ist Martin allen, die damals und auf Jahre an seiner Seite waren, in tiefer Dankbarkeit verbunden. Den Teilnehmern der Rettungsaktion, die ihn aus Frankreich nach Hause geholt hatten. Den Freunden, die ihm Normalität schenkten, ihn zum Sport und auf Partys mitnahmen, mit ihm redeten und schwiegen. Den Lehrern, die nicht überfürsorglich, aber da waren, wenn ihm etwas auf der Seele lag. All den Menschen, die ganz profan dem Männerhaushalt bei den Startschwierigkeiten halfen. Tante Anne, die ihn dazu ermutigte, sich das Autorwrack auf dem Schrottplatz mit eigenen Augen anzusehen. Und vor allem: allen, die dafür sorgten, dass die Trauer nicht unantastbar wurde und Martin ein Leben und eine Perspektive hatte. »Trauer ist nichts Heiliges. Trauer ist wichtig, ein Muss. Aber es dürfen auch andere Dinge neben dem Schmerz existieren.« Dieses Geschenk der Normalität können vielleicht nur die ermessen, denen sie auf ähnlich tragische Weise abhandengekommen ist.

Es muss lange Phasen des Ausprobierens gegeben haben, des Herantastens an das neue Leben. Im Jahr null, als Gerhard viel Zeit in der Klinik, in der Reha und zu Hause verbrachte. In der Zeit danach, als sich ein neuer Alltag formte. Wie funktioniert eine Familie, die vom einen auf den anderen Tag nur noch halb so groß ist? Wer war Martin, dessen Rollen sich über Nacht aufgelöst hatten, jetzt? Wie war es, nicht nur mit dem eigenen seelischen Schmerz unter einem Dach zu wohnen, sondern auch mit dem des Vaters? Ohne jeden Zweifel standen Vater und Sohn zueinander. »Jeder wusste vom anderen, dass er es schwer hatte.« Gerhard, dem seine Frau und sein Sohn fehlten, der Schritt für Schritt wieder lernen musste, zu laufen und zu leben. Martin, der um seine Mutter und seinen Bruder weinte und vielleicht auch um die Vaterfigur, die sich zwischen Autobahn, Krankenhaus und neuer Wirklichkeit verändert hatte. Martin merkte bald, dass jeder auf seine Weise trauerte und dass er den Schmerz des Vaters nicht zu seinem machen durfte. »Mir gelang es, die Frage nach dem Warum wegzuschieben und das Unumkehrbare anzunehmen. So habe ich mich intuitiv geschützt. Mein Vater hingegen hat die Warum-Frage sehr strapaziert und sich über Monate und Jahre damit gequält.«

Die Realität war für beide dieselbe. Den Weg hindurch musste jeder selbst finden. Martin versuchte, den Vater zu halten, wenn er bitterlich weinte, versuchte, sich an den Pflöcken festzuhalten, die er gedanklich im Boden einbetoniert hatte. Nicht er war das Opfer – seine Mama und sein Bruder waren es. Er würde wieder Glücksmomente erleben und sie im Herzen mit den Lieben teilen, das war er ihnen schuldig. Er würde es schaffen. Und wenn der Weg noch so steinig würde, gespickt mit verlockenden schwarzen Löchern, in denen Selbstmitleid, Wut und Hass schwelten.

Martin blickt zum Gartentor. Ich kann seine Gedanken fliegen sehen, über die sonnenverbrannten Wiesen, hinauf zu den Bäumen, die die letzten Ruhestätten von Ulrike, Christoph und seit zweieinhalb Jahren auch Gerhard einfrieden. Wer weiß, welche Seele sich dann und wann in den Zweigen der Buchen niederlässt, um den Lieben auf der Erde nahe zu sein? Wer weiß, was in den Tausenden grünen Blättern der stillen Tagebücher geschrieben steht, anvertraut von Menschenkindern, die ihr Liebstes loslassen mussten? Auch Martin füllte hier Seite für Seite, schüttete unter dem Blätterdach sein Herz aus, ließ den Tränen freien Lauf, manchmal gar nachts nach einer Feier, wenn es einfach sein musste. Die Gräber, sein Kraftort, wo er Schmerz in Zuversicht verwandelte, Traurigkeit in Akzeptanz, Verlorenheit in Verbundenheit. Den Schmerz zu durchleben, machte ihn stark. »Ich habe mir Orte und Momente geschaffen, um mich bewusst dem Schmerz hinzugeben. Das hat mir dabei geholfen, im Alltag immuner zu sein und nicht von Trauerattacken übermannt zu werden.« Vielleicht half es ihm auch dabei, für den Vater da zu sein. Und vor allem die Toten und in ihrem Sinne das Leben zu ehren. »Mama und Christoph hätten gewollt, dass ich mit offenem Herz und offenem Geist weiterlebe. Diese Herausforderung habe ich angenommen. Hätte ich mich dem Gram ergeben, hätte ich das nicht gekonnt.« Martin ließ sich von Freunden einladen, mitnehmen, mitreißen. Es war nicht immer einfach, nein, doch er vertraute darauf, dass es der Wunsch der Verstorbenen war, sein Leben wieder leichter zu machen. »Ich war mir vollkommen sicher, dass ich sie nicht verrate, wenn ich wieder Freude habe.« So schuf Martin sich eine nächste Leitlinie, an der er sich orientieren konnte.

Zuhause der tief verletzte Vater im fast leeren Heim, ein Siebenundvierzigjähriger, der sein Leben aus Trümmern wiederaufbauen musste. Und ein junger Mann in den Startlöchern zum Abenteuer des Lebens, teilentwurzelt, durchgerüttelt und doch so klar wie ein Blitz im Sommergewitter. »Trauer lebt von den Gedanken, die man sich macht. Die Macht der Gedanken hat keiner in der Hand außer man selbst.« Martins Zepter leuchtet in seiner ganzen Präsenz. Seine blauen Augen sind freundlich und warm. Er schaut zurück, ohne dass sich Schatten über sie legen. Manchmal waren die ganz dunklen Stunden, in denen er sich im Schlund von Selbstmitleid und Weltenhass hätte verlieren können, zum Greifen nah, sind es dann und wann heute noch. »Ich musste oft kräftig gegensteuern.« Doch Martin verlor sich nie ganz. Ich halte mich an der Lehne des Terrassenstuhls fest, ahne, dass ein großer Gedanke reift. Er tut es. Es ist ein Fels gewordener Splitter seines Glaubens. Martin erklärt mir, dass er ohne jeden Zweifel wusste, dass seine Mutter und sein Bruder nicht litten. »Ab dem Moment, da ich meine Lieben gut aufgehoben fühlte, fingen die Dinge an, sich zu beruhigen.«

Der Geisterfahrer wurde zu zwei Jahren Freiheitsstrafe auf Bewährung verurteilt. Dass er sich mit fast zwei Promille im Blut ans Steuer gesetzt hatte, minderte seine Schuldfähigkeit. Das Fahrverbot, das über ihn verhängt wurde, bezog sich nur auf deutschen Boden. Als sei nichts gewesen, konnte der Vertriebsdirektor auf Dienstreise, der den Tod zweier Menschen verschuldet und das Weiterleben zwei weiterer Menschen erheblich beeinträchtigt hatte, nach Dänemark zurückreisen, sobald er von seinen Verletzungen genesen war. Das Urteil wurde zur Zerreißprobe, vor allem für Gerhard. Er konnte das Rechtssystem nicht akzeptieren und rieb sich Zeit seines Lebens am für ihn viel zu milden Schuldspruch. Martin reagierte abermals anders, ließ sich erklären, warum das Gericht zu dem Urteil gekommen war, und blieb, so gut er konnte, rational. Er begann zu verstehen, dass niemand frei von Fehlern ist und dass jederzeit, einen Meter weiter links, ein paar Sekunden früher oder später, etwas passieren kann. Diesen millimeterschmalen Grat zwischen Opfer- und Tätersein führte er sich immer wieder vor Augen, in den Bergen, auf dem Motorrad. Das Unumkehrbare anzunehmen, wurde seine große Stärke. »So habe ich Kraft gespart.« Gerhard hingegen verbrannte in der Opferrolle viel Energie, lehnte sich wieder und wieder gegen etwas auf, das zu ändern nicht in seiner Macht stand. Er war und blieb gezeichnet. Von den bleibenden körperlichen Schäden, die ihn an sein Schicksal erinnerten, und von seinem Hadern. Erst Doris, seine zweite Frau, vermochte es, ihn im Hier und Jetzt zu verankern. Ihr vierjähriger Sohn tat sicherlich sein Übriges. Martin konnte freier atmen. Er ging zum Studieren nach Süddeutschland. Sein Leben wurde normaler. Der gut sortierte Koffer, den er mitnahm, wurde leichter.

Dieser junge, verletzte, weise Mann wurde zum Bergfex wie seine Mama, teilte im Herzen Glücksmomente mit ihr, einen besonders schönen Sonnenaufgang über dem Kamm oder wenn er das Gipfelkreuz des Ortlers erreichte, und alle Anspannung von ihm abfiel. »Dann fühlte ich mich mit ihr verbunden.« Dann überwog die Dankbarkeit, dann war Martin überglücklich, seine Begeisterungsfähigkeit, seine Lebensfreude und die Kraft, seinen Weg ins Positive zu lenken, von ihr mitbekommen zu haben. Wenn er an Christoph dachte, war da mehr Schmerz. »Ich sah das wunderbare Leben, das ich führen durfte und das meinem Bruder verwehrt war. Das tat weh.« Die Ungerechtigkeit des Schicksals war himmelschreiend.

Martins Trauer differenzierte sich. Je ferner der Unfall rückte, desto deutlicher traten seine Gedanken und Gefühle zu Ulrike und Christoph hervor. Als Sohn fehlte ihm die Mutter. Als großer Bruder fehlte ihm für seinen Bruder die Chance auf Leben. Der Schleier, der sich auf Martins Seele gelegt hat, wird wohl für immer bleiben, meist leicht und lichtdurchlässig, an melancholischen Tagen schwerer und grauer. Dass er ihn bis heute so gut tragen kann, verdankt Martin seinem Umfeld. »Vom ersten Moment an haben liebe

Menschen mir geholfen und waren an meiner Seite. Wäre ich allein gelassen worden, hätte ich möglicherweise Ängste entwickelt oder die Zuversicht verloren.« Immer wieder wurde er entlastet statt belastet, stabilisiert statt verunsichert. Martin lächelt mich an: »Meine Lebenserfahrung kommt mir wie eine selbsterfüllende Prophezeiung vor.« Und die begann vor vierunddreißig Jahren mit dem Glauben an das Gute. Zwischen Weinen, Schlafen und Träumen in einem Gästezimmer an der Loire.

Heiligabend 2017. Der Mann, der trotz allem doch noch zurück ins Leben gefunden hatte, der Vater, der trotz allem immer für seinen Sohn da gewesen war, tat seinen letzten Atemzug. Gerhards Lebenskreis schloss sich. Martin verabschiedete sich von seinem Vater und ein weiteres Mal von seiner Vergangenheit. Mit Gerhard war nicht nur sein Papa gegangen, sondern alles, was Martin und ihn verbunden hatte. Die Geschichte einer glücklichen Familie. Die Geschichte einer unfassbaren Tragödie. Die Geschichte des gemeinsamen Weiterlebens, jeder für den anderen, jeder für sich. Das Bindeglied zu Ulrike und Christoph. Alte Erinnerungen kamen zuhauf hervor, im Kopf, in den Schubladen und Schränken. Fotos, Briefe, Gerichtsakten, der Artikel aus der *BILD*, der Schlag in die Magengrube. Martin nahm sich Zeit, *one room at a time*, behutsam. Gerhard durfte sterben, konnte sterben, er war achtundsiebzig und krank. Dieses Mal trauert Martin nicht um ein nicht gelebtes Leben. Dieses Mal trauert er um eine ganze Lebensgeschichte, die auch seine ist, und all die Hürden, die sie gezeichnet haben. Und um das Übrigbleiben als Einziger von vieren.

Mit dem Abstand von über dreißig Jahren tastete Martin sich durch Räume und Erinnerungen, durchlebte alles ein zweites Mal. Alter und neuer Schmerz vermischten sich. Die Entrümpelung hätte Martin in die Hände eines Unternehmens legen können, doch das wollte er nicht. »Das hat noch einmal richtig weh getan. Aber es war gut. Ich habe mich dem Schmerz geöffnet, so dass er durch mich hindurchfließen konnte.«

Wie es mit dem Grundstück weitergeht, weiß Martin noch nicht. Diesen Sommer jedenfalls bleibt alles, wie es ist. »Ich möchte es bewusst noch einmal so erleben, wie mein Vater es erlebt hat«, sagt Martin. Er blinzelt die Sonne an und ergänzt: »Und wie ich es als Kind erlebt habe.«

Nicole · Unterm Radar

Wieder sitze ich vor den alten Fotoalben. Wieder habe ich dieselben Seiten aufgeschlagen. In dem roten Album, das meine Eltern für mich angelegt haben, kleben die wenigen Bilder aus der Grundschulzeit, in dem schwarzen das Konfirmationsfoto, auf dem Nicoles türkisfarbene Rüschenbluse den damals angesagten Farbcode sprengt. In der Grundschule waren Nicole und ich dann und wann miteinander befreundet, wahrscheinlich vor allem während meiner Pferdephase. Mit echten Pferden hatte ich zwar nichts am Hut, doch in der Dorfbibliothek gab es einen ganzen Regalmeter an Pferdebüchern für Mädchen, und Schulkameradin Carola, deren Mutter dort arbeitete, hatte mich auf den Geschmack gebracht. Irgendwie kam es dazu, dass wir plötzlich eine selbstgebastelte Pferdezeitschrift herausbrachten – Carola, ich und Nicole –, die wir Kiki nannten, und Nicole 2, die wir zur besseren Unterscheidbarkeit Koko nannten. Die Spitznamen hielten gerade so lang wie das Projekt. Es gab höchstens zwei Ausgaben und danach waren die Nicoles wieder die Nicoles.

In dieser Zeit war ich ein paar Mal bei Nicole 1 zu Besuch. Das Haus, in dem sie wohnte, kam mir riesig vor. Oma und Opa lebten in der obersten Etage, Nicoles Familie in der Mitte und unten Verwandte. Dort gab es so exotische Leckereien wie Grapefruit mit Honig und Räucherkäse, und es gab nur einen Bruder, der uns ärgern konnte, wenngleich er darin manchmal ganz schön hartnäckig war. Nicole wollte damals Tierpflegerin werden. Für den Anfang hatte sie ihre Eltern zu Meerschweinchen und Kaninchen rumbekommen. Ein Hund kam ihnen zu Nicoles großer Enttäuschung nicht ins Haus. Unsere Freundschaft überstand den Schulwechsel nicht. Nicole besuchte die Realschule, und als wir uns beim Konfirmandenunterricht wiedertrafen, hatte sich die gemeinsame Vergangenheit in Luft aufgelöst. Erst als ich erfuhr, dass Nicoles Vater gestorben war, dachte ich wieder an meine Grundschulfreundin. Er habe sich umgebracht, hieß es im Dorf, daheim erhängt. Das war 1999. Da war Nicole zweiundzwanzig Jahre alt.

Am Ende der Welt. Mit dem Regionalzug bummle ich durch Buxtehude, Stade und Himmelpforten, Orte, die wahrscheinlich genauso schön wie ihre Namen sind. Den Waggon habe ich für mich allein. Trotzdem trage ich Noise-Cancelling-Kopfhörer, ich möchte mich konzentrieren, auf das Wiedersehen mit Nicole besinnen, neunundzwanzig Jahre nach unserer Konfirmation. Kurz vor der Küste wohne sie, hatte mir ihre Mutter am Telefon erklärt, mit sieben Hunden, verriet Nicole mir per Mail. Also hat sie sich diesen Wunsch erfüllt. Ob sie auch Tierpflegerin geworden ist? Und ist sie noch so zart und feinfühlig wie damals, lacht sie noch so hell wie die Sonne? Als der Zug abbremst und in den Bahnhof einfährt, entdecke ich sie am Anfang des Bahnsteigs. Ich muss schmunzeln. Ich hätte sie auch nach zweimal neunundzwanzig Jahren wiedererkannt. »Ich bin die mit dem kleinen gelben Auto«, schreibt sie mir just in diesem Moment per SMS. Als ob wir uns verfehlen könnten.

Das alte Bauernhaus, das sich zwischen Dorfstraße und Weiden versteckt, fühlt sich echt an, gewachsen, gelebt, perfekt unperfekt. Die Decken sind niedrig, die Fenster tief mit freier Sicht ins endlose Grün. Die Dielen knarzen, es zieht, und zwischen liebevoll aufgearbeiteten Möbeln steht eine Bettenlandschaft für die Hunde. Es fühlt sich gut an, unser Gespräch an diesem Ort zu führen, an dem Nicole und ihr Mann Jörg vollends angekommen sind. »Wir haben lange davon gesprochen, eines Tages an die Nordsee zu ziehen. Vor zwei Jahren haben wir unseren Traum wahrgemacht«, erzählt Nicole, während sie versucht, Hündin Sisca davon zu überzeugen, dass ich mit guten Absichten gekommen bin. »Wir wollten damit nicht bis zum Ruhestand warten. Wer weiß, ob wir den erreichen.« Damit sind die Tore geöffnet. Wir treten hindurch, die Vierbeiner rollen sich auf ihren Schlafplätzen um uns herum ein, und wir landen in der Zeit, bevor ihr Vater starb. Wir halten uns an Teetassen fest und gehen zurück.

Nicole jobbte bei der Post in Siegen, kutschierte nachts Sendungen durch die Republik. Das Studium der Philosophie, Pädagogik und Psychologie existierte nur auf dem Papier. Nicole hing im luftleeren Raum, ihr Selbstvertrauen war im Keller. Beruflich war bis jetzt nichts so gekommen, wie sie es sich erträumt hatte. Nach dem Abitur hatte sie sich bei der Reiterstaffel der Polizei beworben, doch der Polizeiarzt hatte sie durch die Prüfung rasseln lassen. Sie gebe keine Respektsperson ab, war seine Begründung gewesen, sie wirke zu jung für ihr Alter. Aussortiert. Bei diesem ersten Mal tat es ein anderer. Beim zweiten Mal, zwei Jahre später, tat sie es selbst: Sie brach das Tiermedizinstudium in Gießen nach vier Semestern ab, aus Angst zu versagen. Beim dritten Mal, wiederum zwei Jahre später, nahm ihr wieder ein anderer den Wind aus den Segeln, und sie ließ es geschehen: Zur Abschlussprüfung der Tierheilpraktikerausbildung, die sie neben dem Jobben absolvierte, trat sie gar nicht erst an, weil die Schulleitung ihr zu verstehen gab, dass potenzielle Kunden sie nicht ernst nehmen würden, sie müsse wohl erst noch ein paar Jahre älter werden. »Damals dachte ich, aufzugeben sei einfacher, als durch die Aufgabe hindurchzugehen und sie zu Ende zu bringen. Das hängt mir bis heute nach.« Dreimal war Nicole hingefallen, dreimal hatte sie sich wieder aufgerappelt. Mehr schlecht als recht, wie sie fand, doch sie stand auf eigenen Beinen. Fand ein kleines Reihenhaus für sich und ihren Freund. Und hatte endlich eine Hündin.

An dem Abend, als sie mit Hündin Ronja ihre Eltern besuchte und ihren Vater das letzte Mal lebend sah, war alles wie immer. Vater Harry hatte sein Herz längst an die Fellnase verloren und schmuste mit ihr, dann sollte Nicole ihm mit seinem neuen Handy helfen. Vater, Mutter und Tochter saßen am Küchentisch, wie hundertfach, tausendfach zuvor. Alltagsdinge wurden besprochen, vielleicht auch Sorgen, Nicoles Erinnerung hat Unwichtiges gelöscht. Bevor sie ins Auto stieg, um zurück nach Siegen zu fahren, drehte sie mit Ronja noch eine Runde durchs Dorf, an unserer Grundschule vorbei. Mittlerweile war es stockdunkel, und genauso fühlte Nicole sich. »Schlimmer kann's nicht werden«, dachte sie. Warum sie niedergeschlagen war, wegen ihrer beruflichen Situation, wegen Ärger mit ihrem Bruder oder mit ihrem Freund, der noch nicht in die gemeinsame Wohnung eingezogen war, weiß sie nicht mehr. Auch das spielte nur wenige Stunden später keine Rolle mehr.

Denn es konnte schlimmer werden. Unbeschreiblich viel schlimmer. Mitten in der Nacht klingelte Nicoles Telefon. »Mein Bruder teilte mir mit, dass mein Vater nicht mehr lebe.« Was genau er sagte, ist weg, auch, ob da bereits von Suizid die Rede war. Alles, was Nicole sieht, wenn sie an diesen Augenblick zurückdenkt, ist ein schwarzes Loch. »Beschreiben, was in diesem Moment mit mir geschah, kann ich nicht. Man will am liebsten zurückspulen und das, was man gerade gehört hat, auslöschen.« Ihr Vater war tot, repetierte ihr Verstand. Das kann nicht sein, hielt ihre Hoffnung dagegen, sie hatte doch eben noch mit ihm beisammengesessen! Nicole versuchte, ihren Freund zu erreichen, vergeblich. Da setzte sie sich allein ins Auto und fuhr zum Elternhaus. »Ich funktionierte.« Was ihr auf der Fahrt durch den Kopf ging, wie es ihr überhaupt gelang, die zwanzigminütige Strecke unfallfrei zu überstehen, weiß sie nicht mehr. »Ich weiß nur noch, dass ich das Radio ausmachen musste, weil ich es nicht ertragen konnte, dass die Welt sich weiterdrehte.«

Vor dem Elternhaus parkte ein Leichenwagen. Es war also wahr. Vielleicht Polizei. Erinnerungslücken, Durcheinander. Die Mutter an ihrem Platz am Küchentisch wie gestern Abend, aufgelöst in Schmerz, ein Mensch in absoluter Angst. Der Bruder verbarrikadiert in seinem Zimmer, eingeschlossen mit seinem Schock. Er hatte den toten Vater gefunden, wollte stundenlang niemanden sehen, nichts hören. »Ich bat ihn vom Flur aus verzweifelt darum, mir ein Lebenszeichen zu geben.« Spätestens jetzt wusste Nicole, dass ihr Vater sein Leben selbst beendet hatte, an einem Dachbalken der Gartenhütte oberhalb des Hauses. Mutter und Bruder hatten ihn gesucht, weil er nicht ins Bett gekommen war. Und jetzt war der geliebte Papa auf dem Weg in die Rechtsmedizin und der traumatisierte Bruder allein auf der anderen Seite der Tür. *Finde den Fehler.*

Im Nebel der ersten Tage danach tauchten Gesichter auf, die den Schmerz teilten, die Großeltern, die mit im Elternhaus lebten, die andere Großmutter, Nicoles Tante, drehten Gespräche sich im Kreis, Runde für Runde reden, schweigen, fragen, aushalten. Nein, Harry hätte niemals das Auto genommen und andere gefährdet. Nein, einen Abschiedsbrief gab es nicht. Keiner konnte sich vorstellen, dass seine Rückenschmerzen oder beruflichen Sorgen Harry auf seinen Weg geführt hatten. Umso schwerer war das Verstehen. »Die Frage nach dem Warum kam ganz automatisch«, erklärt Nicole. »Die hätte sich aber wahrscheinlich auch gestellt, wenn mein Vater bei einem Unfall oder an einem Herzinfarkt gestorben wäre.« Nicole weint, vermutet, dass sie anfangs eine Antwort suchte. »Doch den Grund für seine Entscheidung zu kennen, hätte mir meinen Vater nicht zurückgebracht. Papa war nicht mehr da. Damit musste ich klarkommen.« Nach einer Erklärung zu suchen, wäre wie die Suche nach einer Quelle in einer Wüste, in der es keine gibt, eine endlose Selbstkasteiung. Vielleicht hätte sie auch die liebevollen Erinnerungen an ihren Vater zerstört.

Die Beerdigung ihres Vaters war die erste ihres Lebens. Nicole wusste nicht, was auf eine Trauerfamilie zukommt, von der Anzeige bis zum Sarg, all das Organisieren, Entscheiden und Abstimmen. Mit der Familie. Und mit Fremden. Es war eine Tortur. Nichts hatte für sie eine Bedeutung. »Das war doch alles gar nicht wichtig!« Das Leben hatte sie auf diesen zugefrorenen See geschubst, und jetzt musste sie zusehen, wie sie auf dem spiegelglatten Eis, dem letzten Ort auf Erden, an dem sie sein wollte, Halt fand. Tod ist, wenn du nicht gefragt wirst. Tod ist, wenn du lebst, aber nicht weißt, warum und wie.

Sie half bei den Beerdigungsvorbereitungen, um ihre Mutter zu unterstützen, die versuchte, alles so zu gestalten, dass es ihrem Mann gefallen hätte. »Der Verstorbene ist ein Nenner, auf den man sich fokussieren kann, wenn die Meinungen auseinandergehen.« Nicole denkt nach. »Das ist wahrscheinlich auch das Einzige, was man in diesem Moment kann. In Gedanken ist man ja sowieso die ganze Zeit bei dem Verstorbenen.« Zusammen gingen sie zur Friedhofskapelle, wo Harry für ein letztes persönliches Abschiednehmen aufgebahrt worden war. Durch eine Holztür auf der Rückseite der Kapelle betraten sie den Keller und wurden von Stille, Kühle und Dämmerlicht auf nackten Steinwänden verschluckt. Je tiefer mich Nicoles Erzählung in die Atmosphäre dieses Orts, an dem ich selbst ein paar Jahre zuvor meine Großmutter das letzte Mal gesehen hatte, zieht, desto mehr verschwimmen Diesseits und Jenseits. Als schöben sich hier unsere Welt und eine andere ineinander. Das, was Harry ausmachte, war schon gegangen, und zugleich war es da, gespeichert in Nicoles Erinnerungen, die wie auf Knopfdruck Filme mit dem lebendigen Vater abspielten. Nur der Körper war tot, eine abgelegte Hülle, die für die Weiterreise nicht mehr benötigt wurde. Harry war jetzt unterwegs zur anderen Seite, wo auch immer die war und wer auch immer ihn dort erwartete. Nicoles Omi schenkte ihr diese wohltuende Vorstellung: Wohin auch immer ihr Vater gegangen war, vielleicht wurde er dort schon lange ersehnt. »Ich verstand, dass es egoistisch war, mir meinen Vater zurückzuwünschen. Für ihn war ja jetzt vielleicht alles gut, auch für die andere Seite, die ihn in Empfang nehmen konnte.« Nicole atmet durch, lässt ihre Augen über die schlafenden Hunde schweifen und sagt: »Egal, ob man im Leben viele Menschen um sich hatte oder nicht, für jeden ist jemand da, der einen in Empfang nimmt.« Ein Trost, unter Schmerzen geboren. Leichter machte er das Abschiednehmen für sie nicht. Doch sie konnte damit beginnen, den Wunsch loszulassen, dass alles wieder so wird wie vorher.

Kurz vor der Beerdigung setzte Nicole sich in ihrer Wohnung an den Küchentisch und schrieb ihrem Vater einen Brief. Die Worte, die sie fand, sind verloren. Geblieben ist das Gefühl, dass ihr Vater in diesen Minuten bei ihr war. Ein sanfter Wind strich um ihre Schultern, obwohl kein Fenster, keine Tür geöffnet war, nur ihr Herz, versunken in Erinnerung und Schmerz. Das Erinnern wurde tiefer, als sie schrieb, das Schreiben vertiefte, was sie fühlte, und gab ihrer Sprachlosigkeit eine Stimme. Den Brief trug sie während der Trauerfeier und auf dem letzten gemeinsamen Weg bei sich. »Hinter Papas Sarg herzugehen, war schrecklich. Eine innere Kälte hatte mich erfasst, ich konnte die Situation kaum aushalten.« Schritt für Schritt den Verstorbenen auf seinem Weg begleiten, während man selbst vor dem klaffenden schwarzen Loch in der Erde zurückbleibt, nichts hatte Nicole darauf vorbereitet. Den Brief warf sie zusammen mit Blumen ins Grab.

Die erste Zeit danach. Das neue, aus den Fugen geratene Normal. Wo ich mich noch an kleinste Details erinnern kann, ist bei Nicole fast nichts. Sie hat vieles verdrängt, litt zusätzlich zur Trauer unter Liebeskummer. Ob sie sich Urlaub nahm, wann sie wieder arbeiten ging, wie es ihr gelang, in einen Alltag ohne ihren Vater zu finden, Nicole zuckt mit den Schultern: »Ich weiß es nicht.« Wenn ihr Herz zerspringen wollte, verbannte sie die Gedanken aus ihrem Kopf, bannte sie auf Papier. Das Tosen in ihrem Kopf wurde leiser, wenn der Schmerz in die Tinte floss. »Das war meine Art der Verarbeitung. Beim Schreiben gab ich die Sorgen an das Tagebuch ab.« Sieben Umzüge hat die Kiste mit den Tagebüchern hinter sich. Von Station zu Station blieb sie ungeöffnet, bis kurz vor meinem Besuch. »Ich hatte ganz vergessen, dass ich damals so viel aufgeschrieben habe«, sagt Nicole. Die Reinigung war wohl gründlich. In die Bücher hineingeschaut hat sie noch nicht. Der Moment dafür wird noch kommen.

»Ich habe damals viel mit mir selbst ausgemacht«, erinnert Nicole sich und ich sehe sie, am Schreibtisch über ihr Tagebuch gebeugt, den Abstand zwischen Hölle und Himmel Zeile für Zeile vergrößern. Ich frage mich, ob sich der Grad des Alleinseins zur Qualität der Trauerverarbeitung proportional verhält. Kann man schlechter oder besser mit dem Schmerz umgehen lernen, wenn man mit anderen darüber spricht? Oder ist es eine Frage der Persönlichkeit? Und woran kann man sich als Trauernder orientieren? Was sind die Blaupausen für Lebensphasen wie diese, wenn man die offiziellen Rituale hinter sich gebracht hat? Wie geht die Operation am offenen Herzen weiter, wenn der Sargdeckel geschlossen, das Grab aufgeschüttet ist? Es muss nicht das Schlechteste sein, wenn niemand weiß, was noch zu sagen oder zu tun ist. Zurückgeworfen auf sich selbst begibt sich der Trauernde auf seinen eigenen Weg durch den Schmerz. Nicole vertraute sich intuitiv ihrem Tagebuch an. Im neuen Jahr zog ihre Mutter in eine neue Wohnung und Nicole aus der Anonymität der Stadt zurück ins Elternhaus zu ihrem Bruder, für den sie da sein wollte. Sie richtete sich das ehemalige Schlafzimmer der Eltern her und mied die Gartenhütte. Der Schmerz kam und ging in Wellen, auf und ab, mal häufiger, mal stärker, er machte, was er wollte. »Ein paar Wochen ging es mir ganz gut, und dann überkam die Trauer mich noch einmal so richtig.« Ihr Vater fehlte ihr, und wenn sie im Dorf unterwegs war, spürte sie die neugierigen Blicke der Menschen. Ihre Mutter wurde gar angehalten und angesprochen, weniger aus Anteilnahme, mehr aus Neugier. »Das wird immer so bleiben. So ist der Mensch. Da muss man einfach durch«, sagt Nicole ruhig und resigniert, doch als sie weiterspricht und erzählt, wie ihre Mutter immer wieder mit denselben Fragen konfrontiert wurde, steigen ihr Tränen in die Augen.

Irgendwann kauerte Nicole auf dem Boden der Tatsachen. Ihr Vater war tot, ihre Beziehung gescheitert, sie hatte keine abgeschlossene Ausbildung, einen Bruder, um den sie sich kümmern wollte, und ihre Mutter war tapfer dabei, ihr Leben in die Hand zu nehmen. Das wollte sie auch. Sie entschied sich dazu, Jura zu studieren, ging nach Berlin und nahm ihren Bruder mit. Die Wohngemeinschaft scheiterte, das Studium klappte, endlich. Nicole knüpfte Freundschaften, lernte Jörg kennen, führte mit ihm eine Fernbeziehung. Als sie die schriftlichen Prüfungen des zweiten Staatsexamens in der Tasche hatte, rief sie ihre Mama und ihre Omi, die für sie über die Jahre wie zu einem Elternteilersatz geworden war, an. Zusammen freuten sie sich über den gelungenen Meilenstein. Am nächsten Morgen klingelte Nicoles Handy. Ihre Tante teilte ihr mit, dass ihre Großmutter in der

Nacht gestorben sei. »Ich wollte mich einfach nur über mein Examen freuen und wurde bei Vollgas ausgebremst.« Und all die Angst von vor zehn Jahren war wieder da.

Der Tod kommt immer zum falschen Zeitpunkt. Irgendwann wird unweigerlich der nächste Anruf kommen, der nächste Ausnahmezustand, die nächsten vollendeten Tatsachen. *Tag X* nennt Nicole solche Momente ohne Umkehrmöglichkeit. Keine Wahl zu haben, ob man will oder nicht, ist für Nicole bis heute am schwierigsten. Bei ihr hat sich das Gefühl eingenistet, mit angezogener Handbremse zu leben. »Ich komme mir manchmal vor wie unterm Radar. Es soll bitte nicht zu viel Gutes in meinem Leben geschehen, damit das Hinfallen nicht so schmerzt.« Läuft es gut, verfolgt sie die Angst, dass etwas Schlimmes passieren könnte, womöglich kurz vor dem Ziel. Als Jörg und Nicole ihren Traumhof in Küstennähe gefunden hatten, geriet Nicole fast in Panik, dass ihr alles genommen werden könnte, bevor sie auch nur einen Tag lang dort gelebt hatten. Oder die Geschichte mit dem Tisch, an dem wir gerade sitzen: Nicole hatte ihn aufwendig aufgearbeitet, und als Jörg und sie ihn schließlich an seinen Bestimmungsort trugen, touchierte der Türrahmen ihn und hinterließ einen Kratzer auf dem neuen Lack. Was Nicole die Fassung verlieren ließ, war nicht die Extrarunde Arbeit, die jetzt auf sie wartete. Es war die Angst davor, wieder keine Kontrolle zu haben. Davor, das Glück durch ihre Finger gleiten zu sehen, ohne dass sie es festhalten konnte.

Verletzlich, weich und tief, Nicole sitzt mit offenem Visier vor mir. Mag sein, dass sie eine Rüstung anlegt, wenn sie den Hof verlässt. Hier jedoch darf ich in ihren Augen lesen, darf sehen, wenn ihre Hände die Teetasse fester umfassen, hören, wenn eine schmerzvolle Erinnerung ihre Stimme belegt. Mehr als einmal wurden meine Augen feucht, wenn Nicole die Tränen kamen, und wenn ich von Flo erzählte, fühlte Nicole mit mir. Wir verstehen, was die andere meint. Wir bewegen uns im selben Takt. Wir wissen, wie es sich anfühlt, dem übermächtigen Nichts zu begegnen, das an die Stelle von nicht gelebtem Leben tritt.

Irgendwann danach kommt das Erkennen, dass auch das eigene Leben nur geliehen ist. Dann können wir entscheiden, und wenn es sein muss, jeden Tag aufs Neue, ob wir gegen den Tod anrennen oder ob wir jetzt, hier, heute lebendig sein wollen.

Lea · Was im Leben wichtig ist

Eine Freundin von mir berichtete mir einmal von dem unüberwindbaren Zwiespalt, den es bedeutet, Mutter zu sein. Jedem ihrer drei Kinder versprach sie bei der Geburt, es bestmöglich auf der Reise des Lebens zu begleiten, und jedes Mal sah sie der Wirklichkeit ins Gesicht und akzeptierte, dass das Leben ihres Kindes früher oder später auch Krankheit, Leiden und Tod bedeuten würde. »Du schenkst deinem Kind das Leben, doch dazu gehört auch immer die andere Seite«, sagte sie. »Das habe ich mir bei den Geburten bewusst gemacht, um mich selbst etwas zu schützen.« Man kann seine Kinder nicht vor allem beschützen. Sonst könnten sie nicht leben.

Meine älteste Freundin, mit der ich buchstäblich schon im Sandkasten buddelte, ist Intensivkrankenschwester in der Kinderklinik. Während ich nur versuchen kann nachzuempfinden, wie es sich anfühlen muss, einem schwer kranken Kind nicht mehr helfen zu können, hat sie Situationen wie diese schon dutzend-, vielleicht hundertfach erlebt. Sie ist selbst Mutter und erzählte mir, wie fordernd der Umgang mit den verwaisten Eltern sei. Wenn ein Kind stirbt, erlischt nicht nur dessen Lebenslicht. Wenn ein Kind stirbt, flackert auch der Lebensmut der Eltern. »Ich könnte das nicht«, denkt manch einer vielleicht, jeden Tag an der Grenze zwischen Leben und Tod, zwischen Hoffnung und Verzweiflung verbringen wie die Ärztinnen und Ärzte, Pflegerinnen und Pfleger der Klinik, »und dann noch mit Kindern.« Den Beruf können wir uns aussuchen. Was das Leben bringt, nicht. Plötzlich ist alles anders. Die natürliche Ordnung fährt gegen die Wand. Das Kind stirbt. Unsere Zukunft, unser Glück, unser Schatz, der unser Erdendasein krönte, ehrte, ist nicht mehr.

Die, die wir sind, sind wir durch die, die wir lieben. Aber wir sind auch die, die wir sind, durch die, die wir verlieren. Es gibt keine andere Antwort darauf als die, weiterzuleben. Dazu sind wir verdammt. Und das ist unsere Chance. Davon wird mir die starke, mutige und liebevolle Lea erzählen, eine Mutter, die ihr Kind verlor.

In diesen Tagen, da ich ihre Geschichte aufschreibe, ist das Schicksal eine Tür weiter eingetreten. Eine Nachbarin ist gestorben, an einem geplatzten Aneurysma. Von heute auf morgen, von jetzt auf gleich. Eine Frau in den Fünfzigern, mitten im Leben, wie man sagt. Nur zwei Mauern und ein paar Meter Luftlinie trennen mich von der Familie, die gerade ihr Liebstes verloren hat. Es fällt mir schwer, mich auf meine Arbeit zu konzentrieren. Das Sterben hört einfach nie auf. Es wird wieder passieren. Wer vom echten Leben berichtet, kann nicht wie eine Spielfilmregisseurin auf ein Happy End zusteuern. Sondern nur darauf, dass es weitergeht. Wie, das steht auf einem anderen Blatt. »Es ist keine Frage des Alters, ob etwas geschieht, es kann jederzeit etwas passieren«, würde die Biologin Lea jetzt sagen. »Die Frage ist, wie man mit dem Tod und mit den Erfahrungen und Erinnerungen umgeht.« Jeder Mensch sei ein Mosaik aus vielen Steinchen, das sich im Laufe des Lebens weiterentwickle. Alles, was geschieht, fügt sich in das Bild, kuscheln und streiten, durchtanzte und durchwachte Nächte, Lach- und Sorgenfalten. Stirbt der geliebte Mensch, bleiben die Erinnerungen als Spiegelbild der gemeinsam erlebten Zeit – ein kostbares Geschenk.

Trauerarbeit ist der von Schmerz, Dankbarkeit und widersprüchlichsten Gefühlen gesäumte Weg zu diesen Erinnerungen. Wo eben noch die letzte gemeinsame Radtour im hellsten Sonnenlicht aufblitzte, kann selbige nur einen Sekundenbruchteil später den Brustkorb eng machen und in die Tiefe saugen, bis der nächste Gedanke das nächste Gefühl aufwühlt. Trauern ist anstrengend. Ein nicht enden wollender Marathon. Ich kann durch die Wände hindurch förmlich sehen, wie sich meine Nachbarfamilie gerade mit der Vorstellung vertraut macht, dass die Erinnerung den Platz der Verstorbenen einnehmen wird. Was wir brauchen, sind Geschichten, die Mut machen und uns nach vorne schauen lassen, dorthin, wo das Geschenk der Erinnerung sich entfaltet.

Leas Schwangerschaftsbauch lächelt mich an. »Hallo, ich bin auch da«, scheint mir jemand zuzurufen, und heimlich antworte ich. Schwangere machen mich glücklich. Ich stelle mir vor, wie das Leben, das in ihnen wächst, Zentimeter für Zentimeter Teil dieser Welt wird. Während das Baby schon längst unsere Stimmen hört, kann ich nur fasziniert auf das Wunder warten, das sich in Leas Schoß entfaltet. In wenigen Wochen wird Lea, die ich über meine Schwester kenne, ihr drittes Kind zur Welt bringen. Sohn Milo ist zwei Jahre alt und gerade bei der Tagesmutter. Tochter Lotta war die Erstgeborene. Ein Jahr und fünfzehn Tage war sie bei ihrer Familie, dann starb sie im September 2017, auf Leas Bauch liegend, an einer sehr seltenen Krankheit, die lange unerkannt blieb und gegen die die Medizin machtlos ist.

Lea hat die Beine überschlagen und es sich auf ihrer Couch in Wuppertal gemütlich gemacht, was bei Novembertemperaturen, weit geöffneten Fenstern und vorbeidonnernden Autos nicht so einfach ist. Doch sie lächelt mich an und ist schon mitten in ihrer Erzählung, im Juli 2009, als sie fünfundzwanzig Jahre alt war und sich in Raphaël aus Frankreich verliebte. Drei Monate lang schwebten die Biologie-Französisch-Lehramtsstudentin und der Marketinganalyst im Kölner Himmel voller Geigen, dann begann ein Sinkflug: Bei Raphaël wurde das Non-Hodgkin-Lymphom festgestellt, eine Art von Lymphdrüsenkrebs. Raphaël musste sich einer dreimonatigen ambulanten Chemotherapie unterziehen, Lea schlüpfte in die Rolle der Kümmerin. Jeweils in der Woche nach der Infusion quartierte sie sich in seiner WG ein, hegte und pflegte ihren Freund, kochte gesundes Essen. In den drei Wochen zwischen den Infusionen ging Raphaël zur Arbeit und Lea zur Uni. Während sie im Biolabor Versuche vorbereitete, waren ihre Gedanken woanders. »Ich habe mich oft gefragt, ob die anderen wissen, was im Leben wichtig ist«, blickt Lea zurück. Ein Kommilitone, der bei einem Unfall einen Fuß verloren hatte, wurde, ohne dass er es wusste, ihr Verbündeter. »Er half mir zu begreifen, dass ich nicht allein bin. Ich war nicht die Einzige, die ein Päckchen zu tragen hatte.«

Wie ernst es um Raphaël stand, konnten die Ärzte nicht einschätzen, es gab schlichtweg zu wenige Langzeitstudien zu einem Fall wie seinem. Hoffnung machte die sich an die Chemo anschließende Antikörpertherapie, die zerstören sollte, was der Chemo möglicherweise nicht gelungen war. Auch positives Denken half dem jungen Paar. Statt mit dem Schicksal zu hadern, lebte es möglichst normal, »ein Maximum an Alltag«, und diskutierte die Bedeutung der Situation. Raphaël erkannte die Krankheit als Chance und suchte sich eine Arbeit, mit der er Gutes bewirken konnte. Die Wogen glätteten sich. Die Nachsorgeuntersuchungen blieben ohne Befund. Raphaël ging den nächsten Schritt und entschied sich für ein Masterstudium, Lea für ein Gymnasium im Ruhrgebiet. Wuppertal wurde ihr neues Zuhause. Als Lea zwei Jahre lang an der Schule unterrichtete und Raphaël einen neuen Job in der Flüchtlingshilfe antrat, kam Lotta zur Welt. »Nach einer Schwangerschaft, die mit viel Freude verbunden war, gerade nach Raphaëls Vorgeschichte. Alle freuten sich sehr mit uns, auch die Großeltern, die ihr erstes Enkelkind erwarteten.« Im anthroposophischen Gemeinschaftskrankenhaus Herdecke erlebte Lea eine problemlose Geburt. Sie erzählt, als sei es gestern gewesen, erinnert sich an Details. »Menschlich haben wir uns rundum wohlgefühlt. Sie lassen dich nach der Geburt erst einmal zwei Stunden mit dem Baby allein, damit man als Familie ankommen kann.« Das war wunderschön. Nur wog Lotta lediglich 2,7 Kilogramm. Und trank nicht richtig.

Wenn sie an der Brust der Mutter trinken wollte, schleckte Lottas kleiner Mund mehr, als dass er saugte. Lea pumpte Milch ab, um die Milchbildung anzuregen, und die Krankenschwestern überprüften immer wieder mit dem Finger Lottas Interesse am Trinken. Nach zwei Tagen wechselte die Familie von der Wöchnerinnen- auf die Kinderstation. »Das war wie ein Umzug von der heilen in eine klinische Welt.« Jetzt war von einer Magensonde die Rede, Lotta bekam Stuten- und Fläschchenmilch und wurde zur Überwachung von Herzfrequenz und Sauerstoffsättigung verkabelt. Nichts war mehr so, wie Lea sich das vorgestellt hatte. Keiner wusste, was los war, irgendetwas stimmte wohl nicht mit Lottas Muskeltonus, doch mehr konnte der Neurologe nicht sagen. Auf manche Pflegekräfte wirkte Lotta wie ein Frühchen, das noch nicht richtig da war und mehr Zeit brauchte. Dann begann auch noch die kräftezehrende Hormonumstellung und unter die grenzenlose Freude angesichts des friedlichen, süßen Babys mischte sich Unsicherheit. »Als wir nach zwölf Tagen endlich das Krankenhaus verließen, wussten wir nicht, was Lotta hatte oder wie wir ihr helfen konnten.« Auf der Rückfahrt deckte die Familie sich in der Drogerie mit Fläschchen und Milchpulver ein. »Das war alles eigentlich nicht vorgesehen.« Realität war ein kräftezehrender Fütterzyklus: Zwei Stunden brauchte der zierliche Säugling für eine kleine Portion, dann musste Lea wieder Milch abpumpen und von vorn beginnen, Lotta sollte alle drei Stunden trinken.

Viele Termine bestimmten ihre ersten Lebensmonate, Ergotherapie, Physiotherapie, Logopädie, Kinderarzt, ohne dass sich eine Diagnose abzeichnete. Wo auch immer Lea mit Lotta auftauchte, ging die Sonne auf. Das Mädchen schenkte jedem ein Lächeln und stahl sich in jedes Herz. Eine Logopädin machte Lea Mut: Es gehe nicht darum, dass Lotta zu einem bestimmten Zeitpunkt etwas Bestimmtes können müsse, sondern darum, dass Lotta dann, wenn sie etwas Bestimmtes tun möchte, zum Beispiel krabbeln, dieses tun könne. Lea machte mit Lotta einen Schritt nach dem anderen, bemühte sich, sie mit so viel gesunder Muttermilch zu füttern wie möglich. Als beim *PEKiP* noch einmal deutlich wurde, wie anders ihre Tochter sich entwickelte, war das weniger für sie als für die Kursleiterin ein Problem. Lea schaffte es, die Gruppenstunden und den Austausch mit den anderen Eltern dennoch zu genießen, ein Lichtblick im sich drehenden Karussell aus Abpumpen, Logopädieübungen, Füttern, Wickeln und Physiotherapieübungen. »Wir lebten den Alltag, den wir leben konnten. Wir schauten darauf, wie Lotta sich entwickelte, und nicht darauf, was sie nicht konnte.«

Als sie neun Monate alt war, wollte die Familie auf mehrwöchigen Verwandtenbesuch nach Frankreich fahren. Sicherheitshalber schickte die Kinderärztin sie vorher noch einmal ins Krankenhaus, Lotta wog statt sieben bis zehn Kilogramm wie gleichaltrige Mädchen nur fünfeinhalb. Aus der Stippvisite wurde ein zehntägiger Klinikaufenthalt. Lotta wurde per Magensonde ernährt und im MRT untersucht, die Bilder sollten Spezialisten vorgelegt werden. Zum ersten Mal deutete sich ein Verdacht an: Es könnte etwas mit den Mitochondrien nicht stimmen, und die, erklärt Lea mir, sind wichtig, um den Zellen die Energie bereitzustellen, die sie brauchen. Da war der Biologin klar, dass es ernst ist. Ein Arzt formulierte es so: »Das kann lebenseinschränkend sein.« Als die jungen Eltern sich, das Auto bis unters Dach mit Sondennahrung und Kanülen vollgepackt, auf den Weg nach Frankreich machten, wussten sie nicht, ob er damit Lottas Lebensqualität oder ihre Lebenserwartung meinte. Oder beides.

Der Urlaub war schön, die Eltern abgelenkt, sie mussten so oder so auf die MRT-Analyse der Spezialisten warten und konnten genauso gut die Familie besuchen. »Ein normaler Alltag war uns wichtig wie bei Raphaëls Erkrankung«, erinnert Lea sich. Zuerst fütterten sie Lotta von Hand, und wenn sie erschöpft war, verabreichten sie ihr den Rest der benötigten Kalorienmenge über die Sonde. Alles ging gut, bis kurz vor Ende der Reise in Paris. Da stand Lotta neben sich, wurde nicht recht wach, und als Lea und Raphaël schon dabei waren, ein paar Sachen fürs Krankenhaus zu packen, wurde die Kleine ohnmächtig. Ein Krankenwagen brachte sie in eine Spezialklinik für mitochondriale Erkrankungen. »Ich sehe es noch vor mir, wie wir mit Blaulicht in die Klinik fuhren. Als ich im Krankenwagen ein Foto von Lotta machte, schaute der Arzt mich rügend an und sagte: ›Sie wissen schon, dass es hier um Leben und Tod geht.‹ Aber ich brauchte das für meine Verarbeitung«, blickt Lea zurück. »In dem Moment funktionierte ich einfach nur. Doch ich wusste, dass wieder ruhige Momente kommen würden, in denen ich etwas zum Festhalten brauchte.«

In der Klinik wurde Lotta auf der Intensivstation versorgt und beatmet. Ein Arzt klärte die Eltern über die lebensbedrohliche Stoffwechselentgleisung ihres Babys auf. Lea wollte nur noch zu Lotta: »Sie sollte spüren, dass wir bei ihr sind.« Das war nicht so einfach, Besuch war nicht gern gesehen. Immerhin konnte ein Elternteil bei Lotta auf einem Ausziehsessel schlafen, »eine belastende Situation«. Knapp eine Woche lang brauchte Lotta Atemunterstützung. Das

Baby ging unter den riesigen Apparaten fast unter, strahlte aber selbst unter der Beatmungsmaske über beide Wangen. Lea und Raphaël vermissten die freundliche Betreuung des Herdecker Krankenhauses. Hier in Paris wurde rigoros morgens um halb sechs zur Blutabnahme geweckt, selbst ein Säugling wie Lotta, und das versetzte den Eltern jedes Mal einen Stich ins Herz.

Wenigstens gab es einen Ansatzpunkt für die Diagnostik. Man vermutete, dass Lotta das Leigh-like-Syndrom hatte, die Analyse des entnommenen Gewebes würde noch mehrere Monate dauern. »Aber selbst wenn es Gewissheit gäbe, könnte uns niemand sagen, was das konkret für Lotta bedeutete, weil die Krankheit ganz unterschiedliche Verläufe nimmt.« Nur eines würde im Fall der Fälle feststehen: dass Lotta an dem Syndrom sterben würde.

Ein Ambulanzflugzeug brachte die Familie zurück nach Deutschland, vom Rollfeld aus ging es ins Herdecker Krankenhaus, wo Lottas Ernährung wieder eingestellt wurde. Eine Ärztin nahm Lea und Raphaël unter ihre Fittiche. Sie sprach nach und nach Szenarien an, die eines Tages auf die Eltern zukommen könnten, Infekte, Impfungen oder eine nochmalige Stoffwechselentgleisung mit künstlicher Beatmung. »Das war doch einen Schritt zu früh! Wir wollten uns nicht mit dem Gedanken auseinandersetzen, was passieren würde, wenn Lotta noch einmal ohnmächtig werden sollte.« Und doch war das Vorgehen der Ärztin für das Paar richtig und wertvoll. »Wir mussten uns das ja überlegen. Es war unumgänglich, dass wir mit Lotta wieder ins Krankenhaus müssten, und wahrscheinlich sogar immer wieder.« Doch dass sie nur noch einen Monat mit ihrer Tochter hatten, das ahnten sie nicht.

Fünf, sechs Wochen Frankreich, der Notfallaufenthalt in der Pariser Klinik, dann zehn Tage im Krankenhaus Herdecke, und am Tag danach, pünktlich zum Schulbeginn nach den Sommerferien, fing für Lea nach ihrer Elternzeit wieder

der Schulunterricht an – in einer absoluten Ausnahmesituation. »Wir kamen ja gerade erst aus dem Krankenhaus.« Lea trat die Flucht nach vorn an, informierte Schulleitung und Lehrerkollegium. »Es war für mich leichter, wenn alle wussten, wie es mir ging.« Die meisten Reaktionen taten ihr gut, nur eine hängt ihr bis heute im Ohr: »Na ja, wird schon alles gut werden«, sagte ein Kollege. Nein, wird es nicht.

Zweieinhalb Wochen später freuten sich alle auf die Hochzeit von Leas Mutter am nächsten Tag, als Lotta sich übergab und unregelmäßig atmete. Sofort brachten Lea und Raphaël sie nach Herdecke, dankbar dafür, auf die mit der Ärztin abgesprochenen Szenarien zurückgreifen zu können. Mit künstlicher Beatmung und Medikamenten kam Lotta gut durch die Nacht, und zerrissen zwischen all den Gefühlen besuchte Lea am Samstag die Trauung, während Raphaël bei Lotta im Krankenhaus blieb. »Wir waren positiv gestimmt, es ging Lotta schon wieder besser.« Am Sonntagmorgen frühstückte Raphaël mit den Hochzeitsgästen und Lea sang Lotta in den Schlaf. Sie würde nicht mehr erwachen. Ab dem Nachmittag waren ihre Werte durcheinander. »Man hat richtig gesehen, dass der Körper nicht mehr klarkam.« Mal glühte Lotta, mal fiel ihre Temperatur ab, der Herzrhythmus war unregelmäßig, die Sauerstoffsättigung nahm ab. Irgendwann sagte jemand, dass es sein könne, dass Lotta sich nicht mehr erhole. »Da haben wir wie die Schlosshunde geweint. Dein Kind ist noch da und atmet noch und lebt noch … dann kann man doch eigentlich noch etwas tun? Das kriegt man nicht zusammen. Das war der allerschlimmste Moment, die Vorstellung, dass es dem Ende zugeht, obwohl sie doch noch lebt …« Die ganze Nacht über versuchten die Ärzte und Pfleger, Lotta zu stabilisieren. Nach einer Phase von hoher Temperatur konnte Lea dabei helfen, ihre Tochter zu waschen und frisch anzukleiden. Die restlichen Stunden rannen unsäglich langsam dahin, angefüllt mit Bangen, Warten und machtlosem Aushalten. Lea schenkte Lotta so viel Nähe wie möglich.

Am nächsten Morgen war die vertraute Ärztin da. Mit ihr besprachen die Eltern die Optionen. Als klar war, dass es nur noch eine Frage der Zeit war, bis Lottas Körper aufgeben musste, entschieden die Eltern sich dafür, die künstliche Beatmung einzustellen und Lotta zu sich ins Bett zu nehmen. Den kleinen Körper weiter für nichts und wieder nichts zu intubieren, kam für sie nicht infrage. Ein Akt der Liebe, der das Herz zerriss, während der Verstand sich an jede Minute Leben klammerte.

»Wir waren allein im Zimmer, nur wir drei. Lotta lag nur mit einer Windel bekleidet auf mir. Es hat sich so angefühlt, dass sie so von uns geht, wie sie gekommen ist, mit ganz viel Körperkontakt und irgendwie auch ruhig. Meine Atmung hat sie gewiegt. Ich habe erst gar nicht mitbekommen, dass sie nicht mehr atmete, ich war so verbunden mit ihr. Erst als Raphaël, der neben mir lag, zu weinen anfing, realisierte ich es. Wenn man dann hört, dass das eigene Kind nicht mehr atmet, ist das die krasseste Erfahrung, die einem widerfahren kann. Es ist so definitiv. Unwiederbringlich.«

Raphaël hielt Lotta noch lange in seinen Armen. Lea gab sie frei, aus Angst, ihre Tochter könnte sich bald kalt und steif anfühlen. So war es auch Raphaël, der Lotta zusammen mit einer Krankenschwester noch einmal wusch und ankleidete. Alles geschah in Ruhe, unter Tränen natürlich, doch in der Zeit, die es brauchte. »Wir wussten nicht, wie es weitergeht«, blickt Lea zurück. Das Krankenhausteam war an ihrer Seite. »Es muss nicht weitergehen«, hieß es. »Sie können Lotta einfach im Arm halten oder ins Bettchen legen.« Sie hätten auch noch zwei, drei Tage in dem Zimmer bleiben können, entschieden sich gegen Abend aber dafür, nach Hause zu fahren. Mit dem leeren Kindersitz im Auto.

Das Herantasten an den Gedanken, dass Lotta nie mehr zurückkommen würde, muss furchtbar gewesen sein. Alles in der Wohnung erinnerte die Eltern an ihren Sonnenschein. Alles hatten sie in den letzten zwölf Monaten dafür getan, um ihrem Töchterchen zu helfen. Jetzt war es gestorben, noch bevor geklärt werden konnte, was es hatte. Mit einer Freundin fuhr Lea zurück in die Klinik, nahm eine Lichterkette und Fotos mit und schmückte damit den Aufbahrungsraum, in dem sie Lotta besuchen konnten. Bei ihr zu sein, tat gut und zerriss das Innerste. Lea weinte und weinte, der Schmerz floss in Strömen aus ihr heraus. Wenige Tage später waren sie zu einer Abschiedszeremonie eingeladen, die das Krankenhausteam ausrichtete. Dieselbe Nähe und Wärme, die während der Betreuung zu spüren gewesen war, erfuhr die Familie auch jetzt. Offene Worte, ein echtes Innehalten im Klinikalltag, Anteilnehmen von Mensch zu Mensch. »Es hat uns sehr berührt zu erleben, dass Lotta auch den Mitarbeitern wichtig war und dass es sie bewegt, wenn ein so kleines Kind stirbt.« Ein Arzt trug ein Gedicht vor, eine Ärztin spielte auf der Geige und Raphaël sang für seine Tochter ein Lied. Nichts war leicht, nein, absolut nicht, doch Zeit und Raum für den Abschied von Lotta zu bekommen, war ein Segen. Es war das letzte Mal, dass Lea und Raphaël Lotta sahen.

Am 2. Oktober wurde Lotta auf einer Kirschbaumwiese beigesetzt, in einer Urne, die ihre Eltern für sie aus Holz gestaltet hatten. Die Trauernden gaben ihr Rosenblätter mit und ließen Seifenblasen für sie steigen, die Großeltern aus Frankreich lasen ein selbstverfasstes Gedicht vor, Freunde machten Musik, andere Freunde hielten die Trauerrede und Raphaël sang wieder das Lied, das er schon einmal für Lotta gesungen hatte. Stück für Stück fügte die Zeremonie sich aus Botschaften der Liebe und Verbundenheit zusammen, so wie die Eltern es sich gewünscht hatten. Nur ein Jahr lang war Lotta Teil ihrer Welt gewesen und hatte doch so vielen Menschen etwas bedeutet. »Lotta hat viel bewirkt. Sie hat unser Leben verändert und bereichert. Sie ist gestorben, aber die Erinnerungen an sie leben weiter.« Dafür wurde die Beerdigung das Sinnbild, ein unendlich schmerzhaftes, aber schönes – stimmig, wenn man so will –, bis auf den Satz, den jemand am Grab sagte: »Jetzt könnt ihr wieder nach vorn blicken.« Es sind Sätze wie diese, die Trauernde zurückweichen lassen.

All das Organisieren und Abstimmen der vergangenen Tage war nun passé. Jetzt mussten jeden Tag vierundzwanzig Stunden ohne all das gefüllt werden. Und ohne Lotta. Lea nahm sich Zeit, ließ sich krankschreiben. Sie war jetzt eine Mutter ohne Kind in Elternzeit, alles so verkehrt und falsch, dass noch nicht einmal die Schulbehörde wusste, wie ihr Fall zu behandeln war. Zuerst verbrachten sie und Raphaël ein paar ruhige, heilsame Tage mit Freunden in einem Ferienhaus am Meer, dann ging Raphaël wieder arbeiten und Lea unter Menschen, zu ihren Freundinnen und deren Babys, völlig frei von Neid, weil es einfach richtig war, dass sie gesund und munter waren. Lea stellte ein Buch mit Bildern von Lotta zusammen, wusch und verpackte ihre Kleidung, die ein Geschwisterkind in Zukunft noch tragen könnte. Die Krabbeldecke, die sie weggeräumt hatte, legte sie wieder ins Wohnzimmer. Es war sonst einfach zu leer.

Ein letztes gemeinsames Durchatmen mit Raphaël in den Herbstferien, dann die Rückkehr an die Schule, ein für mich kaum vorstellbarer Überwindungssprung ins kalte Wasser, um den Neuanfang hinter sich zu bringen. »In dieser Zeit hätte ich lieber einen anderen Beruf gehabt, als Lehrerin zu sein«, räumt Lea ein. »Es war extrem schwer für mich, die Energie dafür aufzubringen, fünfundzwanzig Kinder oder Jugendliche zu animieren.« Während ich mich auf der Alp in den Kuhstall rettete und zwischen Berna und Romy kleinmachte, musste Lea vor ihre Klassen und Kurse treten. Wieder entschied sie sich dafür, ihre Situation anzusprechen. Das tat weh, ging für sie aber nicht anders. »Ich wollte nicht, dass Lotta aus meinem Leben ausgeklammert wird.« All das war anstrengend und Lea wurde schnell reizbar. Die Trauer brauchte einen Großteil ihrer Energie auf, während sie versuchte, in der Schule ihre Frau zu stehen und einen Familienalltag zu leben, in dem sich ohne Kind alles komisch anfühlte. Interessant, dass genau das Lea tröstete. »Die Spuren von Lotta überall in meinem Leben machten erträglicher, dass sie nicht mehr bei uns war.« Eine Kollegin schrieb ihr eine E-Mail, brachte zur Sprache, mit den richtigen Worten zu hadern. »Mir hat diese Nachricht gutgetan.« Es kommt eben nicht auf perfekte Formulierungen an, sondern auf die Zeichen von Verbundenheit.

Ein Jahr lang hatte Lea alles für ihre Tochter gegeben. Im Jahr danach kümmerte sie sich Schritt für Schritt um sich selbst. Bei einer Osteopathin konnte sie sich fallenlassen, fühlte sich aufgehoben und geborgen. »Endlich brauchte ich nicht stark zu sein.« Mit Raphaël ging sie zu einem Verein für Trauerarbeit, einmal nur, es war nicht das Richtige. Einen Psychologen, der auch mit Sternenkinder-Familien zu tun hat, besuchten sie über Monate, zu zweit und jeder für sich. Vielleicht hat das Lea darin bestärkt, wann immer möglich den Weg der Offenheit zu wählen. Unverändert hat Lotta ihren Platz in der Familie. Freunde gehen mit auf den Friedhof, um ihr Grab zu besuchen, und wenn jemand, egal ob Groß oder Klein, fragt, wer das Baby auf den Bildern in der Wohnung sei, erzählen Lea und Raphaël von ihrer Tochter und holen das Fotobuch aus dem Regal. Natürlich schmerzt das. Viel mehr aber würde es schmerzen, die verstorbene Tochter zu übergehen. Und, so erfahren es Lottas Eltern, Offenheit ruft Offenheit hervor. Indem sie selbst eine Erinnerungskultur gestalten, geben sie ihrem Umfeld die Möglichkeit, ohne Berührungsängste daran teilzuhaben.

Ein Jahr schenkte Lotta ihren Eltern. Und ein ganzes Leben voller Erinnerungen.

Julia · Eine große Mission

Das mit dem Glücklichsein war auch vor Flos Tod so eine Sache. Ich weiß nicht mehr, wann es war, dass ich begriff, dass Glück für mich kein Zustand, sondern ein Moment ist. Seit ich mich erinnere, schickte meine Mutter ihren Freundinnen und Verwandten Glückwunsch- und Weihnachtskarten. In meiner Familie wird nun mal nicht gern telefoniert, vor allem nicht an Feiertagen, denn da wollen wir die Zeit ja miteinander und nicht am Telefon verbringen. Zum Geburtstag oder zum neuen Jahr wünschten die Erwachsenen sich Gesundheit, Glück und Zufriedenheit. Gesundheit, das leuchtete mir ein. Glück natürlich auch, an allererster Stelle! Doch Zufriedenheit? Was war das? Wenn es das Lieblingsessen gab? Oder wir noch eine Stunde länger aufbleiben durften? Im Vergleich zu Glück klang Zufriedenheit in meinen Kinderohren fad und schal. Das musste was für alte Leute sein. Sollten die sich doch mit Zufriedenheit zufriedengeben.

Heute ist, man ahnt es kaum, Zufriedenheit mein allerliebster Zustand. Natürlich genieße ich auch Glücksgefühle in reinen, puren Glücksmomenten. In all der restlichen Zeit aber, an etwa 345,8 Tagen im Jahr, möchte ich einfach nur dankbar sein für die, die ich bin, und das, was ich habe. Ich muss mich nicht permanent himmelhochjauchzend fühlen. Es ist gut, wenn es okay ist. Ich schätze Stabilität, seit Flos Tod mehr denn je. Neutral ist gut, neutral ist unvermintes Gebiet. Mag sein, dass ich manchmal mit angezogener Handbremse unterwegs bin und das Autoradio lieber auslasse, anstatt zu riskieren, in Tränen auszubrechen, wenn auf ein fröhliches Lied unvermittelt eine Ballade folgt. Wem ein Schicksalsschlag den Boden unter den Füßen weggerissen hat, braucht erst einmal eine große Portion Beständigkeit und Sicherheit. Sie sind die schützenden Felswände links und rechts des Wegs durch das Tal der Trauer. Sie sind der

Kokon, in den man sich einspinnen kann. So wie Julia, als ihre Welt unvermittelt einstürzte. Die Welt, zu der seit zweieinhalb Wochen Töchterchen Emma gehörte.

Julia hat sich dafür entschieden, für unser Gespräch zu mir zu kommen. Nachdem sie Emma in die Kita gebracht und den Rhein überquert hat, ist sie nun hier, in meinem Wohnzimmer, das nach hinten raus in ein Karree aus Gärten geht. Sie sitzt auf der Couch, unter den Bildern von Ziegen, Milchkannen und Alpenrosen. Schräg über ihrem Kopf baumelt ein Weihnachtsbaummobile, die Fensterbank komplettiert die Weihnachtsdekoration mit einer Krippe aus dem Weltladen, einem kleinen Schwibbogen und Selbstgebasteltem von meiner Mutter. Julia ist vier Jahre jünger als ich, die Schwester einer Schulkameradin von mir und vor ein paar Jahren der Liebe wegen und ihren beiden Schwestern hinterher aus dem Siegerland nach Köln gezogen. In wenigen Monaten wird das Unglück sich zum dritten Mal jähren. Julias Sturz war tief, so kurz nach der Geburt von Emma, und grausam. Ihr Verlobter Nico starb mit fünfunddreißig Jahren nachts zu Hause im Schlafzimmer. Julia hatte keine Chance, ihn zu retten.

Nach einer Liebesgeschichte, wie sie nicht schöner hätte erfunden werden können. Am Fetztag – oder Abistreich, wie man in Köln sagt –, als Nico in der fünften und Julia in der sechsten Klasse war, rasselten die beiden aneinander. »Was für ein Idiot«, befand Julia und ging der Nervensäge von da an aus dem Weg, auch, als sich später ihre Freundeskreise überschnitten. Im Jahr 2009, Julia hatte in der Zwischenzeit eine Ausbildung bei einer Versicherung absolviert, landete Nico wortwörtlich auf ihrem Schreibtisch. Er hatte sich beim Sport verletzt und Julia war die zuständige Sachbearbeiterin. Sie telefonierten, dockten an die gemeinsame Schulzeit an und klärten den Fall. Drei Jahre später liefen sie sich beim Ehemaligentreffen ihrer Schule über den Weg. »Du bist doch die von der Versicherung«, sprach Nico Julia spätabends an der Theke an. Sie quatschten sich fest. Bevor Julia nach Hause ging, tat sie etwas, das sie noch nie getan hatte: Sie gab Nico ihre Handynummer. Und was tat er? Rief sie nicht an. Ein paar Monate später sollte es dann aber doch noch mit den beiden klappen. Nico hatte seine Diplomarbeit abgegeben, war in Feierlaune und besuchte eine Open-Air-Party in Julias Dorf. Wieder kreuzten sich ihre Wege, und endlich funkte es. »Wir haben den ganzen Abend zusammen verbracht. Von da an war es klar, dass wir zusammengehören«, erzählt Julia. »So eine Wucht hatte ich noch nicht erlebt. Das gibt es wahrscheinlich nur einmal im Leben. Es war wie Arsch auf Eimer.« Da begannen die besten Jahre ihres Lebens.

Mit Nico an ihrer Seite blühte Julia, die schwierige Zeiten hinter sich hatte, auf. Freitags nach Feierabend fuhr sie zu ihm in seine Kölner WG. Dort war immer etwas los, alle waren unbeschwert und ausgelassen, und als sich die Wohngemeinschaft ein Jahr später auflöste, fanden Nico und Julia ihre Traumwohnung, eine Maisonette in Ehrenfeld mit vierzig Quadratmeter großer Dachterrasse. »Das ist unsere Wohnung«, sagte Nico schon beim Betreten. Ein halbes Jahr lang pendelte Julia noch zu ihrer Arbeitsstelle im Sauerland, dann konnte sie sich nach Düsseldorf versetzen lassen und von Ehrenfeld aus mit dem Zug zur Arbeit fahren. Nico installierte eine Gartendusche auf der Dachterrasse, in heißen Sommernächten veranstalteten sie dort Open-Air-Kinovorstellungen und übernachteten sogar draußen. »Es hat einfach gepasst, wir waren eine gute Kombination«, sagt Julia über ihre Partnerschaft. Nico hat sie lockerer gemacht, sie hat ihn strukturiert, und beide liebten es, den anderen auf die Schippe zu nehmen. »Aber immer respektvoll. Wir konnten gut austeilen und auch einstecken.« Sie reisten gern, fuhren oft nach Dubrovnik, die Heimat von Nicos Mutter, und in die Berge zum Wandern. Julia war angekommen. Nicos Lebensfreude, Leichtigkeit und Selbstsicherheit waren ein

Teil von ihr geworden. Jetzt konnten sie langsam das nächste Kapitel aufschlagen, das Kapitel Nachwuchs, auch wenn das vielleicht nicht einfach werden würde: Julia hat eine Autoimmunerkrankung und Nico hatte infolge einer Hodenkrebserkrankung vor einigen Jahren nur noch einen Hoden. Umso größer war die Überraschung, als Julia nur wenige Wochen nach der Entscheidung, der Natur ihren Lauf zu lassen, schwanger wurde, gerade, als sie die Flüge für eine Neuseelandreise über den Jahreswechsel 2017/2018 gebucht hatten. Aus der federleichten Verliebtheit wurde die Ernsthaftigkeit, durch ein Kind für immer miteinander verbunden zu sein. Und für Julia nahm der lang ersehnte Traum eines harmonischen Familienlebens Gestalt an, der mit der Geburt ihres Babys Mitte April 2018 Wirklichkeit werden würde.

Die vierwöchige Reise nach Neuseeland wurde ein Abenteuer. Julias Bauch wurde größer und größer, und in dem zum Camper umgebauten *Honda* war für zweieinhalb Personen kaum Platz. »Wir waren auch beide keine Feenwesen«, schmunzelt Julia in Erinnerung an ihren Zwei-Meter-Partner, der 130 Kilo auf die Waage brachte. Mehrmals in der Nacht aus dem Camper zu klettern, um draußen in die Büsche zu huschen, entpuppte sich als akrobatische Herausforderung. Doch die gewaltigen Landschaften zusammen mit Nico zu erleben, entschädigte Julia für so manche Strapaze. Am letzten Abend nahmen die beiden an einer Mole in Christchurch Abschied von Neuseeland. Julia war aufgelöst. Für sie endete nicht nur diese Reise, sondern auf eine Weise auch die Zweisamkeit mit Nico. Bald würden sie zu dritt und eine Familie sein. Alles würde anders werden. Alles in ihr sträubte sich, sie wollte partout nicht nach Hause. »Als ob ich etwas geahnt hätte.«

Zurück in Deutschland nahm das Paar seinen Alltag wieder auf, im restlichen Januar und im Februar. Am 2. März ging Julia zum letzten Mal vor der Mutterschutzfrist arbeiten. Am 6. März, als sie sich mit Nico gerade in einem Geschäft nach Aufbewahrungskisten für das zukünftige Kinderzimmer umsah, spürte sie plötzlich Feuchtigkeit zwischen ihren Beinen. »Ich zog Nico in eine ruhige Ecke und sagte zu ihm: Ich glaube, die Fruchtblase ist gerade geplatzt. Es könnte sein, dass es losgeht.« Ihre Herzen klopften und ihre Gedanken überschlugen sich, es waren doch noch sechs Wochen bis zum errechneten Geburtstermin! Sie gingen zum Auto, riefen in der Uniklinik an und sagten: »Aber wir haben doch noch gar nicht die Tasche gepackt!« Nico raste nach Hause, rannte in die Wohnung, stopfte, während Julia ihm vom Auto aus übers Handy Anweisungen durchgab, Kleidung und Waschzeug in eine Tasche, sprang zurück ins Auto und düste zur Klinik. Dort angekommen, wurde Julia erst von einer Hebamme, dann von einem Arzt untersucht. Der Muttermund sei geschlossen, hieß es. Sie habe wohl Urin verloren, ätzte der Arzt. Die kalte Atmosphäre des Raums, dessen Boden von einer Vorgängerin noch blutverschmiert war, tat ihr übriges: Julia fühlte sich hilflos und verletzt. »Ich schämte mich. Ich hatte die Zeichen meines Körpers wohl falsch interpretiert.« Sie wurden nach Hause geschickt, eingeschüchtert und verunsichert.

Doch dann begannen auf der Heimfahrt die größten Schmerzen ihres Lebens. Mehrmals musste Nico anhalten und Julia aus dem Auto helfen, weil sie sich vor Schmerzen winden musste. »Das Schlimme war, dass ich nicht wusste, was mit mir los war. Im Krankenhaus hatte man mich ja als Fehlalarm abgestempelt.« Zu Hause angekommen, schleppte sie sich die vier Etagen hoch und legte sich in die Wanne. Ihr war klar: Krämpfe würden sich im warmen Wasser lösen, Wehen nicht. Nichts löste sich. Nico rief im Krankenhaus an. Julia solle krampflösende Tabletten nehmen und sich nicht so anstellen, es sei doch alles in Ordnung, lautete die Order. Als Julia daraufhin Nico das Blut zwischen ihren Beinen zeigte, entschied er: »Wir fahren zurück ins Krankenhaus.« Wieder eine Horrorfahrt, während an Julias Beinen Blut hinabrann. Irgendwie schafften sie es ins Gebäude. Eine Hebamme nahm sich Julia an. Der laxe Ton war weg, der Wind hatte sich gedreht. »Der Muttermund ist offen. Das Kind kommt. Jetzt.« Vierzig Minuten später hatten die Schmerzen ein Ende. Emma war da, gesund und munter! Aus einem Traum war eine Tochter geworden. Und aus einer klitzekleinen Wahrscheinlichkeit ein Wunder.

Wie groß dieses Wunder war, weiß Julia heute. Wäre sie nur ein bisschen später schwanger geworden oder hätte Emma es nicht so eilig gehabt, hätte Nico seine Tochter nie kennengelernt. »Nico und Emma übergaben sich gewissermaßen den Staffelstab, als ob sie sich abgesprochen hätten. Als ob alles so kommen sollte.« Achtzehn unbezahlbare Tage lang waren sie eine Familie. In den ersten vierzehn Tagen, als Mutter und Tochter noch in der Uniklinik waren, hatten sie leider nicht viel voneinander. »Statt eines kuscheligen Familienzimmers gab es dort strenge Besuchszeiten und für mich Dusche und WC auf dem Gang«, erinnert sich Julia. Am Montag der Entlassungswoche ließen sie auf dem Standesamt Nicos Vaterschaft anerkennen, am Dienstag holte Nico Julia und Emma aus der Klinik nach Hause. Am Mittwoch bekamen sie Besuch, den Donnerstag verbrachten sie endlich für sich. Am Freitagabend ging Nico mit seinen Freunden aus, um auf Emma anzustoßen. Als er am Samstagmorgen aufwachte, sagte er zu Julia: »Heute Nacht ist in meinem Körper etwas passiert.« Keine vierundzwanzig Stunden später würde Nico nicht mehr da sein.

Das Tempo der Geschehnisse ist kaum zu begreifen. Das Leben als Familie hatte doch gerade erst begonnen! Nico starb auf dem Höhepunkt seines Lebens, voller Liebe für seine Tochter und seine Verlobte. Mit fünfunddreißig Jahren ist in unserer Vorstellung ein Leben eigentlich nicht zu Ende. Aber kann es vielleicht fertig gelebt sein? Hatte Nico alles erreicht, was für ihn bestimmt war? »Als damals der Krebs festgestellt wurde, war das purer Zufall«, blickt Julia zurück. »Ich versuche, meinen Frieden in dem Gedanken zu finden, dass Nico dadurch neun Jahre geschenkt wurden.« Wunderschöne Jahre, gekrönt von dem größten Glück auf Erden, von Emma.

An jenem Samstagmorgen also erzählte Nico Julia von einem Druck auf der Brust. Er fühlte sich nicht wohl, legte sich wieder ins Bett. »Da war ich sehr beunruhigt, denn Nico war sonst nicht zimperlich, noch nicht einmal bei einem Bandscheibenvorfall«, sagt Julia. »Immer wieder rief ich zu ihm ins Schlafzimmer unter dem Spitzdach hoch, ob alles in Ordnung sei.« Am Nachmittag ging er ins St. Franziskus-Hospital im selben Stadtteil, wo man ihn mit Verdacht auf Herzinfarkt untersuchte. »Alles in Ordnung, ich komme gleich nach Hause«, schrieb er Julia. »Puh«, antwortete sie. Es würde ihre letzte Nachricht an ihren Verlobten sein. Von dem Essen, das er mit nach Hause brachte, rührte er kaum etwas an.

Gegen halb eins in der Nacht gab Nico Emma ein Fläschchen. Nachdem er sie wieder schlafen gelegt hatte, setzte er sich auf die Bettkante, mit dem Rücken zu Julia. »Was ist das nur?«, fragte er mehr sich selbst als Julia.

»Das hat doch so keinen Sinn, Nico, komm, wir rufen einen Krankenwagen.«

»Nein, es ist alles in Ordnung. Ich versuche jetzt zu schlafen. Wenn es morgen nicht besser ist, gehe ich wieder ins Krankenhaus.«

»Nicht dass du mir heute Nacht wegstirbst.«

»Sag so was nicht.«

Wäre es Nico gut gegangen, hätte er mit einem ironischen Spruch geantwortet. So wusste Julia, dass sie nicht die Einzige war, die Angst hatte.

Sie musste eingeschlafen sein. Julia wachte auf, als Nico sie anstieß. Nicht im Schlaf, sondern in einem Anfall, realisierte sie. Nico krampfte am ganzen Körper, rang nach

Luft. Plötzlich war er ruhig. »Mir war sofort klar, dass es um Leben und Tod ging.« Sie schüttelte ihn, rief nach ihm, schlug ihm ins Gesicht. Nichts, keine Reaktion. Panikerfüllt griff sie zum Handy und wählte den Notruf. »Sie müssen sofort kommen! Mein Mann stirbt!«, schrie sie ins Telefon. Der Mann in der Leitstelle rief sie zur Räson: »Beruhigen Sie sich! Hören Sie mir jetzt zu!« Julia wuchs über sich hinaus. Erinnerte sich an die Handgriffe, die sie als betriebliche Ersthelferin gelernt hatte. Wuchtete Nico trotz der Enge unter dem Spitzdach, wo man nicht aufrecht stehen konnte, in die richtige Position. Begann mit der Herzdruckmassage. Redete auf Nico ein: »Bleib bei mir! Stirb nicht!« Hörte auf die Stimme am Telefon, die sie pausenlos ermutigte: »Hören Sie nicht auf! Machen Sie weiter! Die Kollegen sind unterwegs!« Sie musste so viel fester drücken als bei der Plastikpuppe im Erste-Hilfe-Kurs. Sie drückte um ihr Leben. Um Nicos Leben.

Dann gab es diesen einen Augenblick. Julia sah, wie das Leben aus Nicos Augen wich. »Da wusste ich, dass Nico nicht mehr da ist.« Sie sackte zusammen, starrte auf Nicos lila und blau verfärbte Lippen. Die Stimme am Telefon holte sie zurück: »Machen Sie weiter! Die Kollegen sind gleich bei Ihnen!« Sie machte weiter, wie eine Maschine. Hoffnung aber hatte sie kaum mehr.

Es klingelte an der Tür. Der Mann aus der Leitstelle dirigierte: »Die Kollegen sind da. Sie gehen jetzt zur Wohnungstür und machen ihnen auf. Ich verabschiede mich.« Wie in Trance tat Julia, wie ihr geheißen. Das Rettungsteam rannte die Wendeltreppe hoch und kümmerte sich um Nico. Dann kamen Julias Schwester Nadja und ihr Partner Timm. Julia ging auf und ab, auf und ab, hörte die Sanitäter oben ihre Arbeit machen. Irgendwann traf ein zweites Notfallteam ein, löste das erste ab, es war voll und eng und zwischen all den Luftballons, Glückwunschkarten und Geschenken zu Emmas Geburt völlig absurd. Irgendwann kam ein Sanitäter die Wendeltreppe herunter, die schlafende Emma auf dem Arm, und hielt sie ihr hin: »Ihre Tochter.« Und irgendwann dachte Julia: »Jetzt bitte nicht mehr.« Sie war jetzt mit Emma, Nadja und Timm im Kinderzimmer. Durch die Milchglastür sah sie einen Schatten auf sich zukommen. Hörte die Person auf der anderen Seite der Tür tief Luft holen und laut ausatmen. Sie wusste, was jetzt kommen würde. Der Sanitäter öffnete die Tür, sah Julia an und sagte: »Wir haben alles versucht. Wir konnten ihn nicht retten.«

Die Zeit stand still. Zwei Uhr dreiundzwanzig hatte das Handydisplay angezeigt, als Julia den Notruf abgesetzt hatte. Zwei Uhr dreiundzwanzig war es gewesen, als Emma vor achtzehn Tagen das Licht der Welt erblickt hatte. Jetzt hatte sie den Staffelstab übernommen. Und war Halbwaise.

Die Polizei kam, und ein Notfallseelsorger. Das Rettungsteam schleppte Nico die Wendeltreppe hinab. *Klong, klong* machte es, wenn sein Körper am Geländer ankam. Nadja und Timm packten das Nötigste für Emma und Julia zusammen und evakuierten sie zu sich nach Hause.

Julia krabbelte in eine Blase. »Alles war verkehrt. Nichts ergab Sinn.« Sie weinte, schlief und stillte, funktionierte für Emma, mehr schlecht als recht. Mit viel Willenskraft konnte sie trinken. An Essen war kaum zu denken. Nadja und Simone, die älteste der drei Schwestern, und ihre Mutter schirmten alles, was möglich war, von ihr ab, und halfen ihr bei den Abstimmungen mit Nicos Familie. Eine Woche lang beschlagnahmte die Staatsanwaltschaft Nicos Leichnam, dann wurde er im Bestattungshaus aufgebahrt. Julia wollte, brauchte Nico nicht noch einmal zu sehen. »Ich war ja dabei, als er starb!« Das Gespräch mit dem Bestatter und dem Priester, während Nico im Raum nebenan im offenen Sarg lag, war kaum zu ertragen. »Nico sollte endlich in Frieden ruhen.« So kam für Julia auch eine weiterführende Autopsie, mit deren Ergebnissen möglicherweise das Krankenhaus, das Nico nach den Untersuchungen wieder hatte gehen lassen, hätte angeklagt werden können, nicht infrage. Genau einen Monat nach Emmas Geburt wurde ihr Vater zu seiner letzten Ruhe gebettet. Das Leichenmahl in einer seiner Lieblingsgaststätten mit Erdbeerkuchen, Mettbrötchen und Kölsch hätte ihm gefallen.

Das, was jedem passieren kann, war Julia passiert. Ein Schicksalsschlag. Der totale Ausnahmezustand, in einer sowieso herausfordernden Zeit, so kurz nach Emmas Frühgeburt. Es gab keinen Boden mehr unter ihren Füßen. Jegliche Unbeschwertheit war ausgelöscht. Julia hatte den Menschen sterben sehen, den sie am meisten liebte. »Alle Gesetzmäßigkeiten, die ich bisher gekannt hatte, galten nicht mehr.« Nur die Sonne ging morgens aus unerfindlichen Gründen noch auf, und da war der Säugling, der trinken wollte. »Ich weiß nicht, wie ich es geschafft habe, morgens aufzustehen, ich weiß nur, dass ich es für Emma tat«, sagt Julia. »In mir drin sind Notaggregate aktiviert worden und die haben für mich weitergemacht.« Das klingt nach Leben im Autopilot-Modus mit Mutterliebe als Treibstoff. Überleben nach einem schwerwiegenden Trauma.

Ein paar Wochen später halfen unzählige Freunde dabei, die geliebte, aber für Julia zu teure Wohnung aufzulösen. Mit Unterstützung ihrer Psychologin schaffte sie es, dabei zu sein und Kleidungsstücke und andere Gegenstände von Nico, die ihr wichtig waren, in einer Kiste zu verstauen. Manchen Hausrat lagerte sie ein, anderen verschenkte sie. Was sie zusammen mit Nico in Vorfreude auf ihr Kind ausgesucht hatte, nahm sie mit in Nadjas Wohnung, ihre Höhle für die nächsten zwei Jahre.

Zeit verstrich. Zeit in bleigetränkter Watte. Julia erlebte die Trauer in jeder Zelle ihres Körpers. Jeden Handgriff musste sie sich abringen, jeder Schritt war wie Fahrradfahren in einem Orkan. »Der Geburtsschmerz war nichts dagegen.« Immer wieder rollten neue Schmerzwellen heran, rissen sie mit, schleuderten sie herum wie Herbstwind das Laub. »Trauern ist so anstrengend, man kann es sich nicht vorstellen. Es gibt nichts Schlimmeres, als das aushalten zu müssen.« Wenn unter der Dusche warmes Wasser über ihren Körper rann, brach sie schluchzend zusammen.

Als Emma vier Monate alt war, begann Julia damit, mehr nach draußen zu gehen. Sie schnallte sich die Kleine vor den Bauch und lief mit ihr durch die Stadt, Tag für Tag, Kilometer für Kilometer. So gelang es ihr, die Tage herumzubekommen, während Nadja auf der Arbeit war. Dann versuchte sie es mit einem Sportkurs und traf sich mit anderen Müttern mit Babys im Park. Die glücklichen Frauen mit ihren profanen Alltagssorgen konnte Julia jedoch nicht ertragen, sie fühlte sich allein. »Ich wurde wütend auf die Frauen, die über ihre Männer jammerten, weil sie beim Einkaufen das Waschpulver vergessen hatten. Wie gern hätte ich nur solche Sorgen gehabt!« Aber auch bei ähnlich Betroffenen, bei einer Internetgruppe und einem Treffen von jung Verwitweten, fühlte Julia sich nicht wohl. Dort las und hörte sie zu viele schreckliche Geschichten, sah nur noch schwarz. Und sie beobachtete, dass manch einer in der Trauer stecken bleiben wollte. »Das war aber nie mein Ziel. Ich will für Emma eine glückliche Mutter sein, ich möchte, dass sie unbeschwert aufwächst. Das ist meine große Mission.« Immer besser gelang es ihr, ihren Schmerz im Beisein von Emma beiseitezuschieben, in die Dunkelverarbeitung, wie sie es nennt. So kann sie für ihre Tochter funktionieren und schützt sich auch selbst. »Ich habe keine Option.« Das ist das Glück in diesem Unglück.

Fast scheint es, als habe Nico Julia auf diese Aufgabe vorbereitet. Er spornte sie dazu an, sich mehr zuzutrauen. »Du bist viel stärker, als du denkst«, sagte er oft. Das wirkt bis heute nach, und Julia spürt, dass er Recht hatte. »Er wäre stolz auf mich, und das gibt mir ein schönes Gefühl.« Etwa wenn Julia es schafft, die Frage nach dem Warum wegzuschieben und sich stattdessen auf das Positive zu konzentrieren, auf Emma, auf die wunderschöne Zeit mit Nico, auf ihre Schwestern, Eltern und Freunde. Oder wenn sie mit ihrer Rolle als Alleinerziehende hadert und zu dem Schluss kommt: »Ich bin stark. Ich bin liebenswert und gut!« Das Geschehene kann sie nicht ändern, ihre Sicht darauf schon – ihr Schlüssel für ihr neues Leben. Tag für Tag ist Nico für Julia präsent. Die Augenblicke, in denen sie nicht an ihn denkt, werden, langsam und in Mäuseschritten, mehr.

Nach Elternzeit und Auszeit hat Julia ihre Arbeit wieder aufgenommen, im Homeoffice, während Emma in der Krippe ist. Ein wohltuendes Stück Normalität, einerseits. Andererseits prallen Welten aufeinander: »Für meine Kollegen ging das Leben ganz normal weiter. Ich bin diejenige, die sich nachhaltig verändert hat.« Zwei Monate später machte Julia den nächsten großen Schritt, zog bei Nadja aus und mit Emma in ein eigenes Zuhause, das sie mit vielfältiger Hilfe gefunden hatte. Wieder hatten sie Glück mit der Wohnung: Von der Küche im Souterrain aus gelangen sie in den Garten, in dem Emma spielen kann. Nico sei mit eingezogen, sagt Julia. Viele Bilder von ihnen als Paar und von Nico mit Emma sind in den Räumen verteilt. Im Keller lagern Sachen von ihm, von denen Julia sich noch nicht trennen kann. »Er ist immer noch mein Mann.« Aber er fehlt so unendlich, seine starken Schultern, seine Lebensfreude. Die permanente volle Verantwortung für ihre Tochter lastet auf Julia. Es gab die einmalig schöne Zeit mit Nico, und jetzt gibt es den Lebensweg mit Emma. Nur die Familie, die Julia sich gewünscht hatte, dieses Mutter-Vater-Kind-Ding, gibt es nicht.

Wie verloren sie sich manchmal fühlt … Wie allein. Wenn sie auf dem Spielplatz neue Leute kennenlernt und nicht weiß, ob sie ihre Geschichte erzählen soll. Wenn Bekannte sie meiden. Oder wenn sie das Bedürfnis hat, über Nico zu sprechen, sich aber nicht traut, um ihren Freunden nicht auf die Nerven zu gehen. »Jetzt muss es doch bald mal gut sein«, meint sie in solchen Momenten ihre Gedanken lesen zu können, angefacht von der Angst, ausgegrenzt und vergessen zu werden. Als die Welt noch in Ordnung war, waren Nico und sie gern gesehene Gäste und beliebte Gastgeber. Eine in Trauer versunkene Hinterbliebene wäre die personifizierte Spaßbremse. Nur eine enge Freundin gestand Julia, nicht zu wissen, wie sie sich ihr gegenüber hilfreich verhalten könne. Sie wisse nicht, was sie im jeweiligen Moment brauche, ob sie über ihren Schmerz sprechen oder lieber abgelenkt werden möchte. »Da hilft es nur, offen miteinander zu reden«, empfiehlt Julia. »Die anderen können nicht in mich hineinschauen, und meine Verfassung ändert sich ja auch ständig.« Es ist wichtig, auf beiden Seiten alles ansprechen zu können. Und dass das Umfeld dicht am Trauernden bleibt. Eine SMS, eine Postkarte, *ich denke an dich, ich bin für dich da*, mehr braucht es oft nicht. Auch Zuspruch tut gut: »Du machst das alles gut. Du bist tapfer und stark.« »Nur«, räumt Julia ein, »wer trauert, hat das Recht auf Passivität. Man darf als Außenstehender nicht beleidigt sein, wenn keine Reaktion kommt.« Und als Trauernder dürfe man extra nachsichtig mit sich sein. Sich Zeit geben, kleine Ziele abstecken. »Seien Sie gnädig mit sich«, erinnert Julias Psychologin sie regelmäßig.

Die Wellen des Schmerzes flachen etwas ab und schwemmen Fetzen von Akzeptanz an. Der Himmel ist wieder schön, anders schön. Julia füllt ihren neuen Platz aus, als Emmas Mutter, ihre Schwestern unerschütterlich und bedingungslos an ihrer Seite. Ihre Schwestern, ohne die sie es nicht bis hierher geschafft hätte. »Ich möchte eines Tages sagen können, dass ich trotz allem ein glückliches Leben hatte, für mich und für Emma«, sagt Julia und blickt mir fest in die Augen.

Ach, Emma … In jener Nacht, die alles veränderte, wachte sie nicht auf, weinte nicht, schrie nicht. Nichts bekam sie mit. Oder alles? Seit dieser Nacht war Emma einfach nur da. Als habe sie Julias Notlage instinktiv erfasst. Dass es ums Überleben und Stabilisieren ihrer Mutter ging. »Sie ist mein Leben«, sagt Julia. »Meine Liebe zu ihr überwältigt mich selbst. Ich werde immer für sie da sein, solange ich lebe.«

Alexandra und Frank · Mariechens Mondfahrt

Meine Freundin Birte, die mir nach dem Tod meines Bruders beistand, hatte selbst ihren Bruder verloren, als er achtzehn und sie sechzehn Jahre alt gewesen war. Mantramäßig wiederholte sie, dass ich sie zu jeder Tages- und Nachtzeit anrufen könne. »Wirklich immer, Kathi. Ich lasse mein Handy für dich an.« Ich glaube, dass ich sie nachts nie angerufen habe, aber zu wissen, dass sie da war, beruhigte mich. Tagsüber schickte sie mir Textnachrichten, und wenn wir telefonierten, rang sie mir das Versprechen ab, sie noch einmal kurz anzurufen, bevor ich zu Bett ging. Zu Flos Beerdigung konnte sie leider nicht aus Hamburg anreisen und wir sahen uns auch danach für Monate nicht, ich ging über den Sommer als Sennerin auf eine Alp und Birte unterzog sich einer nächsten Chemotherapie. Trotzdem hatte ich das Gefühl, sie an meiner Seite zu haben. Wir lebten unsere Freundschaft schon lange auf Distanz und waren geübt darin, alles über das Telefon zu teilen. Es heißt, der Mensch brauche drei Dinge, um glücklich zu sein: jemanden zum Liebhaben, eine Aufgabe und etwas, auf das man hoffen kann. Wir waren auf allen drei Ebenen miteinander verbunden, waren füreinander Liebe, Aufgabe und Hoffnung. Das Jahr, in dem Flo starb, war Birtes viertes Jahr mit Brustkrebs. Sie schaffte drei weitere.

»Der Schmerz ist immer der gleiche«, sagte Birte einmal, als wir über Schicksalsschläge sprachen. Vielleicht ist der Schmerz im Kern immer gleich, aber er vermag es, sich in jedem und jeder Trauernden in vielen hundert Facetten auszudrücken. Wir weinen um den Verstorbenen und wir weinen um uns. Wir weinen darum, dass Träume wie Seifenblasen zerplatzt sind, und darum, dass der geliebte Mensch uns bei jedem Schritt fehlt. Selbst die Vergangenheit ist plötzlich anders. Das Konto der Erinnerungen, das sich bis eben ununterbrochen füllte, ist für immer eingefroren. Das Guthaben wird nicht mehr wachsen, nie mehr, und doch ist es wertvoller als je zuvor, weil es das Einzige ist, das bleibt. Es geht um Qualität, nicht um Quantität. Um geteilte, freien Herzens verschenkte Liebe, Aufmerksamkeit, Freude und Fürsorge, die auf dem Erinnerungskonto liegen.

Als Flo gestorben war, prasselte ein nicht zu bewältigender Strom an Erinnerungen auf mich ein. Ich sah unzählige Bilder von uns zusammen, als Kinder und als Erwachsene, hörte seine Stimme, sein Lachen, sah ihn mit mir im Ziegenstall auf der Alp, in unserem gemeinsamen Kinderzimmer und im Apfelbaum, beobachtete ihn beim Spielen, Schlafen und Zeichnen. Alles wollte gleichzeitig beachtet werden, als ob die Erinnerungen darum rangen, nicht in Vergessenheit zu geraten. Nach und nach beruhigte sich der Sturm. Ich begann, einzelne Erinnerungen aufzuschnappen, ihnen zu folgen und mich in sie zu vertiefen. An Flos Todestag sagte ein Freund zu mir: »Du wirst dich immer in großer Dankbarkeit an deinen Bruder erinnern.« Das wollte ich nicht hören, ich wollte einen lebendigen Bruder, keine Erinnerungen! Doch der Freund hatte recht, und wenn ich ehrlich bin, konnte mein Herz es schon damals fühlen. Nur mein Geist wollte noch nicht wahrhaben, dass das Geschenk der Erinnerung bereits hinter dem Schmerz auf mich wartete. Als wäre der Schmerz das Geschenkpapier, das ich zuerst aufreißen musste, um an das zu kommen, was dahinter lag.

Lea hatte ein Jahr mit ihrer Tochter Lotta, Alexandra

und Frank, die ich heute besuche, hatten dreieinhalb Jahre mit ihrer Tochter Marie. Beide Mädchen waren ein Jahr lang krank, ein Jahr, das sich fast minutiös in die Gedächtnisse der Eltern eingebrannt hat. Und so wie bei Lotta ahnten auch Maries Eltern nicht, dass sie ihr Kind bald verlieren würden. Vielleicht wird Liebe, wenn sie so komprimiert gelebt wird, zu einem Konzentrat. Oder nehmen wir das schönere Wort für das, was ich ausdrücken möchte: Essenz.

Alexandra und ihr Mann Frank sind Freunde von Freunden und leben im Grünen zwischen Westerwald und Rheinland. Sie sind »schon ewig« ein Paar, erzählt mir Alexandra, die mit mir am Esstisch sitzt. Frank arbeitet im Homeoffice, gesellt sich zeitweise zu uns. Nebenan spielen Ida, drei, und Nils, fünf Jahre alt. Der dreizehnjährige Tim ist in der Notbetreuung. Es ist der 3. Februar 2021 und Deutschland befindet sich im Lockdown. »Gestern war Maries siebter Todestag«, sagt Alexandra. Das wusste ich nicht. Spontan werte ich es als gutes Zeichen, dass die Familie mich ausgerechnet heute zu sich eingeladen hat. Als ein Zeichen von Stabilität. Und genau diese werde ich in den nächsten Stunden erleben. Auch wenn gestern vor sieben Jahren Marie an einem bösartigen Krebs im Bauchraum, einem Neuroblastom, gestorben ist. Wenn Alexandra und Frank den Mut und die Kraft haben, mir von Marie zu erzählen, dann will, dann muss ich den Mut und die Kraft haben, ihnen zuzuhören.

Als Marie im September 2010 das Licht der Welt erblickte, gehörte ihr Bruder Tim bereits zur Familie. Er war gerade in den Kindergarten gekommen, und was sich schon vorher abgezeichnet hatte, verstärkte sich jetzt: Tim hatte Schwierigkeiten damit, seine Gefühle zu kontrollieren, trat etwa vor lauter Freude um sich oder bewarf andere Kinder mit Bauklötzen, wenn er mit ihnen spielen wollte. Wenigstens wussten die Eltern endlich, was es mit Tims Verhalten auf sich hatte. Nach einer monatelangen Ärzte-Odyssee war im Autismus-Therapiezentrum bei Tim eine Entwicklungsstörung diagnostiziert worden: die Autismus-Spektrum-Störung. Tim wird wohl immer Schwierigkeiten dabei haben, sich auf eine Sache zu konzentrieren und sich innerhalb des gesellschaftlich akzeptierten Verhaltensrahmens zu bewegen, und er braucht mehr vertraute Strukturen und Abläufe als andere Kinder. Mit Maries Geburt ging wieder die Sonne über der Familie auf. Fast wäre Marie sogar an Franks Geburtstag auf die Welt gekommen. »Damals verstand ich es nicht, aber ich wollte partout nicht, dass das Kind an Franks Geburtstag geboren wird«, schaut Alexandra zurück. Sie weiß noch genau, wie sie im Kreißsaal die riesige Wanduhr anstarrte – es war eine Viertelstunde vor Mitternacht – und mit aller Macht die Wehen einhielt. Als die Zeiger auf die Zwölf rückten, ließ sie los. Das Baby kam in den ersten Minuten des neuen Tages. Die Eltern strahlten: Es war ein Mädchen, das die Familie komplett machte.

Marie wuchs und gedieh und zeigte keine Anzeichen einer Entwicklungsstörung wie ihr Bruder Tim. »Um Marie brauchen Sie sich keine Gedanken zu machen«, sagte ein Facharzt. Nur im Sommerurlaub auf Mallorca, als Marie knapp zwei Jahre alt war und die Familie die Insel mit einer Bimmelbahn erkundete, klagte die Kleine über Bauchweh. »Sie sagte ein paar Mal ›aua, Bauch‹, aber Kinder haben ja des Öfteren mal Bauchschmerzen, weswegen wir uns nichts dabei dachten«, erinnert sich Alexandra. Der Vorfall war bald vergessen und kam der Mutter erst Monate danach wieder in den Sinn, als Marie im Wohnzimmer stand, sich an der Couch festkrallte und unvermittelt aus vollem Halse schrie: »Aua Bauch!« »Das habe ich heute noch vor Augen.«

Alexandra reagierte sofort, stellte Marie nacheinander einem Kinderarzt, einem Facharzt und schließlich der Bonner Uniklinik vor. Die Ärzte entdeckten eine Nierenbeckenerweiterung und setzten für Ende Januar eine Operation an, einen Routineeingriff, bei dem Marie die Klinik nach nur einer Nacht würde verlassen können. »Damals machten wir uns große Sorgen um die Narkose. Es war das erste Mal, dass eines unserer Kinder narkotisiert werden musste.« Am Tag der Operation begleiteten Alexandra und Frank Marie in den Operationssaal, dann schickte der Chirurg die Eltern in die Cafeteria. Als sie ihren Kaffee noch nicht ausgetrunken hatten, klingelte das Handy. Der Operateur meldete sich und sagte: »Ihrer Tochter geht es gut. Aber ich muss Ihnen etwas sagen. Ich möchte Sie bitten, zu mir zu kommen.«

Marie ging es gut, Gott sei Dank. Aber … was hieß dieses Aber? Was war los, was war mit Marie? Flau, unscharf, wackelig, plötzlich fühlte sich alles seltsam an, war es zu heiß und zu kalt, viel zu laut und viel zu leise. Hände schwitzten, klammerten sich aneinander, Knie zitterten, Füße rannten immer länger werdende Flure entlang. Im Kopf hallte das *Aber*, überall hallte es, von Decken und Wänden, aus Schwesternzimmern und Treppenhäusern. *Aber* konnte alles heißen. *Aber* konnte alles verändern. Es veränderte alles, im Arztzimmer. Bevor Frank fiel, hörte er den Arzt sagen: »Ihrer Tochter geht es gut, sie schläft. Aber ich muss Ihnen leider mitteilen, dass wir in ihrem Bauch einen Tumor gefunden haben, der mit allerhöchster Wahrscheinlichkeit bösartig ist.« Es riss Frank vom Stuhl und zu Boden, warf ihn um, knockte ihn aus. Alexandra fiel nicht, saß noch, hörte noch, verstand nicht. Marie habe keine Nierenbeckenerweiterung. Ein Tumor habe ihre Schmerzen verursacht. Man müsse herausfinden, um was für einen Tumor es sich handle. Sie werde eine Chemotherapie brauchen. Dafür werde ein zentraler Venenkatheter benötigt, ob man diesen jetzt, da Marie sowieso in Narkose liege, implantieren könne. »Ich war wie in Trance. Ich hatte kaum bemerkt, dass Frank zusammengebrochen war. Da war nur noch dieses riesige Loch im Boden«, erzählt Alexandra. Frank schleppte sich zurück an ihre Seite. Sie unterschrieben ein Formular für das Einsetzen des Katheters. »Dann sind wir da raus.« Sie gingen auf die Innere Station, wo sie bereits das Zimmer für die geplante Nacht bezogen hatten, klaubten wortlos ihre Sachen zusammen, verfolgt von den Blicken der anderen Familie, die das Zimmer belegte. Dann rief Alexandra ihren Onkel an, den Angehörigen, der am nächsten wohnte, und bat ihn darum zu kommen. Dann standen und saßen und standen und saßen sie nur noch da. »Wenn dein Kind solch eine Diagnose bekommt, dann kannst du nichts mehr. Du weißt nichts mehr. Wir waren fix und fertig.« Später fanden sie sich im Sprechzimmer des Oberarztes der Onkologie wieder. Die anstehenden Untersuchungen wurden besprochen, mögliche Diagnosen abgewogen, vielleicht Lymphdrüsenkrebs, vielleicht Nierenkrebs, und automatisch, ohne nachzudenken, suchten die Eltern im Internet nach Erfahrungswerten, nach Prognosen, nach Halt, obwohl die Diagnostik ja noch ausstand. Sie wussten noch nichts, nur eines: dass Marie wieder gesund werden würde. »Das stand für uns fest.«

Die Ärzte gaben Gas, untersuchten und forschten, steckten Marie in einen Computer- und einen Magnetresonanztomografen und diagnostizierten ein Neuroblastom. Alexandra zog, ja, so muss man es wohl sagen, mit Marie auf die Kinderonkologie, Frank ließ sich beurlauben und kümmerte sich um Tim. Am 2. Februar begann die Chemotherapie – und für die Familie ein neues Leben.

Alexandra lernte, mit ihrer Tochter in einem Mehrbettzimmer mit weiteren Kindern und Erwachsenen zu wohnen, inmitten von piepsenden Geräten, Sorgen und Hoffnungen. Nachts fand sie wenig Schlaf, wachte auf, wenn ein Pfleger eine Infusion wechselte oder jemand weinte. Intuitiv griff sie zu einem Notizheft und schrieb auf, wie ihr Töchterchen sich veränderte, was sie erlebte und bewegte. Es wurde zu ihrem täglichen Ritual, so wie die anderen Patienten und Angehörigen und das Pflegepersonal zu ihrer Familie wurden. Alle saßen im selben Boot und bemühten sich darum, den Kindern einen annehmbaren Alltag zu bereiten. »Marie verstand zum Glück nicht, was mit ihr passierte«, sagt Alexandra. Als sie ihre Haare verloren hatte und sich Ohrringe wünschte, schenkten ihr die Eltern Ohrclips, die sie stolz auf der gesamten Station vorzeigte. Vom Zeichentrickfilm *Peterchens Mondfahrt* konnte sie nicht genug bekommen, und sie liebte es, mit den Klinikclowns zu lachen und im Spielzimmer zu spielen. »Ja«, antwortete sie, als jemand sie fragte, ob sie in den Kindergarten gehe. Im Krankenhaus zu sein, war für die Zweijährige normal geworden.

So wie es für die Pflegerinnen und Pfleger normal war, dass nicht alle Patientinnen und Patienten gesund werden. »Ach, Alexandra«, sagte eine Schwester in den ersten Wochen der Chemotherapie, »das wird schon wieder. Du bekommst sicher irgendwann noch mal ein Kind.« Alexandra traute ihren Ohren nicht. Während sie um das Leben ihrer Tochter kämpfte, hatte die Schwester Marie schon abgeschrieben. »Ich hätte am liebsten um mich geschlagen. Ich wollte schreien: ›Spinnst du? Meine Tochter wird es schaffen!‹«, erinnert sich Alexandra an diesen Tiefpunkt. »Das vergesse ich nie.«

Die Episode blieb eine Ausnahme. Frank und Alexandra erlebten viel Zuspruch, Wärme und Fürsorge, vom Klinikpersonal, von Alexandras Schwester, ihrem Onkel und Freunden, sie konnten mit einer Therapeutin der Klinik sprechen, wurden von Ehrenamtlichen des Förderkreises bei Elternfrühstücken oder Kochabenden aufgepäppelt. »Essen gibt Mut«, sagt Frank, und es tat gut, auch mal über andere Dinge zu reden. Als Frank und der Vater eines anderen kleinen Patienten heimlich ein Bier tranken und prompt von einer Schwester erwischt wurden, drückte diese ein Auge zu.

Manchmal übernachtete Frank bei Marie auf der Station und Alexandra schlief zu Hause, endlich einmal tief und ungestört, und manchmal durften sie Marie mit heimnehmen, bis der nächste Therapiezyklus begann. Doch meist wurde aus der kleinen Auszeit nichts und die Klinik bestellte Marie nach zwei, drei Tagen wieder ein, weil ihre Thrombozytenwerte zu niedrig waren. »Wenn so ein Anruf kam, saß ich hier und weinte«, erzählt Alexandra. »Ich war so erschöpft. Ich wollte nicht schon wieder die Tasche packen und in die Klinik fahren.« Dann war es die Zweijährige, die ihre Mama tröstete. »Ist doch nicht so schlimm, Mama«, sagte Marie und flutete das Wohnzimmer mit Zuversicht.

Einmal musste Alexandra, als sie mit Marie zu Hause war, den Notarzt rufen. Schwallartig schoss dem Mädchen Blut aus der Nase, eine Nebenwirkung der Chemotherapie. »Ich dachte, das Kind verblute. Ich schaffte es einfach nicht, die Blutung zu stoppen.« Die Panik von damals schrillt in Alexandras Stimme. Dieses Jahr vom 2. Februar 2013 bis zum 2. Februar 2014, vom Beginn der Chemo bis zu Maries Tod, führte sie vom ersten bis zum letzten Moment durch unbekanntes Gebiet. Sobald die Eltern gelernt hatten, mit einer Sorge umzugehen, klopfte die nächste an. An Aufgeben war nicht zu denken, im Gegenteil: Jeder Millimeter ihres Wegs schweißte Frank und Alexandra enger zusammen.

Bis zum Sommer hatte die Chemotherapie den Tumor so verkleinert, dass er operativ entfernt werden konnte. Der Eingriff war schwierig, der Tumor lag an der Wirbelsäule und war mit den Nieren verwachsen, doch es gelang. Eine Niere aber konnte der Operateur nicht retten. »Mit nur einer Niere kann man leben«, sprachen die Eltern sich Mut zu und fokussierten sich darauf, dass der Tumor fast vollständig entfernt worden war. Marie würde wieder gesund werden, daran glaubten sie fester denn je. Im September feierten sie Tims Einschulung und – in der Klinik – Maries dritten Geburtstag. Dann begann eine neue Phase, der langwierige Prozess, bei dem aus Maries Knochenmark Stammzellen gewonnen wurden. Diese würde Marie später, nach einer Hochdosis-Chemotherapie, brauchen, um das Immunsystem wiederaufzubauen. Bevor Stammzellen entnommen und eingefroren werden konnten, musste mit Stimulationsspritzen zunächst deren Produktion angeregt werden. Wenn Marie zu Hause war, setzte ihr Alexandra die schmerzhaften Spritzen in den Oberschenkel. »Unser Wohnzimmer sah wie eine Krankenstation aus, für uns war das damals normal.« Frank holt ein Fotoalbum, zeigt mir sein kleines Mädchen neben einer riesigen Apparatur liegen, x-fach verkabelt, kaum zu erkennen: »Da wurden ihr endlich die Stammzellen entnommen. Ihr Blut lief dabei durch eine Art Zentrifuge.« Sie schafften es. Die Stammzellen wurden eingefroren. Marie durfte über Weihnachten nach Hause, die Familie feierte ein schönes Fest. »Im Vergleich zu den Monaten davor war Marie ein anderes Kind«, erinnert sich Frank. Ihr Gesicht war voller, frischer, ihre Haare wuchsen wieder. Ihr größtes Glück war die neue Puppenbadewanne, die unter dem Weihnachtsbaum lag. Alles würde gut werden. Bald konnte die Hochdosis-Chemotherapie beginnen. »Marie würde gesund sein und im Sommer in den Kindergarten kommen. Dass sie sterben würde, war für uns nie Thema«, sagt Alexandra. Doch dann kam alles anders, und es ging schnell.

Im neuen Jahr begann die Hochdosis-Chemotherapie. Zuerst lief alles gut, dann kippte es. Marie schied keine Flüssigkeit mehr aus. Ihre Niere arbeitete nicht mehr, tagelang blieben die Windeln trocken. Das Kind quoll regelrecht auf, hatte keinen Appetit mehr. Es kam auf die Intensivstation, wurde an die Dialyse angeschlossen, dann sollte es ins MRT, damit aufgedeckt werden konnte, was in seinem Körper vor sich ging. Als Marie für die Narkose vorbereitet wurde, wich Alexandra nicht von ihrer Seite. Marie fantasierte, sprach unzusammenhängend, wirr. Was war in ihrem Kopf los? Was richtete der Flüssigkeitsstau in ihrem Körper an? Konnte eine Mutter mehr Angst um ihr Kind haben als Alexandra in diesen Minuten? Noch immer war sich Alexandra sicher, dass Marie wieder gesund werden würde. Sie ahnte nicht, dass die Worte, die Marie eben gesprochen hatte, ihre letzten waren. Aus dem Schlaf, in den ihre Tochter gerade gelegt wurde, würde sie nicht mehr erwachen.

Zwei Wochen lang lag Marie auf der Intensivstation, zwei unendlich lange Wochen, betäubt, beatmet, reglos. »Manchmal hat sie ganz leicht gezuckt, wenn wir ihren Namen sagten«, erinnert sich Frank. »Sie wusste, dass wir bei ihr sind. Da stand für mich fest: Ich verlasse sie nicht«, sagt Alexandra. Sie bezog mit ihrer Schwester ein Zimmer im Familienhaus der Klinik, ging nur zum Schlafen dorthin, war ansonsten bei Marie, focht für ihr Leben, jeden Tag, jede Stunde, jede einzelne Minute. Auch, als es wieder kippte. Als der Tod aus der Deckung schlich und langsam näher rückte. »Jeden Tag ein kleines bisschen.« Maries Lippen fingen an zu bluten, Hämatome bildeten sich, Haut löste sich ab. Frank sagt: »Irgendwann hatte ich keine Hoffnung mehr.« Irgendwann wollten die Eltern, dass es aufhört. »Das konnte man ihr doch nicht länger antun«, sagt Frank. Noch war Maries Herz stark. »Es ist noch nicht so weit«, sagte eine Schwester. Die Eltern umarmten sich so fest, wie sie konnten, versprachen sich: »Wir stehen das gemeinsam durch.« Dann, am ersten Februar, stand Alexandra an Maries Bett. »Ich merkte, da passiert jetzt etwas. Ich rief meinen Mann an und sagte ganz ruhig: ›Kannst du bitte kommen?‹« Frank eilte in die Klinik, ein Seelsorger, Alexandras Schwester und Schwager, ihr Onkel und ihre Tante waren schon da. Zusammen wachten sie bei Marie, erlebten mit, wie sich ihr Körper immer schwerer damit tat zu leben. »Wir konnten nichts als warten.« Schwestern schoben ein großes Bett ins Zimmer, hoben Marie vorsichtig aus ihrem Intensivbett und legten sie zu Alexandra und Frank. Alexandra hielt ihre Hand. »Es tat so weh. Du liegst neben deiner Tochter und wartest darauf, dass sie stirbt. Wir wussten, dass sie nicht mehr konnte. Wir wollten sie festhalten, aber mussten sie loslassen.« Das kleine Herz schlug, und schlug, langsamer jetzt, ihre Hand wurde kälter. Die Nacht brach herein, brachte dunkle Stunden. Der neue Tag begann. Es war der erste Tag für Alexandra und Frank ohne ihre Tochter.

Stillstand. Alles stand. Wie ein Laufband, das plötzlich angehalten hatte. In diesem Bett war die Welt stehen geblieben.

Durchatmen auf dem Korridor. Weinen, krampfen. Schreien, schluchzen. Einsickern lassen, was man nicht einsickern lassen wollte: Unser Kind ist tot.

Frank konnte nicht zurück zu Marie gehen. Alexandra half dabei, ihre Tochter zu waschen und anzukleiden, in ihrem Lieblingskleid von *Hello Kitty.* »Es war mir wichtig, dass sie etwas trägt, das sie gernhatte.« Eine Aufgabe. Etwas tun. Dann verließen sie die Klinik, wussten nicht, wohin mit sich. »Wir wollten nicht von dort weg. Was sollten wir denn zu Hause?« Marie war weg und mit ihr Alexandras Leben. »Ich hatte ja nur noch auf dieser Station gelebt.« Zu Hause nahmen ihre Schwester und ihr Schwager die Zügel in die Hand, sprachen mit dem Beerdigungsinstitut, hielten den Haushalt aufrecht. Der Schwager ging mit Frank in den Wald, die Schwester saß jeden Morgen ab acht Uhr auf Alexandras Bettkante, hielt sie, hielt aus, angeschwiegen, angeschrien oder weggeschickt zu werden. Frank und Tim waren ein Team, sie hatten das vergangene Jahr zusammen durchgestanden. Alexandras Team war zerstört, Marie fehlte. Alexandra war nicht dazu in der Lage, etwas zu tun. Sie hatte keinen blassen Schimmer, wie sie weitermachen sollte und ob sie das überhaupt wollte.

Der Tag, an dem sie Marie noch einmal im Beerdigungsinstitut besuchte, war einer der schwersten. Es war der Tag, an dem sie realisierte, dass Marie jetzt im Himmel war, auf einer Sternenwiese wie in *Peterchens Mondfahrt,* und dort die Sterne putzte. Ihre Schwester hatte sie zum Bestatter begleitet. Zurück zu Hause bemerkte Alexandra, dass Marie keinen Schnuller bei sich hatte. Sie brauchte doch ihren Nuggi! Diese kleinen Dinge, die so groß werden. Die keinen Sinn machen und doch das Sinnvollste sind, das man tun kann. Wenigstens dieses Detail sollte stimmen, wenn schon alles andere falsch war. Alexandra kehrte um, brachte Marie ihren Nuggi. Als sie das Gebäude verließ, leuchtete ihr die Sonne ins Gesicht und strich der Wind über ihre Wangen. Alexandra musste weinen und lächeln, und blinzelte durch die Tränen in den Himmel: Marie hatte sich soeben bei ihr bedankt.

Die Beerdigung überstanden sie mit der Hilfe von Verwandten, Freunden und Beruhigungsmitteln. »Ohne Medikamente hätte ich den Tag wahrscheinlich nicht ausgehalten«, sagt Frank. Über einhundert Menschen verabschiedeten sich von Marie, auch viele Mitarbeiterinnen und Mitarbeiter der Kinderonkologie, »mein Halt, meine Familie«, wie Alexandra sie nennt. Die Eltern der Spielgruppe, die Marie vor der Erkrankung besucht hatte, backten Kuchen und verteilten Papierschmetterlinge, auf die man Gedanken und Wünsche schreiben konnte. Sogar die Klinikclowns kamen und sangen für Marie ein letztes Mal ihr Lieblingslied, so leicht und fröhlich, wie das Mädchen gewesen war: »Warum haben sich am Himmel Wolken versammelt? Nur so, einfach nur so!« Es war nicht nur Maries Tod, der die Eltern wie Treibsand hinabzog. Es war auch das lange Jahr im Krankenhaus, ein Jahr im Ausnahmezustand, permanent an der Belastungsgrenze. Die Batterien waren leer. Alles Hoffen war umsonst gewesen, die Quelle für den Lebensmut versiegt. Es gab nichts mehr zu tun.

Eine neue Zeitrechnung begann. Es gab ein Leben vor dem Schmerz und eins damit. Es gab buntes, volles Leben, damals, vor langer Zeit, es gab ein Jahr des Funktionierens, für Marie vor allem und für Tim, und jetzt gab es bloß das Allernötigste. Ein paar Wochen nach Maries Beerdigung flogen Alexandra und Frank nach Madeira, weg von allem und ihrer eigenen Hilflosigkeit. Sie konnten ihr Zuhause nicht mehr ertragen, überlegten gar, es zu verkaufen. Das Bad war seit Wochen eine Baustelle. Frank hatte damit begonnen, es zu sanieren, fand aber keine Kraft, um sein Werk zu vollenden. Es besserte sich, als er wieder arbeiten ging. Routine lenkte ihn ab. Alexandra musste in einen neuen Alltag finden. Ihr Blick fiel auf die Ziegelwand im Esszimmer, dann ging sie ins Internet. Ein gebrauchter Buffetschrank sprang ihr ins Auge. »Er hat auf mich gewartet.« Sie holte ihn bei seinem Vorbesitzer ab, stellte ihn in die Garage und arbeitete sich tagelang an ihm ab. »Das half.« Manchmal kamen Freunde und ihre Cousine vorbei, gingen mit ihr spazieren, hörten ihr zu. »Anfangs habe ich während des Erzählens nur geweint. Aber je mehr ich über meinen Schmerz sprach, umso besser ging es mir.« Frank hatte einen Arbeitskollegen zum Reden. »Ich war so froh, dass er mir zuhörte. Es tat gut, sich alles von der Seele zu reden, anstatt es herunterschlucken zu müssen.« Alles war besser, als gemieden zu werden, auch wenn jemand nicht wusste, was er sagen oder wie er sich verhalten sollte: »Lieber keine Worte, als es gar nicht erst zu versuchen.« Ein Nachbar, zu dem Frank kaum Kontakt hatte, schloss ihn wortlos in die Arme, andere gingen der Familie aus dem Weg, Freundschaften liefen ins Leere. Schon als sich Tims Entwicklungsstörung abgezeichnet hatte, hatten sich nahestehende Menschen zurückgezogen. Jetzt war es doppelt schlimm. Auch die Eltern von Maries bester Freundin mieden den Kontakt zu der Familie, als sie dringend Beistand gebraucht hätte, und Frank vermisste Unterstützung von seiner Herkunftsfamilie. »Wenn es deinen Angehörigen schlecht geht, dann musst du einfach über deinen Schatten springen und für sie da sein.« Es waren wieder vor allem Alexandras Schwester und ihr Mann, ihre Tante und ihr Onkel, die Alexandra und Frank auffingen, etwa als eine Genuntersuchung anstand und sie herausfinden wollten, warum ihre beiden Kinder krank waren. Als die Trauer durch ihre Körper kroch, Franks Herz rasen, seinen Magen rebellieren und Alexandras Haut Blasen werfen ließ. Oder als ein Therapeut sie abwies, als er hörte, dass es um den Tod eines Kindes ging. Alexandra und Frank waren jetzt bereit dazu, den Weg zurück ins Leben zu finden, die Trauer zu bewältigen, machten, so gut es ging, einen Schritt nach dem anderen. Bissen die Zähne zusammen, wenn andere Leute ihnen von ihren Alltagssorgen erzählten. Sortierten Maries Kleider aus. Verboten es sich, sich heimlich aus dem Staub zu machen und den anderen und Tim zurückzulassen. Fanden eine Psychologin. Besuchten ihr zweites Zuhause, die Kinderonkologie in der Uniklinik, auch wenn es unendlich wehtat, wie ein Spiel mit dem Feuer, und Marie jeden Moment den Flur entlanggelaufen kommen musste.

Zu reden hatte den Schmerz in Gang gesetzt, er konnte fließen. Eine Seelsorgerin aus der Uniklinik lud Alexandra und Frank zu Treffen von verwaisten Eltern ein. Es wurde das Richtige für sie. Am Anfang erzählten sie dort von ihrer Tochter, von Maries unbändiger Lebensfreude, selbst wenn die Chemo an ihrem kleinen Körper gezerrt hatte, und davon, wie sie gestrahlt hatte, als in der Vorweihnachtszeit *Peterchens Mondfahrt* in der Klinik aufgeführt worden war. Später lauschten sie den Erfahrungen anderer Eltern, lernten, wie diese den Verlust verarbeiteten. »Mich tröstete es zu spüren, dass ich mit meinem Schicksal nicht allein war«, sagt Frank. In der Gemeinschaft der Betroffenen überwanden sie den ersten Schock. Sie sahen mit eigenen Augen, dass es für Eltern möglich war, am Tod eines Kindes nicht zu zerbrechen. Sie probierten noch etwas aus, fuhren im Herbst mit Tim auf Familienkur. Die Einbahnstraße wurde breiter, ihre Paarbeziehung stärker, jedes Gespräch löste etwas. Das brauchten sie, jetzt erst recht, denn es war etwas geschehen, das sie fast nicht glauben, aber tief dankbar annehmen konnten: Alexandra war schwanger. »In mir keimte auf einmal wieder ein Gefühl von Hoffnung«, sagt Alexandra. »Marie war weg, aber da wuchs etwas Neues heran. Das gab mir Mut und einen Grund zu kämpfen.« Sie erinnerte sich an die unbedachten Worte der Krankenschwester, die sie mit dem Gedanken an ein weiteres Kind hatte trösten wollen. Ja, sie würde tatsächlich noch ein Kind bekommen! Im Dunkel der Nacht hatte jemand ein Licht entzündet.

Zuerst ein Hauch neuen Lebens, dann eine Handvoll, dann zwei, nur ein Streicheln entfernt, und gleich dahinter, wenn man nicht aufpasste, die Erinnerung an Marie, die jetzt eigentlich im Garten schaukeln und voller Glückseligkeit ihren Kopf in den Nacken werfen sollte. Alexandra und Frank freuten sich über das Geschenk, mit allen Widersprüchlichkeiten, die dazugehörten, ließen sich von der Schwangerschaft durch die nächsten Wellen der Trauer tragen. »Dass ich nur wenige Monate nach Maries Tod schwanger war, war für uns ein großer Segen«, blickt Alexandra zurück. Nils kam im April zur Welt, ein Jahr und zwei Monate nach Maries Beerdigung. Der neue Sonnenschein im Haus half Alexandra dabei, anzugehen, was sie bisher noch nicht geschafft hatte. Als sie Maries Zimmer für Nils umgestalten wollte, stand sie weinend vor der Zimmertür, nicht dazu imstande, sie zu öffnen. Da tauchte Tim neben ihr auf und sagte: »Mama, Marie ist doch nicht mehr da, sie braucht das Zimmer nicht mehr. Da kann doch jetzt das Baby schlafen.« Der Siebenjährige hatte recht. Pragmatismus war manchmal genau das, was sie brauchte.

Dass sie einen Jungen bekommen hatten, machte es für die Eltern leichter, sich daran zu gewöhnen, ohne Marie zu leben. Auch alle verwaisten Eltern, die sie von der Kur oder aus der Gesprächsgruppe kannten, die nach dem Tod ihres Kindes noch einmal Eltern geworden waren, hatten (zuerst) ein Kind des anderen Geschlechts bekommen. So blieb die Erinnerung an ihr Mädchen unangetastet. Sie sammelten jetzt neue Erinnerungen mit Nils und Tim, besuchten mit ihren Söhnen Maries Grab, zeigten Nils Fotos von seiner großen Schwester, die er nicht kennengelernt hatte. Und dann kam auch noch Ida auf die Welt. Die Familie wurde, ein zweites Mal, komplett. Zwei Eltern, drei Kinder und ein Engel.

Wir denken uns jetzt in den Himmel, Alexandra, Frank und ich, sehen Marie auf ihrer Sternenwiese sitzen und sich um die ihr anvertrauten Sterne kümmern. Marie, die einen Tag nach dem Geburtstag ihres Vaters geboren wurde, damit Frank seinen Ehrentag fortan möglichst unbeschwert verbringen kann. Marie, die die Erde an Mariä Lichtmess verließ, auf den Tag genau ein Jahr nach dem Beginn ihrer Therapie. »Sie wurde als Engel geboren, war für kurze Zeit unser Geschenk. Aber jetzt wird sie im Himmel wieder als Engel gebraucht«, sagt ihre Mama. Das eigene Fleisch und Blut als Teil von etwas Größerem, der Gedanke reißt an ihren Herzen und ist doch ein mächtiger Halt für Alexandra und Frank. Sie gaben alles für Marie, als sie in ihrer irdischen Obhut war. Als sie gegangen war, ehrten sie sie, indem sie ihrem leuchtenden Vorbild folgten und mutig durch Schmerz und Leid hindurchgingen. Vielleicht machte sie das bereit dafür, Heilung und neues Glück zu erfahren. Vielleicht hatte Marie ihre Finger im Spiel und ihnen – wer weiß? – mit einem Flügelschlag Nils und Ida geschickt. Manches ist jetzt gut. Manches ist anders gut. Manchmal gibt es noch Vormittage, an denen Alexandra am Küchentisch sitzt und von Weinkrämpfen geschüttelt wird, wenn es entsetzlich wehtut, Marie zu vermissen. Und noch immer können Alexandra und Frank sich in dem Wunder verlieren, dass sie Marie Nils und Ida verdanken. Frank klappt das Fotoalbum zu, streicht mit seiner Hand zärtlich über den Einband und fragt: »Woran kann man sich denn festhalten, wenn man an nichts glaubt?«

Ines · Alles hat seine Zeit

Wieder sitze ich in der Bahn und fahre über den Rhein hinüber nach Weidenpesch. Fast genau ein Jahr ist es her, dass ich dieselbe Strecke fuhr, zur selben Adresse, zu Ines, meiner ersten Gesprächspartnerin. Damals war Karneval und auf den Straßen wurde gefeiert. Gerade noch so, denke ich. Genau am Tag unseres Gesprächs im Februar 2020 wurde in Nordrhein-Westfalen die erste Corona-Infektion bestätigt. Kurz danach war Heinsberg landauf, landab bekannt, alles Weitere ist Geschichte. In diesem Jahr fand der Kölner Karneval im Internet statt. Wer nach Homeschooling und Homeoffice, Videokonferenzen und Serienmarathons noch nicht genug davon hatte, auf einen Monitor zu starren, konnte sich über den sogenannten *Jeckstream* eine Karnevalssitzung seiner Wahl zusammenstellen. Geschunkelt wurde, wenn überhaupt, im kleinsten Kreis zu Hause. Frohsinn auf Knopfdruck, nach fast zwölf Monaten Pandemie. Not macht wohl erfinderisch.

Not ... Plötzlich war sie ganz nah. Plötzlich geriet der Alltag ins Wanken, erst für manche, dann für immer mehr, irgendwann für alle. Ob wir wollten oder nicht, wir mussten uns an neue Gegebenheiten anpassen, mussten unsere individuellen Vorhaben und Lebensentwürfe zugunsten der Solidargemeinschaft hintanstehen. Das neue Normal, das wir kennenlernten, würde hoffentlich nur auf Zeit sein. Eines Tages würden wir in ein selbstbestimmtes Leben zurückkehren, frei, heute ein Fest, morgen den Großvater und übermorgen Neuseeland besuchen. Ines verlor im März 2020 ihre Mutter. Die Vierundachtzigjährige starb an akuter Leukämie. »Es ist gut, dass Irma sterben und dass sie schnell sterben konnte. Aber ich vermisse sie so schrecklich«, sagt Ines. Ihren Vater hatte sie verloren, als sie achtzehn, ihren Bruder Dany, als sie vierunddreißig war, rufe ich mir ins Gedächtnis. Und noch etwas ist gleich wieder da, als wir am Küchentisch sitzen und die Tonaufnahme starten: Ines' Lächeln und ihr offener Blick, geradewegs ins Leben.

So vieles, was Ines heute ist, ist sie durch ihre Mutter. Durch ihre unerschütterliche Liebe, ihre Stärke, ihr Weitermachen in jeder Lebenslage. Mit vierundzwanzig Jahren war Irma das erste Mal verwitwet, mit sechsundvierzig Jahren das zweite Mal, der eine Sohn geistig behindert, der andere von eigener Hand aus dem Leben geschieden. Selbst als Irma mit siebzig Jahren erblindete, beklagte sie sich kaum, erschuf sich einen neuen Alltag mit Blindenführhündin Anna an ihrer Seite, und als sie ein paar Jahre später nicht mehr richtig gehen konnte, nahm sie auch das an. »Du erleichterst mir mein Schicksal, mein Schatz«, sagte sie manchmal zu ihrer Tochter. Gemeinsam schafften sie alles, und oft mit einem Lachen. »Wir sollten ein Buch mit dem Titel ›Blind sein leicht gemacht‹ schreiben«, war einer ihrer Vorschläge, als ihr Augenlicht sie mehr und mehr verließ. Als sie sich mit neunundsiebzig Jahren an einem Winterabend in ihrem Garten verirrte und im zugefrorenen Teich einbrach, überlebte sie stark unterkühlt und brach sich dann im Krankenhaus, als sie auf eigene Faust den Weg zur Toilette suchte, den Oberschenkel. Irma drehte nie an der Mitleidsschraube, nicht als ihr erster Ehemann starb, nicht als ihr zweiter Ehemann starb, nicht als ihr Sohn ging. Erst recht nicht, als sie alt, blind und fast erfroren mit gebrochenem Bein im Krankenhaus lag. Wer hätte es nicht verstanden, wenn Irma sich aus der Verantwortung für ihr Leben geschlichen hätte? Nein, statt zu bitten und zu betteln, dass wieder rückgängig gemacht wurde, was nicht rückgängig zu machen war, brachte sie die Kraft und die Weisheit auf, das Schicksal anzunehmen. Und sich auf das zu besinnen, was im Leben möglich war: enge Freundschaften, Liebe und gesellige Stunden. »Was hatten wir für ein schönes Leben«, sagte Irma wenige Tage vor ihrem Tod zu ihrer Tochter. Und irgendwann einmal bat sie Ines, nicht traurig zu sein, wenn sie eines Tages tot sei. »Dann habe ich es hinter mir«, sagte sie und meinte all den seelischen Schmerz, den sie erlebt hatte.

Letztes Jahr, als Ines und ich beisammensaßen, ging es Irma so gut, wie es einer vierundachtzigjährigen blinden Frau gehen kann. Eine Hilfskraft und eine Hauswirtschafterin kümmerten sich im Alltag um sie, und oft genug dirigierte sie von Sankt Augustin aus auch Ines für allerlei Botendienste. Nur sehr schlapp fühlte sie sich in letzter Zeit. »Natürlich muss man bei einem vierundachtzigjährigen Menschen jederzeit damit rechnen, dass das Leben zu Ende ist. Aber wenn es dann wie aus dem Nichts so weit ist, erschlägt es dich als Tochter trotzdem.« Dreieinhalb Wochen nach unserem Treffen starb Irma.

An einem Mittwochmorgen um zwanzig nach sieben rief Irmas Ärztin bei Ines an. Irmas Blutwerte seien extrem schlecht, es handle sich um akute Leukämie, sie müsse sofort ins Krankenhaus, erfuhr sie. Ines fiel aus allen Wolken. Was da gerade durch das Telefon in ihren Verstand sickerte, war eine Frage von Tagen. Ein Todesurteil aus heiterem Himmel. Sie schaltete schnell. »Ich möchte nicht, dass sie ins Krankenhaus kommt, und ich möchte nicht, dass sie die Diagnose erfährt«, stellte sie klar. Nicht nur war Irmas Patientenverfügung schon lange vorbereitet. Ines wollte ihre Mutter auch vor weiterem Leid schützen. »Diese Frau hat in ihrem Leben wahrlich genug durchgemacht.« Ich nicke. Ja, Ines, o ja, das hat sie. Gemeinsam mit der Ärztin und der Hilfskraft einigten sie sich auf die häusliche Versorgung von Irma. »Ich kann nur ihr Leiden erleichtern«, sagte die Ärztin. »Genau das wünsche ich mir«, sagte Ines. Am Abend wurde Irma dann doch für das Legen eines Blasenkatheters ins Krankenhaus gebracht, weil sie seit Tagen kein Wasser lassen konnte. In welches Krankenhaus der Krankenwagen mit der blinden und – so stelle ich es mir vor – wahrscheinlich verängstigten Patientin fuhr, wusste Ines nicht, man wollte sie telefonisch informieren. Bis zum nächsten Morgen klingelte keines der bereitliegenden Telefone. Ines nahm Donnerstagfrüh die Suche nach ihrer Mama selbst in die Hand, trieb sie in einer Klinik in Troisdorf auf, handelte mit einer Ärztin eine Besuchserlaubnis aus, denn quasi über Nacht waren Corona-Vorsichtsmaßnahmen eingeführt worden. Doch noch bevor sie sich auf den Weg machen konnte, rief die Klinik an. Irmas Blutwerte hatten sich weiter verschlechtert. Man würde sie zum Abschiednehmen nach Hause bringen, sofern ihre Versorgung mit Morphium sichergestellt werden konnte. Das konnte sie. Irma konnte zurück nach Hause kommen. »Wie schön, dass du wieder da bist!«, rief Ines in den Krankenwagen, der vor ihrem Elternhaus parkte, und Irma antwortete mit dem ihr eigenen rheinischen Humor: »Kommt mir alle nicht zu nah!« Es würden ihre letzten Worte sein.

Zurück daheim baute Irma schnell ab. Ihre Atmung wurde angestrengter, lauter. Sie nahm nichts mehr zu sich, sagte nichts mehr, lag nur da. Ines setzte sich zu ihr und sprach zu ihr, zog sich zwischendurch ins Wohnzimmer oder in die Küche zurück, um Luft zu holen. Der Kopf realisierte, was passierte: Ihre Mama begann zu sterben. Der Tod rasselte schon in ihren Lungen. Das Herz wusste nicht, was es fühlen sollte, fühlte alles auf einmal, die unendliche Liebe, die Mutter und Tochter verband, die Schicksalsschläge, die gemeinsam ertragene Trauer. Dass Irma vielleicht bald ihre Ehemänner und ihren Sohn wiedersehen würde. Dass es bitte schnell gehen möge. Dass sie sie gern bei sich behalten würde. Wenn Ines auf Irmas Bettkante saß, tobte in ihrem Inneren ein bitterer Widerstreit.

Ines lud ihre beiden engsten Freunde dazu ein, sich von Irma zu verabschieden. Zusammen hielten sie den nächsten Tag aus, teilten Erinnerungen und lauschten Irmas Atem, der langsam ruhiger wurde. Als Irma am frühen Abend starb, war sie für ein paar Minuten allein. Ihr rechter Arm war schon kalt, als Ines wieder zu ihr trat, der linke noch warm. »Ich sagte: ›Mama, du hast es geschafft!‹ Dann habe ich das Fenster geöffnet und ihre Seele fliegen lassen.«

Wie beim Tod des Vaters, wie beim Tod des Bruders, wie als ihr Mann bei einem Unfall schädelhirnverletzt wurde, funktionierte Ines. »Ich war unter Schock.« Sie bestellte die Ärztin für die Ausstellung des Totenscheins, telefonierte mit dem Bestatter, setzte Irmas Abholung auf den nächsten Mittag an, lud für Samstagmorgen weitere Freunde dazu ein, sich von Irma zu verabschieden, und bat die Kirchengemeinde, einen Geistlichen für die Aussegnung zu schicken. Von allen Pastorinnen und Pastoren, die an diesem Abend zu ihnen hätten eilen können, kam der aus Ghana gebürtige Pater Joseph. »Ein Zeichen«, findet Ines. In Ghana war Irmas erster Mann ums Leben gekommen. »Pater Joseph schlug die Brücke. Es war alles gut.« Die Freunde, die Hilfskraft, eine Nachbarin und Ines öffneten eine Flasche Wein, ließen Irma hochleben, diese tolle Frau, die trotz allem tausendmal Ja zum Leben gesagt hatte. »Wir haben meine Mutter gefeiert, und wir haben zelebriert, dass sie nicht leiden musste.« Reihum verweilten sie an Irmas Bett, allein, zusammen, mit einem Glas Wein in der Hand, wie es Irma gefallen hätte. Erschöpft sah sie aus, und friedlich. »Ein Teil von ihr war schon weg, aber ein Teil war noch bei uns.« Am nächsten Morgen strahlte die Sonne von einem knallblauen Frühlingshimmel. Frohnatur Irma war am Frühlingsanfang gestorben. Jetzt sorgte sie an der richtigen Adresse wohl gleich dafür, dass es ihren Lieben etwas leichter ums Herz wurde. Als Ines die Schlafzimmertür öffnete und an das Bett ihrer Mutter trat, entdeckte sie ein Lächeln auf ihrem Gesicht. Ines lächelte voller Dankbarkeit zurück. Irma hatte ihr Übergang wohl gefallen.

Da der Segen, dass die geliebte Mutter es geschafft hatte, dort das schmerzliche Vermissen, in Ines' Tränen floss beides zusammen. Vielleicht weinte sie auch um sich selbst, weil ihre Mutter so viel mit ihr getragen hatte und sie sich jetzt allein fühlte. Ihr schädelhirnverletzter Ehemann und ihr geistig behinderter Bruder aus Irmas erster Ehe waren kaum bzw. gar nicht dazu in der Lage, ihr beizustehen. Irma war vieles für Ines gewesen, Mutter und Vater, beste Freundin und ein Teil ihres verstorbenen Bruders. Umgekehrt war es genauso, Ines war für ihre Mutter das einzige Kind, das im Alltag für sie da war, Partnerersatz und die lebendige Erinnerung an ihren Sohn Dany gewesen. Verluste waren Teil ihrer beider Leben, Verluste werden Teil von Ines' Weiterleben sein. Wenn Irma ihrer Tochter eine Sache vermachen konnte, dann diese: entschlossen und beherzt weiterzugehen, so wie sie es jahrzehntelang gemeinsam getan hatten. Den Verlust anzunehmen und ihn auf den eigenen Weg mitzunehmen. Krone richten, Flügel ausbreiten, weiterfliegen. Auch dieses Mal würde kein Allheilmittel vom Himmel fallen und alles gutmachen. Doch Ines konnte sich auf ihre Kraft besinnen, auch aus dieser Veränderung das Bestmögliche zu machen.

Fünf Wochen dauerte es bis zur Beisetzung. In der Zwischenzeit nahm Ines langsam, ganz langsam den Prozess der Auflösung des Elternhauses auf. Sie entschied, die groben Arbeiten in die Hände eines Unternehmens zu legen und sich selbst auf die Erinnerungsstücke zu konzentrieren. »Ich habe mir eine Auszeit genommen. Bei schönem Wetter saß ich auf der Terrasse, blätterte in Fotoalben und sichtete alte Dokumente.« Das Hochzeitskleid ihrer Mama drapierte sie ein letztes Mal hübsch im Garten und fotografierte es. Manche Gegenstände waren einfach nur das – Gegenstände, andere lösten Schmerzwellen aus. Vieles verband sie mit ihrer Mutter, anderes ließ die Trauer um ihren Vater und ihren Bruder wieder auflodern. Es war unsagbar anstrengend und tröstlich schön. Dass Ines die Traueranzeigen und Beileidskarten zu Vater und Bruder nicht finden konnte, war für sie eine gütige Fügung, die ihr einmal mehr die Tränen in die Augen steigen ließ.

Manchmal gesellte sich eine Freundin zu ihr, sie aßen und tranken zusammen, weinten, lachten, schauten fern. Es ergab sich ein rhythmisches Abschiednehmen, jeden zweiten Tag fuhr Ines nach Sankt Augustin, am anderen Tag blieb sie in Köln. Erinnerungen zeigten sich ihr in Fünf- oder Zehn-Jahres-Päckchen. »Ich konnte Schritt für Schritt Haken hinter einzelne Lebensabschnitte meiner Mutter und meiner Familie machen.« Als das Telefon nicht mehr ging und ein *Telekom*-Mitarbeiter ihr mitteilte, dass man mit Toten keine Verträge habe, war auch das für Ines in Ordnung. »Es war Zeit, das Haus abzugeben.«

Endlich wurde die Beerdigung terminiert. Ines organisierte, dass ihre Mutter in ihrer Nähe in Köln ihre letzte Ruhe finden würde, fand eine Grabstelle nach Irmas Geschmack und nahm sich vor, die Trauerrede selbst zu halten. Das würde sie schaffen, für Irma! Nur, dass ihr untersagt wurde, von ihrem Mann begleitet zu werden, ließ sie fast den Boden unter den Füßen verlieren. Eine Corona-Verordnung sah vor, dass lediglich Angehörige ersten Grades der Trauerfeier beiwohnen durften. Doch solche haben Irma und Ines nicht mehr, bis auf Bernie im Heim, dem aber die Beisetzung nicht zuzumuten war. Bernie hat bis heute nicht verstanden, dass seine Mutter nicht mehr da ist. Ines erwirkte eine Sondergenehmigung. Zu zehnt durften sie sich schließlich unter freiem Himmel von Irma verabschieden, und es war gut. Ines fand die Kraft, ihre Mama mit ihren eigenen Worten zu geleiten. Die engsten Menschen waren da. Die Frühlingssonne lachte. Während Ines sprach, legte sie ihre Hand auf Irmas Urne. »Ich bin bei dir«, hieß das vielleicht, und vielleicht spürte Ines Irma antworten: »Und ich bei dir.«

In ihrem Tempo nahm Ines das Hausprojekt wieder auf, ließ sich nicht hetzen, nicht drängen, ließ ihr Herz wählen, was sie behalten wollte. »Der Prozess trug mich durch den Schock, aus dem ich noch nicht erwacht war.« Heilsam war er, gab Ines eine Aufgabe und schob das Verarbeiten an. »Das Hausprojekt pushte mich.« Ines schöpfte Kraft aus dem Anhänger, in den die Bestatterin Asche ihrer Mama gefüllt hatte und den sie seitdem um ihren Hals trägt, und aus dem Gedanken, dass eine junge Familie das Haus kaufen wollte. Neues Leben würde einziehen, noch etwas, das Irma gefallen hätte. Was Ines mit in ihre Wohnung in Köln nahm, hat einen neuen Platz gefunden. Irmas Blindenanstecker hängen in der Küche, ihr Spiegel in Ines' Schlafzimmer über einem kleinen Altar mit Fotos ihrer lieben Verstorbenen. Nur zwei Kisten stehen noch unangetastet neben dem Sofa. »Auch damit lasse ich mir Zeit«, sagt Ines. Auch für diese Erinnerungen wird der richtige Moment kommen. Mag sein, dass Irma ihr ein Zeichen schickt, wenn es Zeit ist, die Kartons zu öffnen. Ines beschreibt unerklärliche Phänomene, die sie seit dem 20. März 2020 beobachtet, von der elektrischen Zahnbürste, die anspringt, wenn niemand im Bad ist, von Dingen, die grundlos herunterfallen. »Ich spüre, dass Mama bei mir ist, während sie gleichzeitig an einem guten Ort ist, und dafür bin ich sehr dankbar.«

Trauer ist der Preis für die Liebe, aber Dankbarkeit ist ihr Geschenk. Für Ines hat eine Reise durch die Trauer in die Dankbarkeit begonnen. Sie ist dankbar für die vielen Jahre, die ihre Mama bei ihr war, dafür, dass Irma gut sterben konnte und nun endlich nicht mehr tapfer zu sein braucht. Es geht auf und ab, mal steil, mal sacht, mal reißt eine scharfe Kurve Ines mit sich, dann glätten sich für ein paar Stunden oder Tage die Trauerwogen und Ines kommt Stück für Stück auf ihrem Pfad voran. Mit dem Abschied von Irma veränderte sich auch noch einmal ihr Abschied von ihrem Bruder Dany. Wo sich über Jahre und Jahrzehnte noch Reste von Enttäuschung und Wut festgesetzt hatten, hat Dankbarkeit ihren Platz eingenommen. Der Schmerz, dass Dany ihre Mutter und sie allein ließ, hat sich aufgelöst.

Alles hat seine Zeit. Das sei ihr Spruch, sagt Ines. Bis vor wenigen Monaten fand sie ihn platt, jetzt, mit der neuen

Lebens- und Trauererfahrung, zeigt sich ihr eine Bedeutung. »Ich glaube heute, dass alles, was geschieht, einen Sinn hat, auch der Zeitpunkt, und wenn er nur darin besteht, dass wir etwas lernen.« Einen Sinn hat Ines schon gefunden. Sie möchte manches in ihrem Leben bedächtiger angehen. Vielleicht hat ihr dafür die Pandemie schon in die Karten gespielt, der Rückzug ins Private, die Beerdigung im kleinen Kreis, die Konzentration auf das Hausprojekt, der Ausfall der Gruppentreffen der *Verwaisten Geschwister Köln,* die sie sonst leitet. Als Dany starb, zerrieb sie sich zwischen der Verantwortung für ihren kurz vorher verunglückten Ehemann, ihre trauernde Mutter und Bernie im Heim. Ihre Trauer als Schwester hatte keinen Platz. Erst Jahre später fand sie Zugang zu ihr. Dieses Mal stellte sie sich gleich in die erste Reihe, nahm sich den Raum und die Zeit und durchlebte die Phasen der Trauer schneller. Ich habe eine Vermutung, wo Ines hinmöchte und warum sie bewusst Handlungen in Gang setzt, und wenn ich sie das nächste Mal sehe, werde ich sie fragen, ob es stimmt. »Du möchtest wieder glücklich sein, oder?« Weil du dann, wenn du dich sorgsam um dich gekümmert hast, wieder für andere da sein kannst. Weil dich das glücklich macht. Nein, dann wird nicht alles wieder gut sein. Aber du kannst wieder das Gute in allem sehen.

DRITTER TEIL

IM HERZEN DER ANFANG

Und dann sind da die Schicksalsschläge, die aus einem Leben zwei machen, eins davor und eins danach. Ich weiß nicht, wie oft ich vor dem Unfall meines Bruders im Radio hörte, dass es einen Stau oder eine Umleitung gab, weil sich ein Unglück ereignet hatte, und ich weiß nicht, wie oft und ob überhaupt ich mir damals, *davor,* Gedanken darüber machte, welcher Schmerz nun über die Angehörigen kommen würde. Es gibt sicher Verdrängungsmechanismen, die automatisch ablaufen, damit wir nicht ständig in Alarmbereitschaft sind. Wie könnten wir leben, wenn uns permanent gewahr wäre, dass hinter der nächsten Kurve für uns selbst oder unsere Lieben alles vorbei sein könnte? Wir stürzen uns also ins Leben und packen die Sorge, dass irgendwann einmal irgendetwas Schlimmes passieren könnte, ins hinterste Hinterstübchen. Der Deal funktioniert. Bis es kracht.

Ich möchte Sie etwas fragen. Wie hat es sich für Sie angefühlt, Nicole in ihre Jugend zu folgen, als ihr Vater sein Leben beendete? Was haben Sie empfunden, als Martin davon erzählte, wie er mit dem Unfalltod seiner Mutter und seines Bruders umzugehen lernte? Was hat Sie berührt, als sich Julia nach dem Tod ihres Verlobten auf die Mission begab, sich selbst und ihrer Tochter Emma ein schönes Leben zu ermöglichen?

Nicole, Martin, Julia und alle anderen haben uns daran

teilhaben lassen, wie es sich anfühlt, einen Schicksalsschlag zu erleiden und wie eine Vase in abertausend Teile zu zerspringen. Und sie haben uns gezeigt, dass Wiederaufstehen möglich ist. Dass es Wege gibt, die durch den Schmerz zurück ins Leben führen.

So wie jede Protagonistin, jeder Protagonist einen eigenen Weg durch die Trauer gefunden hat, wird jede und jeder von Ihnen einen eigenen Umgang mit dem Gelesenen haben. Vielleicht schenkt es Ihnen Trost zu wissen, dass wir Menschen, wie unzählige Generationen vor uns, viel aushalten und auch traumatische Erfahrungen heilsam in unser Weiterleben integrieren können. Vielleicht ermutigt es Sie, sich an eine Begegnung mit einem Betroffenen heranzutasten, eine Umarmung anzubieten, einen geschützten Raum. »Es bestimmt uns nicht, was wir sagen oder denken, es bestimmt uns, was wir tun«, schrieb Jane Austen. Am Tag, nachdem mein Bruder gestorben war, brauchte ich dringend frische Luft und lief durch mein Heimatdorf. Meine Füße führten mich zu dem Haus meiner Kindergartenfreundin. Wir saßen im Wohnzimmer auf ihrem Sofa, weinten, schwiegen. Sie hielt meine Hand. Als ich mich zum Gehen wandte, bedauerte sie, dass sie nicht wusste, was sie hätte sagen können. Dabei ist diese Geste der Hand, die meine hielt, während ich weinte, eine der berührendsten und hilfreichsten, die mir widerfahren ist. Wir brauchen nicht groß zu denken. Wir können den Schiffbruch des Betroffenen nicht rückgängig machen. Doch wir können mit kleinen Gesten der Zuwendung einen Rettungsring reichen.

Während ich die Gespräche mit den Protagonistinnen und Protagonisten führte sowie später, als ich mir die Tonaufnahmen anhörte und nach Worten suchte, um aufzuschreiben, was sie erlebt hatten, fühlte ich mich mit ihnen verbunden. Was sie beschrieben, erinnerte mich auf die eine oder andere Weise an meine eigenen Erfahrungen, und ich bemerkte Parallelen zwischen den Erzählungen. Einige

Momente von Trauer scheinen universell zu sein, der erste Schock etwa, die Erstarrung, die buchstäbliche Niedergeschlagenheit, in der selbst Essen und Trinken den Schwierigkeitsgrad eines Halbmarathons haben. Die verzweifelte Suche nach Halt, nach Schutz, einem sicheren Versteck. Die Angst davor, dass diese Dunkelheit fortan für immer bleibt. Die völlige Abwesenheit von Zukunft. Auch beim Wiederaufstehen entdeckte ich Parallelen. Es gelang allen, sich dem Leben wieder zuzuwenden, jedem auf seine Art, jeder zu seiner Zeit. Früher oder später schafften es alle, aus dem Trauern ein Sich-Trauen zu machen.

Manchmal schwebte über den Gesprächen die Frage, ob die Lebenskrise, die der Schicksalsschlag ausgelöst hatte, rückblickend für etwas gut war. Obwohl ich die Frage nicht stellte, beantworteten mehrere der Porträtierten sie von selbst. Sabine kann heute um Hilfe bitten und darüber sprechen, wie sie sich fühlt. Ines hat gelernt, nicht nur für andere, sondern auch für sich selbst zu sorgen. Andrea hat einen neuen Umgang mit ihrer MS-Erkrankung gefunden. Vera engagiert sich für den selbstbestimmten Tod. Und Lea und Alexandra schenkten weiteren Kindern das Leben, weiteren Kindern, die sie verlieren könnten.

Leben ist Veränderung, wer könnte das besser bezeugen als die Menschen, die sich mir, uns, für dieses Buch geöffnet haben. Veränderungen aller Art anzunehmen, trotz Angst, das ist Mut.

Wie alles Reproduzierte sind auch diese Geschichten lediglich Ausschnitte und durch meine Sicht und Feder persönliche Interpretationen. Doch ich wage zu behaupten, dass sie wahrhaftig sind. Wie oft haben Sie sich schon auf die Zunge gebissen und »Danke, gut!« geantwortet, wenn jemand Sie gefragt hat, wie es Ihnen geht? Wie oft wollte ich schon ein fröhliches Foto von mir in einen Chat stellen, obwohl es in mir drin gerade ganz anders aussah? Ich habe mal gelesen, dass wir uns über das definieren, was wir *nicht* sind. Der Gedanke ist vermutlich alt, uralt, viel älter als *Instagram* und *TikTok*. Es scheint einen Reflex in uns zu geben, der dafür sorgt, dass wir uns in manchen Situationen und Kontexten anders verhalten, als wir uns eigentlich fühlen. Und wir scheinen die Gefühle in zwei Arten einzuteilen, so wie Aschenputtel die Linsen im Märchen: in die guten und die schlechten. Die Guten tragen wir nach außen, schmücken und rüsten uns mit ihnen. Die Schlechten verstecken wir oder teilen sie nur mit den Allerengsten, wenn wir uns sicher sind, dass uns unsere Verletzlichkeit nicht zum Nachteil gereicht. Wie anstrengend ist das schon im normalen Alltag, dieses Immer-gutdrauf-Sein, diese ewige Positivität! Was passiert dann wohl mit diesem Konstrukt, wenn unvermittelt ein Tsunami durch unser Leben fegt, uns das Liebste nimmt und sich alle Zuversicht in Nullkommanichts in Luft auflöst?

Es kollabiert. Wenn Sie ein Schicksalsschlag trifft, kann es sein, dass eine jener raren Zeiten Ihres Lebens anbricht, in denen Sie vollkommen wahrhaftig sind. Die Erschütterung, die Sie überrollt, ist so groß, dass Sie keinen Spielraum mehr dafür haben, ein Spiel zu spielen. Am Anfang Ihres Weges durch die Trauer sind Sie eine offene, klaffende Wunde. Die Trauer übernimmt das Ruder. Sie funktionieren auf Autopilot. Sie sind gänzlich unfreiwillig und unvorbereitet zu einer Reise aufgebrochen, von der Sie weder wissen, wohin sie führt, noch, wie lange sie dauert. Und alles tut so verdammt weh, dass Sie vor Schmerzen kaum noch atmen können.

Ich habe Ihnen versprochen zu erzählen, wie ich mit dem Tod meines Bruders zu leben lernte. Nun haben Sie schon einiges erfahren, und Sie haben vielleicht gespürt, dass es mir gutgetan hat, meine eigenen Erfahrungen in denen der anderen zu spiegeln. Ich verstehe jetzt besser, was in der Zeit der tiefen Trauer mit mir geschah, und ich kann besser erkennen, was mir dabei half, wieder für Licht in meinem Leben zu sorgen, für Stabilität, Zufriedenheit, Freude, Leichtigkeit und sogar Erfüllung. Es sind diese sieben Ressourcen, die ich für mich persönlich als entscheidend herausgearbeitet habe, und für mich schließt sich ein Kreis, weil mir in ähnlicher Form auch die Protagonistinnen und Protagonisten von ihnen berichteten.

Mitgefühl

Ein Schicksalsschlag kann jedem von uns passieren, zu jeder Zeit. Wir sitzen alle im selben Boot. Genauso kann uns jederzeit Glück widerfahren. Ist es nicht bemerkenswert, dass wir richtig gut darin sind, uns mitzufreuen? Frisch verliebt, schwanger, befördert, Abitur, Richtfest, Junggesellenabschied, ich habe das Gefühl, dass ich mich hundertfach und in den buntesten Facetten mit meinen Lieben mitgefreut habe. Als ich dann jedoch auf Mitfühlen angewiesen war, kam weniger zu mir zurück, als ich mir erhofft hatte.

Wir haben von der Unsicherheit und Scheu erfahren, die Mitmenschen davon abhält, auf Trauernde zuzugehen, und ich kann diese Zurückhaltung gut nachempfinden. Ich habe mich ja lange genug selbst nicht getraut, mich dem Schmerz anderer zu stellen. Und wir haben erfahren, dass manche sich an Phrasen halten, die unterm Strich alles noch schlimmer machen. »Kopf hoch, wird schon wieder!« zeugt nicht nur von Unsicherheit, sondern auch von der gesellschaftlichen Diktatur der Zuversicht: »Es gibt für alles eine Lösung!« Dabei gehört es zum Wesentlichen des Menschseins, dass wir ein riesiges Spektrum an Erfahrungen machen. Und wissen Sie, was das Schlimmste ist? Dass das, was wir unterdrücken, sich verstärkt. Wenn der Trauernde nicht die Möglichkeit hat, über seinen seelischen Schmerz zu reden, verlängert das womöglich seine Qualen.

Die gute Nachricht ist: Wenn wir uns mitfühlend begegnen, versuchen, uns in den anderen hineinzuversetzen und unsere Herzen sprechen zu lassen, können wir nichts falsch machen. Und: Es sind die kleinen Gesten, auf die es ankommt. Das kurze Innehalten. Das Zuhören, Nachfragen. Das Einladen, zum Gespräch, zum Spaziergang, zum Anschauen von Fotos. Das möchte ich im Namen aller, die ihre Geschichte mit uns geteilt haben, ausdrücklich sagen. Denn, um es mit den Worten von Maxim Gorki zu formulieren: »Nicht im Kopf, sondern im Herzen liegt der Anfang.«

Sicherer Hafen

Nichts ist wertvoller als ein sicherer Hafen, ein Ort, wo man wie ein Säugling nichts zu tun braucht, sondern einfach nur sein kann. Wo man bei diesem Wird-schon-wieder-Spiel nicht mitzumachen braucht. Hier ist es in Ordnung, dass meine Welt ein Trümmerfeld ist. Hier darf ich nackt sein. Vielleicht ist es die Familie, der beste Freund, eine Selbsthilfegruppe oder eine Therapeutin. Vielleicht ist es in der ersten Zeit das eine und später etwas anderes, vielleicht mehrerlei gleichzeitig. Ich ging auf die Alp, für vier Monate in die Einsamkeit der Berge, verbarg mich zwischen Kühen und Ziegen. Ich machte meine Arbeit, aß, schlief und überlebte. Und das ist erst einmal alles, was es zu tun gibt.

Für manche mag der Glaube und das Vertrauen darauf, dass alles zu meinem Besten geschehe, ein Anker sein. Nach einer jener Fahrten nach Giglio, bei denen ich die Angehörigen der Opfer des *Concordia*-Unglücks betreute, besuchte ich in dem Hamburger Stadtteil, in dem ich damals wohnte, eine Kirche. Donnerstagabends öffnete sie ihre Pforten für die stille Einkehr, jemand spielte auf der Orgel, in der vordersten Kirchenbank saß die Pastorin. Ich hätte zu ihr gehen und mit ihr sprechen können, das war Teil des Angebots. Mir genügte es jedoch, in der Stille zu verweilen. Was mir Auftrieb gab, war das Wissen, dass jemand für mich da war.

Bewegung

Auf der Alp kam ich zwangsläufig in die körperliche Betätigung, beim Melken, Ausmisten oder Zäunebauen. Aber erst als ich wieder in meinem eigenen Alltag daheim war, bemerkte ich, dass ich mit der Bewegung meines Körpers Energie erzeugen und mir zuführen konnte. In dem Winter, der auf Flos Tod und jenen Alpsommer folgte, fiel es mir schwer, morgens nach dem Aufstehen auf meine Yogamatte zurückzufinden. Aber es gelang mir, und wenn es nur zweimal pro Woche für fünf Minuten war. Diese Minuten richteten mich auf. Die Yogamatte wurde zum Kraftstudio für meine Seele.

Später schaffte ich es, meinen Radius zu erweitern, und ging wieder zum Wandern in die Natur. Jeder Schritt brachte mich voran, verband mich wieder etwas mehr mit der Welt da draußen. Durch meine Füße konnte ich meine Schwermut an den Boden abgeben. Meistens ging ich schnell, ließ meine Beine Raum greifen, mich ausbreiten, mich von meinem Körper bewegen, das tat gut. Manchmal traute ich mich, das Tempo zu verlangsamen und in mich hineinzuhören. Je mehr ich ging, desto mehr wurde mein Körper wieder zu meinem Zuhause. Und je weiter ich ging, desto einverstandener war ich mit der Stille.

Fokus

Trauer ist unglaublich laut, vor allem am Anfang. Auch das wusste ich nicht, bevor ich es selbst erlebt hatte. Kreuz und quer peitschen die Gedanken durch den Kopf, es gibt kein Oben und kein Unten mehr. Ich dachte ununterbrochen an Flo, und wenn ich einmal kurz nicht an ihn dachte, schalt ich mich selbst für meine Illoyalität. Wenn Flo schon nicht mehr bei uns war, hatte er es wenigstens verdient, dass ich ununterbrochen an ihn dachte! Erst nach mehreren Wochen gestand ich mir ein, dass ich mit dieser Logik nicht würde leben können.

Eine Freundin schickte mir ein Mantra auf die Alp. Es bestand aus drei Worten, den Namen von drei Engeln, die ich nicht kannte und über die ich nichts wusste. Was auch immer diese Engel möglicherweise jenseits meiner Wahrnehmung für mich taten, im Hier und Jetzt konnte ich mich an ihren Namen festhalten. Ich sagte sie innerlich auf, wenn der Gedankenstrudel wieder an Fahrt aufnahm. Mir war bewusst, dass das keine Dauerlösung sein konnte. Aber mir war intuitiv auch klar, dass es jetzt erst einmal darum ging, mich zu stabilisieren und mir ein paar schmerzfreie Minuten zu bescheren, und das funktionierte mit dem Umlenken der Aufmerksamkeit auf das Mantra ganz wunderbar.

Seither habe ich mit dem gezielten Unterbrechen schmerzlicher Gedanken gute Erfahrungen gemacht. Manchmal nehme ich den Atem zu Hilfe, wie ich es im Yoga gelernt habe, manchmal lasse ich vor meinem inneren Auge ein schönes Bild entstehen und beende damit, was mich zuvor quälte. Oder ich widme mich einer Aufgabe, die meine ganze Konzentration erfordert. Julia zum Beispiel bastelt abends, wenn Emma eingeschlafen ist.

Auf diese Erfahrungen aufbauend, gelang mir eines Tages ein nächster Schritt. Ich verlagerte meine Gedanken bewusst zu anderen, neuen, positiven Themen. Ich überlegte, was mir wichtig war, womit ich mich beschäftigen oder wie ich mein nächstes Lebensjahr gestalten wollte. Was nach zeitgeistiger Potenzialentfaltung klingt, war für mich als Trauernde ein Kraftakt, ein aktives Heraustreten aus der Sprach- und Machtlosigkeit in Richtung Licht. In Richtung Neustart.

Zeit

Es gibt einen Sinnspruch, der in mehreren Gesprächen fiel – und an dem sich die Geister scheiden: Die Zeit heilt alle Wunden. Ines hasst ihn, Julia macht er bisweilen aggressiv, Andrea und Stephan gestehen der Zeit zu, Abstand und damit eine Abflachung des Schmerzes zu bringen. Ich denke, dass es für Betroffene schwierig ist, sich daran zu gewöhnen, dass Trauer ein Kontinuum ist, etwas, das sie für lange Zeit begleiten wird. Für Außenstehende auf der anderen Seite kann es schwierig sein, dieses Kontinuum wahrzunehmen; für sie ist oft nur die akute Trauer sichtbar, bei der Trauerfeier, durch die Anzeige in der Zeitung oder an einem Jahrestag.

In den ersten Wochen auf der Alp habe ich so gut wie keine Fotos gemacht. Ich konnte die Vollkommenheit der Bergwelt, die sich mir durch den Sucher meines Fotoapparats zeigte, nicht ertragen. Eines Tages, es war schon Mitte Juli, war es auf einmal anders. Es war mir – als hätte sich ein Schalter umgelegt – wieder möglich, die Schönheit der Alpen anzuerkennen und in meine Wahrnehmung dringen zu lassen.

Am Tag von Flos Beerdigung hatten meine Freundinnen

eine Laterne mit zwei brennenden Kerzen vor mein Elternhaus gestellt. Ich nahm sie mit nach Köln, wo sie auf mich wartete, bis ich nach dem Bergsommer wieder zurückkam. Es dauerte Monate, bis ich diese Kerzen das erste Mal entzünden konnte. Den richtigen Moment kann ich an nichts festmachen, es fühlte sich einfach irgendwann richtig an.

Im Regal gegenüber von meinem Schreibtisch befindet sich ein Briefumschlag, in dem ich verschiedene Erinnerungen an meinen Bruder aufbewahre. Ich möchte diese Erinnerungen gern in eine Schachtel legen, die auch Flo gefallen hätte. In meiner Nähe gibt es sogar ein Schreibwarengeschäft, wo ich die perfekte Schachtel kaufen könnte. Doch es ist mir bis jetzt noch nicht gelungen, die Erinnerungen, meinen Bruder, in einen Karton zu packen. Hierfür ist die Zeit, bin ich noch nicht reif.

Geben wir den Angehörigen Zeit, ihre Segel neu zu setzen. Geben wir ihnen Raum, sich ihr Leben *danach* einzurichten. Gestehen wir zu, dass Trauer nicht linear und nicht nach Plan verläuft. Wer letzte Woche an der geselligen Mittagspause teilgenommen hat, kann diese Woche ein ganz anderes Bedürfnis verspüren. Vielleicht ist *es* genau heute vor einem Monat passiert, oder heute vor zwei Jahren und zwei Monaten. Vielleicht war es am vergangenen Monatstag nicht so schlimm, doch heute flammt der Schmerz wieder auf, warum auch immer. Werten wir nicht. Wir wissen nicht, durch welches Nadelöhr der Trauernde heute gehen muss. Die allerkleinsten Gedankenfitzel sind mächtiger, als wir denken. Die Spirale der Gefühle kann schneller Fahrt aufnehmen, als wir es uns vorstellen können. Das ist Trauer. Und Trauer braucht Zeit.

Selbstliebe

Vor ein paar Jahren habe ich ein Buch über *random acts of kindness,* über willkürliche Gesten der Güte, gelesen. Die Idee ist, zur nächstbesten Person, etwa der Nachbarin oder dem Busfahrer, ohne besonderen Anlass freundlich zu sein – ein Akt, der außer etwas Aufmerksamkeit nichts kostet und nicht nur die Empfangenden, sondern auch die Gebenden glücklich macht. Noch mehr begeistert mich die Vorstellung, dass eine klitzekleine Handlung das Potenzial hat, einen Dominoeffekt und damit eine ganze Heerschar an Freundlichkeit in Gang zu setzen. Wer weiß, vielleicht wird die Nachbarin, wenn sie nach dem Plausch wieder in ihre Wohnung geht, ihrem Mann geduldiger zuhören. Vielleicht wird der Mann, wenn er später auf dem Weg zur Arbeit im Stau steht, die Autofahrerin neben sich nicht genervt anschauen, sondern lächeln und grüßen. Und vielleicht wird diese Autofahrerin beim heutigen Abteilungsmeeting entspannt sein und ihr Team loben … Erst viel später, da war Flo schon über ein Jahr lang tot, habe ich mich wieder an das Buch erinnert. Ich fühlte mich zuweilen noch elend und verurteilte mich dafür. Gleichzeitig öffnete ich für alles und jeden mein Herz: Hund, Katze, Maus, Kind und Kegel, obwohl es mir selbst schlecht ging, gab ich dem Wohlergehen anderer oft Vorrang vor meinem eigenen.

So tappte ich in die Falle, mich von meinen unangenehmen Gefühlen abzulenken. Bis ich erkannte, dass ich mich in eine Sackgasse manövriert hatte, umzingelt von all dem Schmerz, vor dem ich die Augen verschlossen hatte. Es blieb mir nichts anderes übrig, ich musste mir Zeit nehmen, schwach zu sein, und ich musste mir erlauben, dass schwach zu sein ein Teil von mir und dass das gut ist. Ich musste mich um meiner selbst Willen ausruhen, pflegen und kräftigen. Die Zeit des Kämpfens war vorbei. Ich machte mich bereit, meine Wunden zu lecken.

Indem ich Verantwortung für mich übernahm und meinen Schmerz zuließ, konnte ich in der Sackgasse wenden. Indem ich akzeptierte, dass Schmerzen und Wunden zu mir gehörten, konnte ich ein neues Fundament bauen. Indem ich begann, mich durch die Augen einer lieben Freundin zu betrachten, konnte ich mir Ruhe und Zeit schenken und eines Tages neue Möglichkeiten.

Und da habe ich noch etwas verstanden: *Random acts of kindness* kann ich nicht nur draußen in der Welt vollbringen, sondern auch an mir selbst. Und wenn ich das kann, dann kann ich jederzeit das magische Spiel mit den Dominos beginnen und mir Stein für Stein einen Pfad durch den Tag legen.

Wachstum

Kurz vor dem zweiten Geburtstag von Flo, den wir ohne ihn verbringen mussten, kam mir eine Idee: Ich wollte bei mir zu Hause Spendenabendessen ausrichten, bei denen bunt gemischte Gästegruppen an meinem Tisch eine gute Zeit verbringen sollten. Die Idee war urplötzlich da, und sie war von Anfang an genau mein Ding, weil sie miteinander verbindet, was ich mag: kochen und backen, Menschen vernetzen und mich ehrenamtlich engagieren. Ich erinnere mich daran, dass mir völlig klar war, warum mir der Einfall zu genau diesem Zeitpunkt gekommen war: Es war ein Geburtstagsgeschenk für Flo und zugleich ein Geschenk an mich selbst, das mich mit Freude und Hingabe erfüllen würde. Ein Jahr zuvor, als ich mich auf einem anderen Wegabschnitt der Trauerverarbeitung befunden hatte, hätte dieselbe Idee keine Chance gehabt. Jetzt wollte ich meine Tür für neue Menschen in meinem Leben öffnen, mich mit ihnen verbinden und austauschen, vielleicht mehr als je zuvor als ich selbst, verletzlich, am Ende meiner Kräfte, am Anfang eines neuen Weges.

Ich durfte durch meinen Verlust wachsen. Das ist vielleicht das größte Bekenntnis dieses Buchs. Weil es mir nicht gelingt, es ohne inneren Zwiespalt auszusprechen.

Jede Schwierigkeit im Leben lässt uns wachsen, jede Herausforderung fordert den Meister in uns heraus. Die Brücke, die wir über einer tiefen Schlucht errichtet haben, kann uns niemand nehmen, auch wenn wir sie am liebsten gar nicht erst erbaut hätten. Doch Flo ist gestorben, und als ich an den Punkt gekommen bin, dies als unumstößlich zu akzeptieren, gebar ich die Möglichkeit, an dieser Lebenserfahrung zu wachsen. Die Brücke über der Schlucht bekam erst dann Wert, als ich damit begann, das Terrain auf der anderen Seite zu erkunden. Ich erlaubte mir zu fühlen, dass es mich stark gemacht hatte, den Schicksalsschlag überlebt zu haben. Ich erlaubte mir anzuerkennen, dass ich viel aushalten konnte, seelisch und körperlich. Ich gestand mir zu, zu erkennen, dass ich mit der entsetzlichen Leerstelle leben konnte. »Du schaffst das«, hat mir ein Freund bei Flos Beerdigung ins Ohr geflüstert. Heute weiß ich, dass dieses Schaffen sogar Wachsen ist.

Das ist Leben

Im Yoga, sagt man, geht es nicht darum, seine Zehen zu berühren, sondern darum, was man auf dem Weg nach unten lernt. Worum geht es nach einem Schicksalsschlag? Um das, was man auf dem Weg nach unten, hinein in den tiefsten Schmerz des Lebens, lernt? Oder um das, was man auf dem Weg nach oben lernt, zurück ins Licht?

In dem Gedicht *Das ist Sterben* von Charles Henry Brent entschwindet ein Segelschiff am Horizont. Es wird kleiner und kleiner und ist schließlich nicht mehr zu sehen. Gleichzeitig gibt es auf der anderen Seite ein Ufer, wo man das Schiff näher kommen und größer werden sieht. »Das ist sterben«, schreibt Brent. Vielleicht ist das auch leben nach einem Schicksalsschlag. Nach und nach lassen wir die Zeit der tiefen Verzweiflung hinter uns, die Wunde verkrustet, beginnt zu vernarben. Irgendwann überqueren wir eine unsichtbare Linie und erahnen in der Ferne ein neues Ufer, mit neuen Leuchttürmen. Irgendwann spüren wir wieder den Wind auf der Haut und das Salz auf den Lippen und lächeln verträumt, wenn die Sonne das Wasser küsst. Irgendwann hören wir unsere Freunde, die uns am sich nahenden Ufer zujubeln und uns anspornen. Und wenn wir die Ohren spitzen, hören wir in dem Chor auch unsere eigene Stimme, die uns ermuntert, weiterzusegeln.

Und die Narbe, die segelt mit.

DANKE

Bei der Entstehung dieses Buches hat für mich Dankbarkeit eine zentrale Rolle gespielt. Ich konnte es nur schreiben, ja, die Idee dafür entwickeln, weil ich wundervolle Menschen um mich habe, die die Sonnen- und Regentage des Lebens mit mir teilen. Die mit mir fühlen, mich in einen sicheren Hafen lotsen, mir Zeit schenken, mich in Bewegung bringen, mich fokussieren, mich an Selbstliebe erinnern und sich über mein Wachsen freuen. Ohne euch wäre ich heute eine andere. Ich danke euch von Herzen.

Ich bin nicht mit allem, was in meinem Leben geschieht, im Reinen, doch ich kann in Dankbarkeit anerkennen, dass mein Leben mir ein großes Spektrum an Erfahrungen bietet. Ich fühle mich nicht immer gut, aber meistens lebendig, und damit bin ich einverstanden. Dieser Dank geht an die Schöpferkraft, die mir gegeben wurde, und an Rupi Kaur für ihre Poesie.

So konnte ich loslaufen, bestärkt und gehalten, und mich in das Thema dieses Buches fallen lassen. Nicht analytisch, nicht wissenschaftlich, sondern mit dem Herzen. Ich habe die Idee, dass wir dann, wenn es uns gelingt, uns wirklich in andere hineinzuversetzen, hilfreicher miteinander umgehen können. Besser zuhören, besser verstehen, fester halten. Deshalb danke ich Ihnen, dass Sie dieses Buch gelesen haben. Sie werden das Leben Ihrer Mitmenschen verändern.

Meiner Schwester Sabine danke ich für ihr bedingungsloses Anfeuern meiner Arbeit, auch über die anstrengende Distanz während der Coronazeit hinweg. Es tut mir leid, dass dich so viele Passagen zu Tränen gerührt haben, doch genau das hat mich dazu ermutigt, in diesem Stil fortzufahren. Ich danke meinen Freundinnen und Testleserinnen Kathrin, Nicole, Jessi, Daniela und Mareike. Ihr habt mich darin bestärkt, dass wir dieses Buch brauchen.

Liebe Ines, Vera, Katja, Victoria, Sabine, Andrea, Nicole, Lea, Julia und Alexandra, lieber Stephan, Martin und Frank, dieses Buch gäbe es nicht ohne euch und euren Mut. Durch euer Erzählen und Teilen ermöglicht ihr es uns, ins Mitfühlen zu kommen. Ich weiß, wie schmerzvoll und anstrengend es bisweilen für euch war, in eure Erinnerungen vorzudringen. Meine Wertschätzung und mein Dank sind grenzenlos. Ich beende dieses Projekt dank euch mit vielen neuen Denkanstößen, die mich an meine eigene Nase fassen und hoffentlich lernen lassen, noch mehr und aufmerksamer mitzufühlen.

Alles, was wir für uns selbst tun, tun wir auch für andere, und alles, was wir für andere tun, tun wir auch für uns selbst.
THICH NHAT HANH